Daily

데일리 토익 보카

TOEIC

VOCA

피그
북스

Daily TOEIC VOCA

지은이	피그북스 컨텐츠 기획팀
펴낸이	신성현, 오상욱
기획 · 편집	이성원, 강다현
디자인	오미정, 장정숙, 박란
일러스트	조소영
영업관리	장신동, 조신국, 장미선
펴낸곳	도서출판 피그북스
	153-802 서울시 금천구 가산동 327-32 대륭테크노타운 12차 1116호
	Tel. (02)6343-0999 Fax. (02)6343-0995

출판등록	2010년 7월 15일 제 315-2010-000035호
ISBN	978-89-964933-7-2 13740

피그북스는 **iambooks**의 단행본 브랜드입니다.

www.iambooks.co.kr

Daily TOEIC VOCA는 뉴 토익에 재빠르게 적응하고, 고득점을 달성하도록 하기 위해 만들어진 교재로, 토익의 각 파트별로 출제되는 모든 단어들을 면밀하게 분석하여 출제 빈도가 높은 단어들을 엄선하였습니다.

토익 점수는 평균 600점 수준으로, 많은 사람들이 800~900점대에 도달하기 위해 노력하고 있습니다. 이런 이들의 가장 큰 문제점은 토익 시험 유형에 대한 이해 부족, 토익 어휘 능력 부족입니다. 따라서 어휘라는 기본 골격을 다지는 것이 기본적으로 해야 할 일인 것입니다.

토익에 반복해서 출제·제시되는 어휘는 총 3,000여개 정도 됩니다. 이중 우리가 고등학교, 대학교 때 학습해서 이미 알고 있는 단어를 제외하고 새롭게 알아야 하는 단어들은 대략 1,500~1,700개 정도로 예상할 수 있습니다. 따라서 본서에서는 우리가 모르는 어휘를 65일로 제시하여 수준에 따라서 학습 일수를 조정할 수 있도록 구성했습니다. 다량의 어휘 구성은 토익에 제시되는, 우리가 모르고 있던 어휘를 대부분 학습할 수 있게 할 것입니다. 또한 영어 예문은 토익 시험에 출제된 표현들과 가장 흡사한 것을 제시하여, 어휘를 학습하면서 토익 RC 부분까지도 함께 실력이 향상됨을 느낄 수 있을 것입니다.

 무조건 어휘를 많이 외운다고 토익 점수가 향상되지는 않습니다. 어떻게 짧은 시간에 효과적으로 공부할지를 알아야 합니다. 빈도수가 낮은 어휘 암기에 시간과 에너지를 낭비하지 말고, 꼭 나오는 어휘만을 모은 본서로 효율적으로 학습하여 뉴 토익에 빠르게 대처하고 고득점을 맞을 수 있기를 기원합니다.

Ⅰ. 수준별 학습 방법

Part 1. 기본 어휘 익히기
(600점 목표 단계: Day 01~Day 17)

분명히 알았던 단어인데 뜻이 생각나지 않거나, 자신이 알고 있던 뜻으로 단어가 출제되지 않는다는 것을 어렴풋이 알게 되는 시기입니다. 토익의 출제 목적이 국제적인 business 능력을 키우는 것이기 때문에 business에 관련된 단어와 문장이 등장하고, 같은 단어라도 business 상황에서 쓰이는 의미로 사용됩니다. 따라서 단어들을 접하면서 기죽지 말고, 처음부터 어려운 어휘를 공부하기보다는 차근차근 하나씩 알아가는 기쁨으로, 영어에 대한 흥미를 잃지 않도록 해야 합니다.

Part 2. 중급 어휘 익히기
(730점 목표 단계: Day 18~Day 36)

점수가 조금씩 올라가면서 토익에 재미가 붙어 공부에도 가속이 붙는 단계입니다. 반면 어휘 부분에서 부족한 면을 깨닫게 되는 시기이기도 합니다. 이때에는 business 환경에서 실제 쓰이는 표현들을 두루 섭렵해야 합니다. Part 1과 Part 2에 제시된 단어를 완벽하게 소화하고, 예문을 자세히 학습하면서 점수를 올릴 수 있는 기회를 노려야 합니다. 또한 어휘를 외우면서 직접 발음해 보면서 LC에도 익숙해질 수 있도록 노력하도록 합니다.

Part 3. 고급 어휘 익히기
(860점 목표 단계: Day 37 ~ Day 52)

토익 성적이 700점대 중·후반을 맞게 되면 점수가 잘 오르지 않기 때문에 슬럼프에 빠질 수 있는 시기입니다. 이때 좌절하지 않고, 끝까지 노력해야만 800점대라는 고지를 넘을 수 있습니다. 800점 이상을 얻기 위해서는 요행보다는 진정한 실력이 있어야 합니다. 따라서 Part 1, Part 2에 제시된 다소 보편화된 단어 외에도 토익에 출제되는 잘 안 쓰이는 단어도 알도록 어휘 익히기에 박차를 가하도록 합니다.

Part 4. 최상위 어휘 익히기
(900점 목표 단계: Day 53 ~ Day 65)

고득점인 900점대에는 특별한 방법이 없습니다. 전반적인 영어 실력을 장기간 쌓는 게 유일한 방법입니다. 토익에 출제되는 거의 모든 단어를 알 수 있어야 합니다. 따라서 기존에 공부했던 Part 1~Part 3의 단어를 모두 외우고, Part 4에 제시된 단어를 모두 섭렵함으로써, 토익에 제시된 어떠한 단어도 모두 아는 최고 경지에 오를 수 있도록 마지막으로 최선을 다하도록 합니다.

II. 단계별 학습법

★ 1단계 ★
단어를 보고, 아는 단어인지 모르는 단어인지 체크해 둔다.

★ 2단계 ★
문맥에서 단어의 의미를 추론한다.

★ 3단계 ★
단어의 철자를 써보고, 변화형도 함께 알아 둔다.

★ 4단계 ★
미국식과 영국식 발음을 모두 큰 소리로 말해 본다.

★ 5단계 ★
주요한 뜻을 읽는다.

★ 6단계 ★
유의어, 반대어, 파생어의 쓰임과 뜻까지도 비교해 본다.

★ 7단계 ★
문장 속에서 단어가 어떻게 쓰였는지 다시 확인해 본다.

★ 8단계 ★
하루 분량을 모두 학습한 뒤에 확실하게 복습해 본다.

Daily TOEIC Voca

1. 토익 어휘 두 달 완성

  토익에 반복적으로 등장하는 단어를 약 2달 분량으로 구성하여 계획적이고, 수준별로 학습할 수 있도록 하였습니다. 하루에 정해진 분량을 꾸준히 학습할 수 있기 때문에 수험생들은 어휘수의 부족함을 느끼지 않고, 충분한 연습을 함으로써, 새롭게 바뀐 뉴 토익에 빠르게 적응하여 고득점을 달성할 수 있습니다.

2. 미국 발음 vs. 영국 발음의 차이점 분석

  미국식 발음에 익숙했던 수험생들에게 이라고 표시하여 영국식 발음을 제시함으로써 발음의 차이를 흥미롭게 익히고, 나아가 LC에서도 고득점을 얻을 수 있도록 대비하게 하였습니다. 예를 들어 '명예' 라는 뜻의 honor는 미국식은 [ánər]이지만, 영국식은 [ɔ́nə(r)]로 발음합니다.

3. 미국식 스펠링 vs. 영어식 스펠링 차이점 분석

  발음 이외에도 가령, honor가 미국에서는 honor로 쓰이지만, 영국에서는 honour로 쓰인다는 점을 확인하도록 하였습니다. 따라서 스펠링을 차이점을 알고, 나라 간 단어 쓰임법을 완벽하게 학습할 수 있게 됩니다.

4. 점수대별 수준 학습 가능

토익에서 고득점을 얻지 못하는 수험생들이 어려운 단어를 처음부터 외우는 일은 만만치 않을 것입니다. 따라서 본서에서는 총 4개의 part로 구분하여 수준에 맞추어 공부하고, 점점 늘어가는 실력을 경험할 수 있도록 구성하였습니다.

5. 유의어, 반대어, 파생어 제시

어휘의 뜻을 정확하게 알려주기 위해서, 암기에 도움이 될 수 있도록 유의어, 반대어, 파생어를 함께 제시하였습니다. 따라서 한 가지 단어를 외우면서 그와 연관된 다른 어휘도 함께 익히게 되어, 학습의 효과를 극대화 할 수 있게 하였습니다. 이는 실제로 어휘 관련 문제가 출제되었을 때 문제 해결에 큰 도움이 될 것입니다.

6. 예문과 해석 제공

토익에서 흔히 볼 수 있을 만한 예문과 해석을 제시하여서, 어휘 문제는 물론, 토익 시험 전체에 걸쳐 유용하게 활용할 수 있는 책이 될 수 있도록 하였습니다.

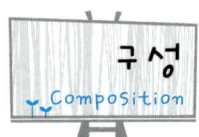

awake

[əwéik]

v. 깨우다, 자각시키다
a. 깨어 있는

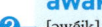

beat

[bíːt]

v. 치다, 패배시키다,
통통 두드리다, 뛰다

benefit

[bénəfit]

n. 이익, 이득
v. ~의 이익이 되다
~에게 이롭다

blame

[bléim]

v. 나무라다, 책임지우다
n. 비난, 책임

charge

[tʃáːrdʒ]

v. 부담시키다, 청구하다,
대금을 청구하다
n. 청구 금액, 책임

If leaky faucets are keeping you **awake** at night, you may be up with a chronic insomnia.

수도꼭지에서 물새는 소리에 잠을 못 이룬다면, 만성적인 불면증과 함께 잠자리에서 일어나게 될지도 모릅니다.

🖭 phr. fall asleep a. asleep

The results easily **beat** Wall Street expectations.

그 결과들은 쉽게 월 스트리트의 예상 이상의 호조를 보이고 있다.

Benefit sharing will be strictly implemented next month.

이익 분배는 다음 달부터 엄격하게 실시될 것이다.

🖭 n. advantage

Economists have put the **blame** for the crisis squarely on the corporations.

경제학자들은 위기를 바로 기업들의 탓으로 돌려 왔다.

🖭 v. criticize, condemn, attack

Please ensure this **charge** is dropped from the bill for payment as soon as possible.

가능한 빨리 이 청구 금액이 지불청구서에서 취소되도록 해 주시기 바랍니다.

🖭 v. fine 🖭 v. discharge

❶ 표제어

토익에 출제되는 단어들 중 특히 출제 빈도가 높은 단어들을 난이도에 따라 배치하였습니다.

❷ 발음

미국식과 영국식 발음이 다른 경우, 두 가지 발음을 모두 수록하여 LC에 대비할 수 있도록 하였습니다.

❸ 단어 뜻

표제어의 뜻을 토익에서 쓰이는 정의 위주로 품사와 함께 정리하였습니다.

❹ 예문과 예문 해석

토익에서 볼 것으로 예상되는 예문과 해석을 제시하여 단어가 문맥에서 어떻게 사용되는지 알 수 있도록 하였습니다.

❺ 관련어

유의어, 반의어, 파생어 들을 ㉰, ㉫, ㉤로 표시해서 한 단어를 배우면서 여러 단어를 동시에 학습할 수 있도록 하였습니다.

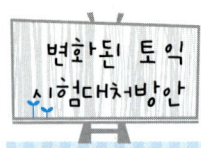

토익은 한국 사람들이 각종 입시를 제외하고는 가장 많이 보는 시험 중의 하나입니다. 이 시험이 새로운 형태로 변화되고 난 후에 취업 준비생들의 긴장감은 더해지고 있습니다.

1. 발음과 어휘 강화

토익은 '국제 의사소통을 위한 영어 시험'이지만, 뉴 토익은 '영어 활용 능력'이라는 목표에 좀더 충실하고자 하였습니다. 이에 따라서 발음과 어휘 부분이 기존보다 강화된 것이 가장 큰 특징입니다. 따라서 사진 묘사(Part 1) 부분이 반으로 줄어 10문제가 되고, 긴 설명문 중심인 Part 4가 10문제로 늘어났습니다. 또 RC 부분에서도 문법 비중이 크게 줄고, 어휘와 독해 중심으로 개편되어 문서 속에서 문장을 완성하거나, 2개의 지문을 동시에 묻는 형식이 출제되고 있습니다.

2. 영국식, 호주식 발음과 변화된 어휘 학습

영국식 영어와 호주식 영어는 대부분 소리나는 대로 읽기 때문에 한국 사람에게는 오히려 더 잘 들릴 수 있습니다. 또한 LC나 RC에서 어휘가 많이 부각된 만큼, 기존 문제유형 대신 깊이 있게 학습하는 게 중요합니다.

3. Part별 공략법

┃Part 1┃ 기출 문제를 많이 풀어보고 외우도록 합니다. Part 1은 10 문제가 출제되는데, 평균 9문제는 과거 기출 문제의 형태와 비슷하게 출제되기 때문에 기출 문제를 많이 풀어보는 것이 효과적으로 점수를 높이는 방법입니다.

┃Part 2┃ 이 Part는 요령과 비법이 가장 잘 통용되는 유형입니다. 따라서 유형별 문제 풀이 요령을 확실하게 습득한 뒤에 실전 문제를 풀어보도록 합니다.

┃Part 3┃ 대화 내용을 잘 분석해야만 풀 수 있는 문제로, 어휘와 더불어 청취력을 꾸준히 늘려야만 고득점을 받을 수 있는 Part입니다. 받아쓰기를 하면서 들어보고, 그 문장을 읽고 외우는 것이 가장 효과적인 학습법입니다.

┃Part 4┃ Part 4는 Part 3와 같이 받아쓰기를 하고, 읽고 외우는 것이 효과적인 학습법입니다. 대신에 Part 4는 Part 3 보다 자주 출제되는 유형이 더 정형화되어 있으므로, 언제 어떤 표현을 쓰는지를 알면 정답을 쉽게 맞출 수 있습니다.

┃Part 5┃ 계속 나오는 유형이 출제되기 때문에 구 토익이나 이전 달에 출제되었던 문제를 많이 풀어보면 도움이 됩니다. 특히 복합명사는 덩어리로 암기하고, 동의어에 대해서도 함께 외워두면 생각보다 쉽게 정답을 찾을 수 있는 Part입니다.

|Part 6| 두 문장 이상을 읽어야 답을 얻을 수 있는 어휘 문제가 많이 출제됩니다. 따라서 문맥에서 그 단어가 어떤 뜻으로 쓰이는지를 미리 알아 두고, 문장을 해석할 때 유의하도록 합니다.

|Part 7| Part 7은 시간과의 싸움입니다. 따라서 매일 문제를 풀어보면서 속도에 대한 긴장감을 유지하도록 해야 합니다.

1. 발음의 대표적 특징

① 미국식 발음

미국식 발음은 /r/ 발음이 많아서, 혀를 굴리는 듯한 느낌을 주는 단어가 많습니다. 예를 들어 /t/를 /r/과 유사하게 발음하기 때문에 butter를 [버러]라고 말합니다.

② 영국식 발음

강세가 강하고 철자 그대로 읽는 딱딱한 발음입니다. 모음 사이에 오는 /t/발음은 그대로 발음하고, 단어 마지막에 오는 r발음은 생략합니다. 따라서 butter를 [버터]라고 발음합니다.

2. 발음의 차이

① 자음에서의 차이

▶ 모음 사이의 /t/ 발음

미국식에서는 /t/ 발음을 /d/나 /r/의 중간 소리로 발음하지만, 영국에서는 /t/ 그대로 발음합니다.

단어	미국	영국
water	[워러]	[워터]
butter	[버러]	[버터]

▶ /r/ 발음

영국에서는 미국식 발음과 달리 모음 뒤나 단어 끝에 /r/이 오면 거의 발음을 하지 않습니다. 반면에 모음 앞에 있거나, 혹은 단어의 맨 앞에 올 때에는 두 발음의 차이가 없습니다.

단어	미국	영국
guitar	[기타-ㄹ]	[기타]
store	[스토어-ㄹ]	[스토어]

② 모음에서의 차이

▶ /a/ 발음

미국식에서 /a/의 발음은 흔히 [æ]로 발음되지만, 영국식에서는 [a]로 발음합니다.

단어	미국	영국
fasten	[패슨]	[파슨]
after	[애프터]	[아프터]

▶ /o/ 발음

미국식 발음에서는 /o/ 발음을 흔히 [a]로 발음하지만, 영국식에는 [o]로 발음합니다.

단어	미국	영국
body	[바디]	[보디]
document	[다큐멘트]	[도큐멘트]

▶ /i/ 발음

미국식 발음에서는 /i/가 흔히 [i]로 발음하지만, 영국식에는 [ai]로 발음합니다.

단어	미국	영국
direction	[디렉션]	[다이렉션]
fragile	[프레질]	[프레자일]

③ 음운 현상의 차이

▶ /nt/

/nt/는 미국식 발음에서는 모음 사이에서 /t/ 소리를 발음하지 않지만, 영국식 발음에서는 그대로 발음합니다.

단어	미국	영국
painter	[페이너]	[페인터]
interesting	[이너레스팅]	[인터레스팅]

▶ /tn/ 혹은 /tli/

미국식 발음에서는 /tn/은 /t/소리는 내지 않고, /n/ 소리만 내고, /tli/의 경우도 /t/ 소리는 내지 않고, /li/로만 발음합니다. 영국식 발음에서는 두 가지의 경우 모두 철자 그대로 발음합니다.

단어	미국	영국
cotton	[코은]	[코튼]
recently	[리슨리]	[리슨틀리]

3. 미국식 영어와 영국식 영어의 단어 쓰임의 차이

뜻	미국	영국
아파트	apartment	flat
화장실	bathroom	toilet
깡통	can	tin
지우개	eraser	rubber
여가 시간	free time	spare time
고속도로	freeway	motorway
휘발유	gas	petrol

4. 미국식 영어와 영국식 영어의 스펠링의 차이

뜻	미국	영국
노동	labor	labour
프로그램	program	programme
유머	humor	humour
회색	gray	grey
중심	center	centre

5. 미국식 영어와 영국식 영어의 문법의 차이

영국 사람들은 과거를 표현할 때 그냥 단순 과거(Past simple)를 안 쓰고 현재완료(Present Perfect)를 많이 쓰며, 1인칭 미래를 말할 때에도 will 대신에 shall을 많이 쓰는 등 약간의 차이가 있습니다. 그러나 두 가지를 혼용해서 써도 무방합니다.

뜻	미국	영국
그는 막 집에 갔다.	He just went home.	He's just gone home.
문제 있습니까?	Do you have a problem?	Have you got a problem?
여보세요, 수잔인가요?	Hello, is this Susan?	Hello, is that Susan?
내일 여기 있을게요.	I'll be here tomorrow.	I will(shall) be here tomorrow.

목차
Contents

Daily TOEIC Voca

Part
01

Day 01~Day 18

기본 어휘 익히기
600점 목표 단계

Day 01

awake
[əwéik]
v. 깨우다, 자각시키다
a. 깨어 있는

If leaky faucets are keeping you **awake** at night, you may be up with a chronic insomnia.

수도꼭지에서 물 새는 소리에 잠을 못 이룬다면, 만성적인 불면증과 함께 잠자리에서 일어나게 될지도 모릅니다.

🕊 phr. fall asleep a. asleep

---

beat
[bíːt]
v. 치다, 패배시키다,
　두드리다, 능가하다

The results easily **beat** Wall Street expectations.

그 결과들은 쉽게 월 스트리트의 예상 이상의 호조를 보이고 있다.

---

benefit
[bénəfit]
n. 이익, 이득
v. ~의 이익이 되다
　~에게 이롭다

Benefit sharing will be strictly implemented next month.

이익 분배는 다음 달부터 엄격하게 실시될 것이다.

🕊 n. advantage

---

blame
[bléim]
v. 나무라다, 책임지우다
n. 비난, 책임

Economists have put the **blame** for the crisis squarely on the corporations.

경제학자들은 위기를 바로 기업들의 탓으로 돌려 왔다.

🕊 v. criticize, condemn, attack

---

charge
[tʃáːrdʒ]
v. 부담시키다, 청구하다
n. 청구 금액, 책임

Please ensure this **charge** is dropped from the bill for payment as soon as possible.

가능한 빨리 이 청구 금액이 지불청구서에서 취소되도록 해 주시기 바랍니다.

🕊 v. fine 🕊 v. discharge

climate
[kláimit]
n. 기후

The desert **climate** is characterised by hot and very arid conditions.

사막 **기후**는 뜨겁고 매우 건조한 환경으로 특징지어진다.

crush
[krʌʃ]
v. 눌러 부수다, 궤멸시키다, 부서지다

The **crushed** red pepper can be used for a spicy taste.

빻은 붉은 고추는 매운 맛을 내는 데 사용될 수 있다.

㊠ v. break

current
[kə́:rənt]
a. 지금의, 현행의
n. 흐름, 경향

If the **current** slump began in October, it could be over by late spring.

현재의 불황이 작년 10월에 시작되었다고 본다면, 올봄 끝 무렵에 끝날 수 있다.

㊠ n. flow, circulation, passage

delight
[diláit]
n. 기쁨
v. 매우 기쁘게 하다

To our great **delight**, our guests arrived on time.

우리가 정말 **기쁘게도** 손님들이 제 시간에 도착했다.

㊠ n. pleasure v. charm, captivate

depend
[dipénd]
v. 의존하다, 의지하다, 믿다, 나름이다

You'll **depend** on your sons and daughters the rest of your life.

당신은 남은 인생을 당신의 아들과 딸에게 **의지할** 것입니다.

㊉ a. dependable 의존할 수 있는
　 n. dependence 의뢰, 의존

directly
[diréktli]
adv. 곧장, 직접적으로

Please speak **directly** to a film director on the telephone.

전화로 영화감독에게 **직접** 이야기하십시오.

㊎ adv. indirectly

discourage

[diskə́:ridʒ]

v. ~의 용기를 잃게 하다

The textile industry claims that duties are still too low to **discourage** imports.

섬유 업계 측은 수입을 **억제하기**에는 관세가 여전히 턱없이 낮다고 주장하고 있다.

반 v. encourage

exclusive

[iksklú:siv]

a. 배타적인, 독점적인

These photos and news items are **exclusive** to this newspaper.

이 사진들과 뉴스 기사는 이 신문의 **독점** 기사이다.

유 a. elitist, select

invent

[invént]

v. 발명하다, 날조하다

Mr. Bloom **invented** the product after 15 years senior researcher at the private Institute.

블룸 씨는 민간 기관에서 선임 연구원으로 15년을 보낸 후 이 상품을 **발명했다**.

파 n. invention 발명, 발명품 a. inventive 발명의

issue

[íʃuː]

n. 발행물, 발행, 문제
v. 나오다, 유래하다

The **issue** generated more synergy than any previous cover story.

그 **발행물**은 이전의 어떤 커버 스토리보다 많은 시너지 효과를 냈다.

유 n. matter

launch

[lɔ́ːntʃ]

v. 진수시키다, 내보내다

We are about to **launch** an investment banking service in Hong Kong.

우리는 홍콩에서 투자은행 서비스를 **시작하려고** 합니다.

반 v. abolish

opinion

[əpínjən]

n. 의견, 견해

These are factual stories and do not reflect public **opinions**.

이것들은 사실적인 기사이며 **여론**은 배제됩니다.

파 a. opinionative 의견의, 소신상의
  a. opinioned 의견을 가진

product

[prádʌkt, -dəkt]
영 [prɔ́dʌkt]
n. 산출물, 생산물

I am excited about being educated from your team on the latest **products** of the United States.

귀하를 만나 당신 팀으로부터 미국의 최신 기기에 관해 배우게 되기를 고대합니다.

유 n. goods, commodity

shortly

[ʃɔ́ːrtli]
adv. 곧, 간단히

We will send you a confirmation e-mail **shortly**.

승인 이메일을 곧 보내 드리겠습니다.

유 adv. soon, briefly

similar

[símələr]
a. 비슷한

The brains of 50 male staff were compared with those of 50 other men of **similar** age.

남성 직원 50명의 두뇌가 유사한 연령의 남성 50명의 두뇌와 비교되었다.

반 a. dissimilar, unalike, unlike

survive

[sərváiv]
v. 살아남다

The cloned animals all **survived** shorter than the living animals in the control group.

복제된 동물들은 모두 대조군 동물들보다 더 짧게 살았다.

유 v. live   phr. live on

swift

[swíft]
a. 빠른

Take **swift** action to remove content that violates our policies.

아무쪼록 우리 정책을 위반하는 내용을 신속히 제거해 주시기 바랍니다.

유 a. fast

traffic

[trǽfik]
n. 교통, 왕래, 통행

Traffic lights have recently been installed in the village.

최근 교통 신호등이 마을에 설치되었다.

vote

[vóut]

n. 투표, 표, 투표권
v. 투표하다

The opposition did not attend the debate, and the vote was unanimous.

야당은 토론에 참석하지 않았고, 투표는 만장일치였다.

파 n. voter 투표자, 유권자

wipe

[wáip]

v. 훔치다, 닦다
n. 닦음

Wipe surface with damp cloth and mild cleaning solution.

젖은 천과 순한 세제로 표면을 닦아라.

유 v. mop, sponge

perform

[pərfɔ́:rm]

v. 이행하다, 실행하다, 연주하다

Comedian Todd Donald will perform at the Arts Center later this week.

코미디언 토드 도널드가 이번 주말 아트 센터에서 공연할 것입니다.

파 n. performance 실행, 성과

responsible

[rispánsəbl]

a. 책임이 있는, 신뢰할 수 있는

No one can say that they are responsible for this incident.

그 누구도 이들이 이 사고에 대해 책임이 있다고 말할 수 없다.

stuff

[stʌ́f]

n. 재료, 소질
v. ~에 채우다

This stuff seems to be reported as a lot more stable.

이 제품이 훨씬 안정적인 것으로 보도되고 있는 것 같습니다.

유 n. matter

suspicious

[səspíʃəs]

a. 의심하는, 의심 많은, 혐의를 일으키는

If you hear or see any suspicious activity, ring the local guard force.

어떤 수상쩍은 움직임이 들리거나 보이면 지역 경비대에 전화하십시오.

유 a. doubtful

agriculture

[ǽgrikʌ̀ltʃər]

n. 농업, 농학

The manufacturing industry has recently surpassed **agriculture** as the nation's largest source of revenue.

제조업은 최근에 농업을 제치고 그 나라의 최대 수입원으로 부상했다.

유 n. farming

contributor

[kəntríbjutər]

n. 기부자, 공헌자

Historically, he has not been a major **contributor** to the university.

역사적으로, 그는 그 대학의 주요 기부자가 아니었다.

destroy

[distrɔ́i]

v. 파괴하다, 멸하다, 소실시키다

Please **destroy** all credit cards associated with this bank by cutting the magnetic strip in half.

이 은행과 관계된 신용카드는 모두 마그네틱 부분을 반으로 잘라서 파기하십시오.

반 v. construct

declare

[diklέər]

v. 선언하다, 언명하다

The project is moving ahead quickly, but we're not ready to **declare** success.

그 프로젝트는 빠르게 나가고 있지만, 아직 성공이라고 할 정도는 아니다.

유 v. state, indicate, announce

defy

[difái]

v. 무시하다, 도전하다

It would be foolish to **defy** the laws of physics.

물리 법칙을 무시하는 것은 어리석은 짓이다.

donation

[dounéiʃən]

n. 기부

This family restaurant is collecting **donations** for its annual Children's Summer.

이 패밀리 레스토랑은 연례 행사인 '어린이들의 여름' 행사를 위한 **기부금**을 모으고 있습니다.

유 n. present

fasten

[fǽsn] ⑬ [fáːsn]

v. 묶다, 죄다, 닫히다, 채우다

Please return to your seats and **fasten** your seat belts.

좌석으로 돌아가 앉아주시고 좌석벨트를 **매주시기** 바랍니다.

반 v. unfasten

floating

[flóutiŋ]

a. 떠 있는

The survivors clung to the **floating** wreckage.

생존자들은 **표류 중인** 난파선 잔해에 매달렸다.

유 a. unsettled, unfixed, afloat

heavily

[hévili]

adv. 무겁게, 몹시

The country's economy is **heavily** dependent on the automobile industry.

그 나라의 경제는 자동차 산업에 **크게** 의존하고 있다.

반 adv. lightly

lean

[líːn]

v. 기대다, 의지하다, 비스듬히 기대어 놓다

We had to **lean** on friends to support our decision.

우리는 친구들이 우리의 결정을 지지하기를 **기대해야** 했다.

유 v. tilt, angle

limit

[límit]

n. 한계
v. 한정하다

The group plans to **limit** the number of attendees to 70.

그 그룹은 참석자를 70명으로 **한정할** 계획이다.

유 n. restriction v. control, restrict

파 n. limitation 한정 a. limited 한정된

maintain

[meintéin]

v. 지속하다, 유지하다,
간수하다

Since the museum opened in 1956, it has **maintained** free general admission.

1956년 이 미술관이 개관한 이래, 완전 무료입장을 유지해 왔습니다.

⊕ v. support

nervous

[nə́:rvəs]

a. 신경질의, 신경의

Some people are **nervous** about approaching a doctor.

일부 사람들은 의사에게 가는 것을 겁을 낸다.

⊕ a. neurotic, edgy **phr.** on edge

odd

[ád] ⊛ [ɔ́d]

a. 이상한, 외진,
우수리의, 홀수의

The model is an **odd**-looking structure of boards and rods.

그 모델은 판자와 막대기로 된 이상한 모양의 구조물이다.

⊕ a. strange

outline

[áutlàin]

n. 윤곽, 약도
v. ～의 윤곽을 그리다

We hope you to solve the problems **outlined** in our earlier discussion.

이전 논의에서 거론된 문제들을 귀하께서 해결하기를 바랍니다.

⊕ n. v. form

polish

[páliʃ]

v. 닦다
n. 광택, 광택제

The suggested retail price for the solid type shoe **polish** is $4.99.

제시된 고체 타입 구두 광택제의 소매가는 4달러 99센트이다.

⊕ v. rub

race

[réis]

n. 경주, 인종, 민족
v. 경주하다, 질주하다

The ten kilometer **race** goes across the bridge and back fourth.

10km 레이스의 이 경기는 다리를 네 번 건너갔다가 되돌아오는 코스입니다.

⊕ n. event, championship, tournament

radius

[réidiəs]

n. 반경, 반지름

The crime scene investigators searched all the woods within a six-mile **radius**.

과학 수사대는 **반경** 6마일 이내의 모든 숲을 수색했다.

---

share

[ʃɛ́ər]

n. 몫, 주
v. 분배하다,
함께 나누다

Investing in a kind of mutual fund simply means buying **shares** of the fund.

일종의 뮤추얼 펀드에 투자하는 것은 그 펀드의 **지분**을 산다는 의미이다.

유 n. allocation v. divide

---

shell

[ʃél]

n. 껍질, 조가비, 포탄

This is a coiled wire that resembles a snail's **shell**.

이것은 달팽이 **껍질**을 닮은 똘똘 말린 철사이다.

---

situation

[sìtʃuéiʃən]

n. 위치, 상태

It is nice to see that the **situation** has been resolved in your thought.

고객님이 생각하는 방향으로 **상황**이 해결되어 다행입니다.

유 n. circumstance, position, conditions

---

soil

[sɔ́il]

n. 흙, 토양

Water your plant daily or enough to keep the **soil** moist and healthy.

당신의 식물에 매일 또는 충분히 물을 주어, **토양**을 충분히 축축하고 건강하게 유지하십시오.

유 n. mud, dust, clay, land

---

theory

[θíːəri]

n. 학설, 이론

She has a **theory** that drinking hot tea prevents colds.

뜨거운 차를 마시면 감기가 예방된다는 것이 그녀의 **지론**이다.

유 n. principle, law, rule

vertical

[və́:rtikəl]

a. 수직의

Twin **vertical**, and twin horizontal arms work well in a variety of workstations.

트윈 **수직형**, 트윈 수평형 팔걸이로 되어 있어서 다양한 작업 환경에 적합합니다.

🛈 a. upright, straight 🛈 a. horizontal, inclined

waste

[wéist]

v. 낭비하다, 황폐하게 하다, 쇠약해지다
n. 쓰레기

We're going to create enormous mountains of chemical **waste**.

엄청난 양의 화학 **폐기물**이 쏟아져 나올 것입니다.

🛈 v. lavish n. garbage, rubbish, trash

refuse

[rifjúːz]

v. 거절하다, 사퇴하다
n. 쓰레기, 폐물

Organic **refuse** and farm waste include brush, lawn clippings, tree branches, and leaves.

유기물 **쓰레기**와 농가 폐기물은 잡목, 잔디 깎은 풀, 나뭇가지, 나뭇잎 등입니다.

🛈 v. reject, deny, decline 🛈 v. accept

reflect

[riflékt]

v. 반사하다, 반영하다

The fatal flaws in the design **reflect** the fatal flaws in the designer.

디자인에서의 결정적인 약점들은 디자이너의 결정적인 약점들을 **반영한다**.

platform

[plǽtfɔ:rm]

n. 대, 플랫폼

One **platform** of the station reaches a depth of about 5,000 feet.

그 역의 한 **플랫폼**의 경우 깊이가 약 5,000 피트에 달한다.

absorb

[əbsɔ́ːrb]

v. 흡수하다, 열중시키다

The black color will **absorb** light and raise the temperature of your compost.

검은색은 빛을 **흡수하여** 당신의 퇴비의 온도를 올릴 것이다.

반 v. emit

---

cattle

[kǽtl]

n. 소

Cattle, horses and other livestock are commonly branded today for the reason to prove ownership.

오늘날에 보통 **소**, 말, 그리고 다른 가축들은 소유자를 증명하기 위한 이유로 낙인을 찍는다.

유 n. ox

---

claim

[kléim]

v. 요구하다, 주장하다

n. 요구, 청구, 주장, 권리

His **claim** to raise his monthly salary was quite legitimate.

월급을 인상해 달라는 그의 **요구**는 아주 정당한 것이었다.

유 v. demand

---

committee

[kəmíti]

n. 위원회

If you want to make a full request to the finance **committee**, you should contact Henry.

재무**위원회**에 전액 요청을 원하시면, 헨리에게 연락해야 합니다.

유 n. council, commission, board

---

conduct

[kándʌkt] 영 [kɔ́ndʌkt]

n. 행위, 행실

v. 행동하다, 지휘하다, 실시하다

We **conduct** regular checks on children's teeth and oral health with lots of encouragement.

우리는 아이들의 이와 구강 건강에 대해 의욕을 가지고 정기검진을 **실시한다**.

유 v. act

determine
[ditə́:rmin]

v. 결심시키다,
결심하다, 결정하다

We must **determine** where the exhibitions will take place.

어디서 전시회를 열 것인지 **결정해야**만 한다.

㈜ v. decide

diagnosis
[dàiəgnóusis]

n. 진단, 식별

The newest medical system converts sound to an imaging signal to assist in **diagnosis**.

이 최신식 의료기기는 소리를 영상 신호로 전환시켜 **진단**을 돕는다.

eager
[í:gər]

a. 열망하는,
간절히 바라는

The readers are **eager** to begin production, and look forward to seeing the books on the market.

독자들은 책 제작에 들어가 제품이 시판되기를 간절히 **고대하고** 있습니다.

㈜ a. enthusiastic, keen

eliminate
[ilímənèit]

v. 제거하다, 삭제하다

They agreed to **eliminate** tariffs on fruit and other agricultural product over the next 10 years.

그들은 향후 10년간 과일과 농산물에 대해 관세를 **폐지하는** 데 합의했다.

㈜ v. necessitate

entire
[intáiər, en-]

a. 전체의, 완전한

Please note that the **entire** program takes only about 50 minutes.

전 프로그램이 50분 정도밖에 걸리지 않는다는 점에 주목하세요.

㈜ a. whole, complete

eradicate
[irǽdəkèit]

v. 뿌리째 뽑다,
박멸하다

Their goal was to **eradicate** war from the modern world.

그들의 목표는 현대 세계에서 전쟁을 **퇴치하는** 것이었다.

㈜ phr. stamp out, weed out

faint
[féint]
a. 희미한, 어렴풋한
v. 졸도하다

When I found out I won, I almost dropped the laptop and **fainted**.

제가 당첨됐다는 걸 안 순간 노트북을 거의 떨어뜨리고 **기절할** 뻔했어요.

🌐 a. weak, ill, sick, fearful

fancy
[fǽnsi]
n. 공상, 바람
v. 공상하다, 원하다
a. 장식적인

There's nothing **fancy** about it, it's just a good chair.

의자에 **장식적인** 것은 없지만 여전히 좋은 의자입니다.

fare
[fέər] 🌐 [fέə(r)]
n. 운임, 요금

The **fare** wars are a result of offering steep discounts for summer vacationers.

요금 전쟁은 여름 휴가객 유치를 위해 대폭 할인된 가격을 제시한 결과이다.

🌐 n. price

feature
[fíːtʃər]
n. 특징, 얼굴 생김새
v. 특색으로 삼다

The new logo is embossed and **features** a sparkling jewel.

새 로고는 양각 무늬로 넣었으며 반짝이는 보석으로 **되어 있습니다**.

🌐 n. characteristic, quality
v. star, figure

flame
[fléim]
n. 불꽃
v. 타오르다,
불끈 화를 내다

The gas range is adjustable by turning the valve to increase or decrease the amount of **flame**.

밸브를 돌려 **불꽃**의 양을 늘리거나 줄임으로써 가스레인지를 조절할 수 있습니다.

🌐 n. v. blaze

fortunately
[fɔ́ːrtʃənətli]
adv. 다행히,
운이 좋게도

Fortunately, he is one of my best friends and understands the position I am in.

다행스럽게도, 그는 제 가장 친한 친구 중 한 명이어서 제 입장을 충분히 이해해 줍니다.

🔄 adv. unfortunately, unluckily

fortune

[fɔ́:rtʃən] ⓐ [fɔ́:tʃu:n]

n. 부, 재산, 운

I have had the good **fortune** to work with some brilliant co-workers.

나는 운좋게 몇몇의 명석한 동료들과 함께 일할 수 있었다.

grind

[gráind]

v. 타다, 갈다

Many coffee lovers **grind** the beans immediately before brewing.

많은 커피 애호가들은 커피를 타기 직전에 콩을 간다.

ⓤ v. rub

household

[háushòuld]

n. 가족
a. 가족의, 가정용의

Some people use **household** plants to deliver the oxygen in the air.

일부 사람들은 공기 중에 산소를 공급하기 위해 집안에 식물을 기르기도 합니다.

ⓤ n. family

international

[ìntərnǽʃənl]

a. 국제의, 국제적인

The first in the series is **International** Relation: Business Etiquette for Asian countries.

첫 번째 세미나는 '국제 관계: 아시아 국가의 비즈니스 에티켓' 입니다.

ⓤ a. global, worldwide ⓥ a. national

judge

[dʒʌ́dʒ]

n. 재판관, 법관, 심판관, 감정가
v. 재판하다, 판단하다

The **judge** is not expected to issue a ruling until next Thursday.

판사는 다음 주 목요일 이후에나 판결을 내릴 것으로 예상된다.

latter

[lǽtər]

a. 나중 쪽의, 후자의
n. 후자

The **latter** series is currently under development by Nicole as a television series of the same name.

후편 시리즈는 현재와 같은 이름의 텔레비전 시리즈로 니콜에 의해 개발 중이다.

lay

[léi]

v. 놓다, 눕히다,
설비하다, 알을 낳다

Often swarms of sawflies **lay** their eggs in the buds of ash trees in the spring.

종종 잎벌 떼는 봄에 물푸레나무 싹에 알을 낳는다.

㋴ v. put

missing

[mísiŋ]

a. 있어야 할 곳에 없는

Please send me the **missing** papers as soon as possible.

누락된 서류를 가능한 한 빨리 보내 주시기 바랍니다.

㋴ a. lost, nonexistent

organize

[ɔ́:rgənàiz]

v. 조직하다, 편성하다

The company will also **organize** a session for business consulting and management.

회사는 또한 사업컨설팅과 경영 과정을 마련할 것이다.

㋴ v. arrange, plan, operate

㋹ organized 조직된, 계획된, 노동조합에 가입된

toss

[tɔ́:s]

v. 던지다, 동요하다,
뒹굴다

Before serving, **toss** the salad with Italian dressing.

식탁에 내기 전에 샐러드를 이탈리안 드레싱에 버무린다.

㋴ v. throw

voyage

[vɔ́iidʒ]

n. 항해
v. 여행하다, 항해하다

His final **voyage** will cover 3 million miles and take around ten years.

그의 마지막 항해는 거리가 300만 마일을 아우르며 약 10년의 시간이 걸릴 것입니다.

㋴ n. journey, trip
  v. travel, journey, tour

achieve

[ətʃíːv]

v. 이루다, 성취하다, 얻다

Agreement on all modalities of the negotiations could be **achieved** by the end of the week.

모든 협상 방식에 대한 합의가 금요일까지는 **이뤄질** 것이다.

유 v. accomplish, gain, obtain

---

branch

[bræntʃ] 영 [brάːntʃ]

n. 가지, 지점

Watch out for new video game and DVD titles in your library **branch**!

여러분의 대여점 **지점**에 새 비디오 게임과 DVD 타이틀들이 비치되오니 주목하십시오!

---

compare

[kəmpέər]

v. 비교하다, 비유하다

The experts **compared** stock analysts' rosy economic forecasts with the business talk they gave their clients.

전문가들은 주식 애널리스트들의 장밋빛 경제 전망과 그들이 고객에게 한 상담을 **비교했다**.

유 v. contrast

---

congress

[kάŋgris] 영 [kɔ́ŋgres]

n. 국회, 대회

Congress is considering measures to restrict the supply of the foreign currency.

의회는 외국 통화의 공급을 제한하는 조치를 고려하고 있다.

---

consistent

[kənsístənt]

a. 일관된, ~와 일치된, 모순이 없는, 고정된

With excellent transportation facilities nearby, we can provide our local distributors a **consistent** supply.

주변 교통 시설이 뛰어나서, 우리는 대리점에 **안정적으로** 물건을 납품할 수 있다.

유 a. compatible, firm

deal
[díːl]

v. 나누어 주다, 다루다
n. 거래, 분량

Both Bell-Star and Omega are planning to comment on the **deal** no later than Wednesday.

벨-스타와 오메가 양사는 이번 **거래**에 대해 늦어도 수요일까지는 언급할 계획이다.

㈜ v. separate, divide, part

delicate
[délikət]

a. 섬세한, 고운, 예민한, 미미한

The machinery can record **delicate** color differences.

이 기기는 **미세한** 색깔 차이를 감지 기록할 수 있다.

㈜ a. sensitive, fine

department
[dipáːrtmənt]

n. 부문, 부, 성, 과

All **department** managers should make a graded list of the employees.

모든 **부서**장들은 직원들의 순위표를 만들어야 합니다.

㈜ n. division, branch, unit

division
[divíʒən]

n. 분할, 구분, (관청, 회사 등의) 부

According to the study, business strategy **divisions** are operating at a loss.

그 조사에 따르면, 영업 전략 **본부**는 적자 운영을 하고 있다.

㈜ n. separation, isolation, segregation

downstairs
[dáunstὲərz]
⑧ [dáunstὲəz]

adv. 아래층으로
a. 아래층의

Mostly **downstairs** guests are those who wander about a hotel's leisure-type facilities.

대부분 **아래층** 손님은 호텔의 여가 시설을 이용하는 손님이다.

㈜ a. ground-floor   ㈐ a. adv. upstairs

earthquake
[ə́ːrθkwὲik]

n. 지진, (사회·정치적) 대변동

The **earthquake** of 1931 was the strongest earthquake ever recorded in the United Kingdom since measurements began.

1931년의 **지진**은 측정이 시작된 이후로 영국에서 기록된 가장 심한 지진이었다.

excuse

[ikskjú:z]

v. 용서하다, 변명하다
n. 변명

There is no **excuse** for damaging someone else's property.

타인의 재산에 손해를 끼친 것에 대한 **변명**의 여지가 없다.

extend

[iksténd]

v. 뻗다, 연장하다,
늘이다, 넓어지다

The warranty period **extends** for one year from the date of manufacturing the product.

보증기간은 제품의 제조 날짜로부터 1년간 **지속됩니다**.

⑨ phr. stretch out v. prolong, enlarge

grab

[grǽb]

v. 부여잡다, 움켜쥐다
n. 부여잡기, 횡령

There will be plenty of home computers in good condition up for **grabs**.

먼저 **잡는** 게 임자인 양호한 상태의 가정용 컴퓨터들도 많이 나올 겁니다.

identical

[aidéntikəl]

a. 동일한

Identical individual invitations were sent to every member of the Board.

동일한 초대장들이 개별적으로 모든 이사회 구성원들에게 발송되었습니다.

⑨ a. same

labor/labour

[léibər]

n. 노동, 수고
v. 노동하다

Fifteen out of 22 industries saw a decrease in **labor** productivity.

22개 업종 가운데 15개 업종에서 **노동** 생산성이 감소했다.

lack

[lǽk]

n. 부족
v. ~이 없다, 결핍하다,
모자라다

The **lack** of a government budget makes major investment in the region unacceptably risky.

정부 예산 **부족**이 그 지역에 대규모로 투자하는 것을 위험하게 만든다.

⑨ n. absence, deficit, shortage ⑪ v. have

locate
[lóukeit]

v. 위치를 정하다,
거처를 정하다

Employers must **locate** portable fire extinguishers and install water sprinklers.

고용주는 휴대용 소화기를 비치하고 스프링클러를 설치해야 한다.

윤 v. settle 파 n. location 위치, 장소

lunar
[lú:nər]

a. 달의

Trading activity in Asia was somehow subdued due to the **Lunar** New Year holidays in most of the region.

아시아에서 무역 거래는 대부분의 지역에서 음력설 연휴 때문에 다소 줄어들었다.

반 a. solar

manage
[mǽnidʒ]

v. 이럭저럭 해내다,
경영하다, 관리하다

This network is designed to better **manage** personal information.

이 네트워크는 개인 정보를 보다 효율적으로 관리하기 위해 고안되었습니다.

반 v. fail

morale
[mərǽl]

n. 사기, 근로 의욕

These wellness programs may improve employee **morale**.

이러한 건강 프로그램들이 직원의 사기를 높여 줄 수 있을 것이다.

overdue
[ðuvərdjú:]

a. 늦은, (지급) 기한이
지난, 생리가 늦은;
출산 예정이 지난

A late fee of $10.00 will be applied to borrowed books more than three days **overdue**.

3일 이상 미납된 대출 도서에는 10달러의 연체료가 부과될 것이다.

odor
[óudər]

n. 냄새, 향기

Lima beans can repel attacking insects by releasing an unpleasant **odor**.

리마 콩은 역겨운 냄새를 발산하여 곤충들의 공격을 퇴치할 수 있다.

윤 n. smell

pleasant

[pléznt]

a. 즐거운, 유쾌한

The assistant manager is always **pleasant** when interacting with clients.

부지배인은 고객들을 대할 때 항상 유쾌합니다.

유 a. enjoyable, nice
반 a. unpleasant

principal

[prínsəpəl]

a. 주요한
n. 우두머리, 장

Segmentation offers three **principal** benefits with regard to the development of marketing strategy.

세분화 작업은 마케팅 전략 개발과 관련하여 세 가지 주요한 이점을 제공한다.

유 a. leading

quarter

[kwɔ́ːrtər]

n. 4분의 1, 4분의 1달러
   (= 25 cents)

TA Media expects to break even in the fourth **quarter**.

TA 미디어는 4/4분기에 손익 분기점에 도달할 것을 기대하고 있다.

reduce

[ridjúːs]

v. 줄이다, 진압하다, 줄다

To **reduce** our costs by 10 percent, the publications will be printed on recycled paper.

경비를 10% 절감하기 위해 간행물은 재활용지에 인쇄될 것이다.

유 v. lower, minimize, decrease

swallow

[swálou] 영 [swɔ́lou]

v. 삼키다, 들이켜다, ~을 받아들이다

We should not **swallow** everything the newspaper editorials say uncritically.

신문 사설을 모두 무비판적으로 받아들여서는 안 된다.

Day 05

Daily TOEIC Voca

amount
[əmáunt]

n. 총액, 총계, 양
v. 총계가 ~에 이르다,
  결과적으로 ~이 되다

You will also find the **amount** of electricity consumed during the billing period.

청구 기간 중의 전기 사용량도 확인하실 수 있습니다.

ⓐ n. v. sum

announce
[ənáuns]

v. 알리다, 공고하다

Reesa Systems **announced** plans to buy Quentice Software Group for $250 million.

리사 시스템즈는 퀜티스 소프트웨어 그룹을 2억 5천만 달러에 인수한다는 계획을 발표했다.

ⓟ n. announcement 공고, 발표   n. announcer 고지자

appear
[əpíər]

v. 나타나다,
  ~인 것 같이 보이다

Please specify whether his story is to **appear** as a column or a feature.

그의 이야기를 칼럼에 실을지 혹은 특집 기사로 실을지를 구체적으로 명시하십시오.

ⓐ v. emerge, show, loom, pop
ⓑ v. disappear

apply
[əplái]

v. 대다, 충당하다,
  적용되다, 신청하다

These are not seen lightly when **applying** to work for exchange programs.

이는 교류 프로그램에 지원할 때 가볍게 넘길 일들이 아닌 것으로 보입니다.

ⓑ v. defy, exempt

arise
[əráiz]

v. 일어나다, 생기다

Please contact me at this number whenever the need **arises**.

저희가 도울 일이 있으면, 언제든지 이 번호로 연락 주십시오.

ⓑ phr. sit down, lie down

article

[ɑ́ːrtikl]

n. 기사, 물품, 조항

The **article** will come up on my site and several others in about two weeks.

이 **기사**는 약 2주 후에 내 사이트와 몇몇 다른 사이트에 실릴 예정입니다.

유 n. editorial, piece, column, feature

beneficial

[bènəfíʃəl]

a. 유익한

I think you will find this monthly lecture series **beneficial**.

이 월례 강좌 시리즈는 귀하에게 상당히 **유용할** 것이라고 생각됩니다.

유 a. advantageous

board

[bɔ́ːrd]

n. 판자, 칠판, 게시판, 식사, 위원회
v. 타다, 하숙하다

I hope there are enough examples for your presentation at Wednesday's **Board** meeting.

수요일 **이사회** 회의에서 당신의 프레젠테이션을 위한 충분한 예시들이 있을 것을 기대합니다.

반 phr. get off

complete

[kəmplíːt]

v. 완료하다, 완성하다, 이행하다
a. 전부의, 완전한

Complete the attached application form and pass it on to your senior.

첨부된 신청서를 **작성해서** 상부에 전달하십시오.

composition

[kàmpəzíʃən]
영 [kɔ́mpəzíʃən]

n. 구성, 작문, 구조, 합성물

The exact **composition** of the Roman concrete used in the dome is in dispute.

둥근 천장에 사용된 로마 콘크리트의 정확한 **구성**에 대해서는 아직 논쟁이 계속되고 있습니다.

counsel

[káunsəl]

n. 상담, 조언
v. 권고하다

Citing the advice of corporate **counsel**, the official declined to answer questions how he is doing.

회사의 법률 고문의 **조언**을 인용하면서, 그 관계자는 그가 어떻게 행동할지에 관한 질문에 답변을 피했다.

damage

[dǽmidʒ]

n. 손해
v. 손해를 입히다

The chemicals in the pool can cause serious **damage** to your eye if you go under water for too long.

수영장 안의 화학 물질들은 당신이 물에 너무 오래 들어가 있는다면 눈에 심각한 **손상**을 줄 수 있습니다.

except

[iksépt]

prep. ~을 제하고는, ~외에는
conj. ~을 제외하고

In a mixing bowl, mix all remaining ingredients **except** walnuts and peanuts.

조리용 그릇에 호두와 땅콩을 **제외한** 남은 재료들을 모두 넣고 잘 섞는다.

⊕ conj. prep. but

impatient

[impéiʃənt]

a. 성급한, 조급한

My boss is focused on results, **impatient** with the slow passage of time, a delegator.

내 상사는 결과에 초점을 맞추고 시간이 느리게 가는 것을 **안절부절 못하며**, 남에게 맡기는 타입이다.

⊕ a. eager, restive, unforbearing

improve

[imprúːv]

v. 개선하다, 이용하다, 나아지다

By upgrading our quality steadily, we can **improve** our competitiveness.

우리의 품질을 꾸준히 향상시킴으로써, 우리는 경쟁력을 **강화시킬** 수 있다.

⊕ v. enhance, reform

leap

[líːp]

v. 껑충 뛰다, 뛰어넘다
n. 뜀, 도약

My knowledge of France increased by **leaps** and bounds when I lived in France for a year.

프랑스에 대한 지식은 내가 1년 동안 프랑스에 살았을 때 착착 **증가**했다.

⊕ v. n. bound, jump, spring

patch

[pǽtʃ]

v. ~에 헝겊을 대고 깁다, 수선하다
n. 헝겊 조각

Some of these damaged sections can be **patched** fairly easily; some cannot.

파손된 부분의 일부는 꽤 쉽게 **보수할** 수 있다. 하지만 일부는 할 수 없다.

⊕ n. v. dot, mark, spot

pleasure

[pléʒər]

n. 즐거움

It was a **pleasure** meeting you yesterday, and I look forward to doing it again soon.

당신을 어제 만나게 되어 기뻤고, 조만간 또 그러기를 고대합니다.

⑪ n. delight, joy

precaution

[prikɔ́:ʃən]

n. 조심, 예방 조치

As a safety **precaution**, turn lights off when you leave the office.

안전 조치로서, 퇴근할 때에는 불을 끄십시오.

⑪ n. defence, shield, safeguard, screen
⑪ a. precautionary 예방의

press

[prés]

v. 내리누르다, 누르다
n. 누름, 신문, 보도 기관

Journalists without **press** credentials will not be allowed to enter the restricted area.

기자(보도 기관)증이 없는 기자들은 제한 구역의 출입이 허용되지 않을 것이다.

regard

[rigá:rd]

v. ~으로 여기다, 보다
n. 관계, 고려

In some countries, natural remedies are **regarded** as unscientific.

일부 국가에서는 자연 치료를 비과학적이라고 생각한다.

⑪ v. call, find, consider

respect

[rispékt]

n. 존경, 존중
v. 존경하다, 존중하다

The differences on this issue was based on mutual trust and **respect** for facts.

이 문제에 대한 견해 차이는 상호 신뢰와 사실에 대한 존중에 바탕을 두었다.

⑪ n. manners, courtesy v. admire, esteem

shelter

[ʃéltər]

n. 피난처, 방공호
v. 보호하다

They donated the funds from their charity drive to the **shelter** for the homeless.

그들은 자체 자선활동으로 모금된 기금을 집 없는 사람들을 위한 보호소에 기부했다.

strike

[stráik]

v. 치다, 찌르다, 부딪치다, 향하다
n. 치기, 동맹 파업

Nearly 2,000 people are **struck** and injured by lightning per year in the world.

매년 거의 세계의 2천 명이 벼락에 **맞아** 다친다.

㈜ v. hit, attack, thrust

unfortunately

[ʌnfɔ́ːrtʃənətli]
㉫ [ʌnfɔ́ːtʃənətli]

adv. 불행하게도

Unfortunately, some of the books were damaged in transit.

유감스럽게도, 책 일부가 운송 도중 파손되었다.

urge

[ə́ːrdʒ]

v. 몰아대다, 죄어치다, 촉구하다

We **urge** industry to find ways of recycling large amounts of computer equipment.

저희는 많은 양의 컴퓨터 기기를 재활용할 수 있는 방안을 마련하도록 업계에 **촉구하고 있습니다**.

㈍ n. urgency 긴급

vary

[vέəri]

v. 바꾸다, 바뀌다

Costs will **vary** greatly, depending on coverage and quality.

비용은 보장 범위와 품질에 따라 크게 **바뀔** 수 있습니다.

㈜ v. conform
㈍ a. varying 바뀌는, 변화하는, 가지각색의

visible

[vízəbl]

a. 눈에 보이는, 명백한

All employees are required to have their ID badge **visible** at all times.

모든 직원은 자신의 신분증을 항상 **눈에 보이게** 해 두어야 한다.

㈜ phr. on display, in evidence
㉫ a. invisible

Day 06

Daily TOEIC Voca

acid
[ǽsid]
n. 산
a. 신, 신맛이 나는

You can add a pinch of baking soda to neutralize the **acid** in the honey.
꿀에 있는 산을 중화하기 위해 베이킹 소다를 조금 넣을 수 있습니다.
㊀ a. unpleasant, sour, acidic

afford
[əfɔ́ːrd]
v. ～할 여유가 있다,
여유가 있다,
공급하다, 주다

I cannot **afford** to spend a lot of time to repair a brand-new watch.
새 시계를 수리하는 데 많은 시간을 소비할 여유가 없습니다.
㊀ v. give
㊊ a. affordable 줄 수 있는, 알맞은

attitude
[ǽtitùːd] ⑱ [ǽtitjùːd]
n. 태도, 사고방식

Don't expect your employees' **attitudes** to change overnight.
당신 직원들의 태도가 하룻밤 사이에 달라질 것이라고 기대하지 마십시오.

blanket
[blǽŋkit]
n. 담요, 모포

Water-circulating **blankets** are the most appropriate treatment.
물 순환 담요가 가장 적절한 처치법이다.
㊀ n. covering

celebrity
[səlébrəti]
n. 명성, 유명 인사

The **celebrity** couple sold pictures of them for $5 million, which was donated to a charitable cause.
그 유명인 커플은 자신들의 사진들을 500만 달러에 판매하였고, 그 돈은 자선단체에 기부되었다.

chest

[tʃést]

n. 가슴, 상자

Ice **chest** measures $40 \times 55 \times 30$ and weighs just 1kg.

아이스 박스의 크기는 40×55×30이며 무게는 1kg에 불과합니다.

㊌ n. breast

concerning

[kənsə́:rniŋ]

prep. ~에 대한, ~과 관련된

Do not hesitate to contact me if you have any questions **concerning** this matter.

이 문제에 대해서 궁금한 점이 있으시면 언제든 연락을 주십시오.

㊌ prep. regarding

conflict

[kánflikt] ㊊ [kɔ́nflikt]

n. 투쟁, 충돌
v. 충돌하다

The best way to avoid **conflict** is mutual understanding.

분쟁을 피하는 가장 좋은 방법은 상호 이해이다.

㊌ n. contradiction, clash, collision, opposition
v. contrast, contradict

contribute

[kəntríbju:t]

v. 기부하다, 기고하다, 기여하다

Unfortunately, we don't have the funds to **contribute** the event.

아쉽지만, 그 행사에 기부할 자금이 없습니다.

court

[kɔ́:rt] ㊊ [kɔ́:t]

n. 안마당, 코트, 법정

The **court** decided that the advertisement does not misrepresent our travel products.

법원은 그 광고가 우리 여행 상품들을 허위 선전하지 않았다고 판결했다.

device

[diváis]

n. 장치, 고안

This **device** is used for thirty minutes per day to prevent muscle atrophy in paralyzed individuals.

이 도구는 매일 30분씩 마비 환자들의 근위축증을 막기 위해서 사용된다.

discount
[dískaunt,-ˊ]
v. 할인하다, 에누리하여 듣다
n. 할인

All tickets for **discounted** flights must be made 10 days in advance of the planned departure.
모든 **할인** 항공권의 예약은 출발할 날짜보다 열흘 먼저 해야 한다.
㊌ v. deduct, subtract

dot
[dát] ㊐ [dɔ́t]
n. 점
v. 점을 찍다, 점재하다

This test involved drawing lines with a pencil to connect yellow **dots** on the printed page.
이번 실험에서는 프린트된 페이지 위에 있는 노란색 작은 **점들**을 연필로 연결하여 선을 긋게 했다.

drug
[drʌ́g]
n. 약, 마약

Clinic tests show that the **drug** is good for headaches, and has no harmful side effects.
임상 실험 결과 그 **약**은 두통에 잘 듣고, 부작용이 없는 것으로 밝혀졌다.
㊌ n. medicine

firm
[fə́:rm]
a. 굳은, 확고한
n. 상회, 회사

Fastest data-processing is another appeal of online brokerage **firms**.
빠른 데이터 처리는 온라인 중개 **회사**가 지니고 있는 또 하나의 매력입니다.
㊌ a. solid, constant, rigid

fit
[fít]
v. ~에 맞다, 맞게 하다
a. 적당한, 꼭 맞는
n. 적합

This is why not all uniforms **fit** all people.
그래서 모든 유니폼이 모든 사람들에게 다 **맞지는** 않는 것입니다.

latest
[léitist]
a. 최신의, 최근의, 가장 늦은
adv. 가장 늦게

In the **latest** poll, nearly one-third of the people said they believed the economy was in recession today.
최근 여론 조사에서는 거의 세 명 중 한 명의 사람들이 오늘날 경제가 불경기라고 믿고 있다고 말했다.
㊌ a. current

moreover

[mɔːróuvər]

adv. 게다가, 더욱이

Moreover, many things like furniture, wallpaper, and layer of paper towels gather mold, during the rainy season.

또한 장마철에는 가구, 벽지, 장판과 같은 많은 것들에 곰팡이가 생깁니다.

nuclear

[njúːkliər]

a. 핵의, 원자핵의

No new **nuclear** power plant has been built in the United States since the 1970s.

어떠한 새 원자력 발전소도 1970년대 이후로 미국에 건립되지 않았다.

presence

[prézns]

n. 존재, 출석

The guard's **presence** alone is insurance against unwanted outsiders.

경비원의 존재만으로도 원치 않는 외부인을 막는 보장이 됩니다.

반 n. absence

relative

[rélətiv]

n. 친척
a. 비교상의, 상대적인

His closest **relative** is his great-aunt, Olga, who lives in India now.

그의 가장 가까운 친척은 현재 인도에 살고 있는 큰 이모인 올가이다.

유 a. proportional

ruin

[rúːin]

n. 폐허, 파멸
v. 파멸시키다

The whole district lay in **ruins** because of the devastation of Hurricane Katrina.

그 지역 전체가 허리케인 카트리나의 참사로 인해 폐허가 됐다.

유 v. spoil, wreck

steep

[stíːp]

a. 가파른, 경사가 급한,
   과장된, 터무니 없는

The major hotels have begun offering **steep** discounts for summer vacationers.

대형 호텔들이 여름 휴가객 유치를 위해 대폭 할인된 가격에 판매하기 시작했다.

sweat
[swét]
n. 땀, 고역, 힘드는 일
v. 땀 흘리다, 땀을 내다

Some card firms offer "**sweat** bonuses" to new employees.
일부 카드사에서는 신입사원에게 '**성과급**'을 지급한다.

territory
[térətɔ̀:ri] 영 [térətri]
n. 영토, 지역, 구역

He eventually became the top executive of a three-state **territory**.
그는 결국 3개 주(州) **지역** 내의 고위 간부가 되었다.
ⓐ n. colony, possession

treaty
[trí:ti]
n. 조약

The new frontiers would be established by **treaty**.
새로운 국경은 **조약**에 따라 설치될 것이다.

warning
[wɔ́:rniŋ]
a. 경고의
n. 경고, 경보

Warning signs in English and Spanish were clearly posted throughout the country.
영어와 스페인어로 쓰인 **경고** 표지판들이 그 나라 전 지역에 걸쳐서 분명하게 붙어 있었다.
ⓐ n. notice, alarm, alert

wound
[wú:nd]
n. 상처
v. 부상하게 하다

Animal bites, human bites and deep **wounds** should be evaluated by a medical specialist in case antibiotics are needed.
동물이 물거나, 사람이 물어서 **상처**가 심한 것은 항생제가 필요할 경우 전문의에게 보여야만 한다.

Day 07

Daily TOEIC Voca

aboard

[əbɔ́ːrd] 미 [əbɔ́ːd] 영

adv. 배로
prep. (배·열차·버스·비행기에) 타고

No one was **aboard** the carriage which first caught fire, no injuries were reported.

처음 불이 붙은 객차에는 아무도 타고 있지 않아서, 부상자는 없는 것으로 전해졌다.

유 adv. ashore

chief

[tʃíːf]

n. 장
a. 최고의

Currently, the **chief** executive officer also holds the position of board of directors.

현재 최고 경영자가 이사회 임원직을 겸임하고 있다.

유 a. main

damp

[dǽmp]

a. 축축한
n. 습기

I wipe the surface with a **damp** cloth with a tiny bit of detergent, then a dry cloth.

나는 표면을 약간의 세정제를 묻혀서 젖은 천으로 닦고 난 후, 마른 천으로 닦는다.

유 a. wet

dawn

[dɔ́ːn]

n. 새벽
v. 날이 새다, 밝아지다, 나타나기 시작하다

It is open **dawn** to dusk from early spring until the first heavy snow.

그곳은 새벽부터 해가 질 때까지 초봄부터 첫 폭설이 내릴 때까지 개장합니다.

유 n. daybreak

excellent

[éksələnt]

a. 우수한, 아주 훌륭한

Although he was capable of **excellent** public speaking, his voice was too hoarse.

그의 발표 능력은 뛰어났지만, 목소리는 너무 쉬어 있었다.

유 a. outstanding, perfect, superb

fair
[fɛ́ər]
a. 공정한, 공평한
adv. 공명정대하게
n. 품평회, 박람회

The book Art **Fair** is now accepting applications for booth rental.

북 아트 **박람회**에서는 현재 부스 임대 신청을 받고 있습니다.

유 a. clear, ordinary
반 a. unfair

favor/favour
[féivər]
n. 호의, 친절한 행위
v. 호의를 보이다, 찬성하다

I need you to do a big **favor** for me.

어려운 **부탁** 좀 해야겠어요.

federal
[fédərəl]
a. 연방의, 연방 정부의

Remember, **federal** regulations prohibit smoking on all domestic flights.

모든 국내선의 흡연은 **연방** 법규에 의해 금지되었음을 기억해 주시기 바랍니다.

유 a. national   반 a. unitary

fierce
[fíərs]
a. 사나운, 격렬한

The competition for the 2014 Worldcup is as **fierce** as ever.

2014년 월드컵 유치 경쟁은 유례없이 **치열**합니다.

유 a. violent, intense, stormy
파 adv. fiercely 사납게   n. fierceness 사나움

flash
[flǽʃ]
n. 번쩍임, 번쩍하는 빛
v. 번쩍거리게 하다, 번쩍거리다

No **flash** photography or tripods are allowed in the museum.

박물관 내에서는 **플래시**나 삼각대 사용이 불가능합니다.

유 v. flicker

fold
[fóuld]
v. 접다, 끼다, 안다, 싸다
n. 주름

Suits will be drycleaned, pressed neatly **folded**, and returned the following day.

양복은 드라이클리닝한 뒤, 잘 다려서 깔끔하게 **개켜서** 다음 날 배달해 드립니다.

유 v. bend

honor/honour

[ánər] 영 [ɔ́nər]

n. 명예, 영광
v. 존경하다,
   명예를 주다

My son graduated with **honors** in the top 3 percent of his class.

제 아들은 학급에서 상위 3퍼센트 내에 들며 **우등**으로 (**명예**롭게) 졸업했습니다.

반 n. v. dishonor

increase

[inkríːs]

v. 늘다, 늘리다
n. 증가

Promotion or an **increas**e in salary may be granted upon employee evaluation.

승진이나 봉급 **인상**은 직원 평가에 따라 이루어질 것이다.

유 v. raise, boost, intensify
   n. growth, inflation, rise

mercury

[mə́ːrkjuri]

n. 수은, 수은주

Heat the **mercury** thermometer on a light bulb for a few minutes before placing it in your mouth.

수은 온도계를 입 안에 넣기 전에 몇 분 동안 전구에 데우십시오.

minister

[mínəstər]

n. 성직자, 장관

The prime **minister**'s speech lacked indications about interest-rate direction.

국무**총리**의 연설에는 이자율의 방침에 대한 제시가 빠져 있었다.

minor

[máinər]

a. 중요치 않은, 사소한,
   2류의
n. 미성년자

You can use a coupon for the dry cleaning and mending of **minor** tears.

드라이클리닝과 **사소한** 수선은 쿠폰을 사용할 수 있습니다.

반 a. major

orbit

[ɔ́ːrbit]

n. 궤도, 생활의 궤도,
   활동 범위

Earth **orbit** is a bit easier to get to than the moon.

지구 **궤도**는 달보다 도달하기가 약간 쉽다.

pirate

[páiərət]

n. 해적, 저작권 침해자
v. 약탈하다,
    저작권을 침해하다

Surveys show that there is a whole lot of **pirates** out there marketing unauthorized music files.

최근 조사 결과에 따르면 허가 받지 않은 음악 파일들을 시판하는 **저작권 침해 행위**가 엄청나게 자행되고 있는 것입니다.

port

[pɔ́:rt]

n. 항구, 항구 도시

The man was living in an abandoned bus in the **port** city of Yantai.

그 남자는 옌타이 **항구** 도시의 한 버려진 버스 안에서 살고 있었다.

유 n. harbor, dock, marina

separate

[sépərèit]

v. 가르다, 분리하다,
    갈라지다, 분리되다
a. 갈라진, 따로따로의

I found actually keeping the emergency funds in a **separate** account helpful.

나는 비상금을 **별도의** 계좌에 넣어두는 것이 도움이 된다는 것을 알게 되었다.

유 v. divorce, disentangle   반 a. joint

slip

[slíp]

v. 미끄러지다,
    미끄러지게 하다
n. 미끄럼, 실수

Singapore shares **slipped** 0.4 percent, while Taiwan's TAIEX lost 0.3%.

싱가포르 주식은 0.4% **떨어졌으며**, 대만의 TAIEX 지수는 0.3% 하락했습니다.

반 v. creep, sneak, slink

split

[splít]

v. 쪼개다, 쪼개지다

Broil until potatoes begin to **split** and cheese begins to color, about 3 minutes.

감자가 **갈라지기** 시작하고 치즈가 노릇노릇해질 때까지 약 3분간 굽는다.

유 v. unite

spoil

[spɔ́il]

v. 망치다,
    성격을 버리다,
    상하다, 못쓰게 되다

This dairy product **spoils** when it's not in the refrigerator.

이 유제품은 냉장고에 보관하지 않으면 **상한다**.

squeeze

[skwíːz]

v. 압착하다, 꽉 쥐다

Understand that when you brush, you don't need a lot of toothpaste; just **squeeze** toothpaste out a bit the size of a pea.

양치질을 할 때, 당신은 많은 양의 치약이 필요 없다는 것을 알도록 하세요. 단지 콩알 만큼의 치약을 **짜면** 됩니다.

standard

[stǽndərd]

n. 표준, 기준
a. 표준의

All new jeans now are produced to strict **standards** of quality.

모든 새 청바지들은 현재 엄격한 품질 **기준**에 따라 생산되고 있다.

ⓤ a. common, basic, regular, acceptable

tap

[tǽp]

n. 꼭지, 가볍게 두드림
v. 가볍게 두드리다, 판로를 열다

Designed houses could **tap** into a giant market.

맞춤 주택은 거대 시장을 **활용할** 수 있을 것이다.

ⓤ n. faucet v. pat

tear

[tíər]

n. 눈물
v. 눈물을 짓다

This makes me laugh so hard it brings **tears** to my eyes.

이것은 너무 웃겨서 **눈물**이 납니다.

ⓤ n. teardrop

theme

[θíːm]

n. 주제

Songs are often related to other songs on the same album by a common **theme**.

같은 앨범 내의 노래들은 종종 다른 노래들과 공통된 **주제**로 연관되어 있다.

ⓤ n. subject

Day 08

Daily TOEIC Voca

accompany
[əkʌ́mpəni]
v. 동반하다, ~을 수반하다

Children under 13 can come only when **accompanied** by an adult.

13세 이하 어린이는 어른과 **동행할** 경우에만 갈 수 있습니다.

유 phr. go with, tag along

baggage
[bǽgidʒ]
n. 수하물

Airlines may charge as much as $50 extra to take bikes as **baggage**.

항공사는 자전거를 **수하물**로 가져가려 할 때 50달러 정도의 추가 비용을 부가할지도 모른다.

유 n. luggage (英)

dishonor/-our
[disánər]
n. 불명예
v. ~의 명예를 손상시키다

When the baby was born, the unmarried mother was cast out of her family in **dishonor**.

아기가 태어나자, 그 미혼모는 **불명예**로 그녀의 가족들에게 쫓겨났다.

유 n. v. disgrace, shame 반 n. v. honor

drag
[drǽg]
v. 끌다, 질질 끌리다, 질질 오래 끌다

The woman is **dragging** the logs behind her through the forest.

여자가 숲 속에서 통나무를 뒤에 질질 **끌면서** 가고 있다.

유 v. pull

extension
[iksténʃən]
n. 신장, 확장, 내선

To register for the workshop, please call Pat Morris on **extension** 406.

워크숍에 참가하려면 팻 모리스에게 **내선 번호** 406으로 전화하세요.

유 n. enlargement

harvest

[háːrvist]

n. 수확, 수확기
v. 수확하다

They sowed three fields of wheat, but the first field was destroyed before it can be **harvested**.

그들은 세 곳의 밀밭에 씨를 뿌렸지만, 첫 번째 밭은 수확하기 전에 파괴되었다.

유 v. pick, gather

hollow

[hálou]

a. 속이 빈, 오목한

When the bread is done, it should sound **hollow** when tapped.

빵이 다 되었을 때, 두드리면 속이 빈 소리가 나야 합니다.

반 a. solid

laboratory

[læbərətɔːri]
영 [ləbɔ́rətəri]

n. 실험실

He worked in his **laboratory** at Stanford University until a few days before his death.

그는 죽기 며칠 전까지도 스탠포드 대학의 실험실에서 연구했다.

liquid

[líkwid]

n. 액체
a. 액체의

A container can be filled with **liquid** soap or detergent, which are dispensed as you wash your hands.

용기에는 액체비누나 세제를 채워 손을 씻을 때 뿌릴 수 있습니다.

반 a. solid

obtain

[əbtéin]

v. 얻다, 손에 넣다, 획득하다

We can **obtain** calories from one of the three possible sources: protein, carbohydrates and fat.

우리는 열량을 단백질, 탄수화물, 지방의 세 가지 공급원에서 얻을 수 있다.

physical

[fízikəl]

a. 육체의, 자연의

Our firm creates several generations of **physical** models before building the final one.

저희 회사는 최종 모델을 완성하기 전에 여러 단계의 실물 모델을 만듭니다.

poetry

[póuitri]

n. 시

The teachers give young students its word for **poetry** books.

교사들은 어린 학생들에게 **시집**을 추천한다.

반 n. prose

principle

[prínsəpl]

n. 원리, 원칙

The underlying **principles** are understood by only a few students.

몇 안 되는 학생들만이 기본 **원리**를 이해했다.

유 n. ethics, ideal, rule, law
파 a. principled ~주의의

puzzle

[pʌzl]

n. 수수께끼, 어려운 문제
v. 당황하게 하다, 머리를 짜다

Though, the specialists often encounter **puzzled** reactions from people.

하지만 전문가들은 종종 **어리둥절하다는** 일반인들의 반응을 접하곤 합니다.

release

[rilí:s]

v. 석방하다, 풀어놓다
n. 석방

A Los Angeles-based film company has announced plans to **release** the first cult film sometime next year.

로스앤젤레스에 본사를 둔 한 영화사는 내년쯤에 첫 번째 컬트 영화를 **개봉할** 계획이라고 발표했다.

respectful

[rispéktfəl]

a. 공손한, 경의를 표하는

You should treat everyone you meet in a nice, respectful manner.

당신은 만나는 모든 사람들에게 친절하고 **공손한** 태도로 대해야만 합니다.

파 adv. respectfully 공손하게

seed

[sí:d]

n. 씨
v. 씨를 뿌리다

We offer a complete line of top-quality turf and traditional **seeds**.

우리는 최고급 품질의 잔디와 전통적인 **종자** 전 품목을 갖추고 판매하고 있습니다.

settle

[sétl]

v. 놓다, 정주시키다,
   해결하다, 자리를 잡다

They **settled** on the upper east side of Kemptville, Ontario.

그들은 온타리오 캠프빌 북동부 지역에 **정착했습니다**.

반 v. float

spare

[spéər]

v. 용서하다,
   시키지 않다
a. 예비의, 결핍된

Our company produces camcorders and the **spare** parts for VCRs that are quite damaged.

우리 회사는 비디오 카메라와 **예비** 부속품들을 생산하는데, 이것들은 매우 손상되기 쉽습니다.

유 a. thin, unnecessary, lean

strip

[stríp]

v. 벗기다
n. 가늘고 긴 조각,
   한 조각

Roll into a regular square about 15 inches long, 15 inches wide and cut into fifteen 8-inch-long **strips**.

15×15인치 크기의 정사각형으로 반죽을 민 후, 8인치 길이의 **조각** 15개로 자른다.

유 n. ribbon, band 반 v. dress

swamp

[swámp]

n. 늪, 습지
v. 늪에 빠지게 하다,
   쇄도하다

The sales department was **swamped** with calls.

판매 부서로 전화가 **폭주했다**.

timber

[tímbər]

n. 재목, 숲

Timber cutting and logging operations had practically ceased.

벌**목**은 실질적으로 중단되었다.

유 n. lumber, forest

trade

[tréid]

n. 무역, 상업
v. 장사를 하다,
   교환하다

After a decade of talks, China was finally admitted in the World **Trade** Organization.

10년 동안의 회담 끝에, 중국은 마침내 세계**무역**기구 (WTO)에 가입되었다.

유 n. business, market, operation

transportation

[trænspərtéiʃən]
영 [trænspɔːtéiʃən]

n. 수송, 운송료

A must-have book for structural engineers, roadway safety planners, and **transportation** officials.

건설 기술자, 도로 안전 기획자, **교통 기관** 공무원에게 꼭 필요한 책

trial

[tráiəl]

n. 공판, 시도, 시험

Results from the clinical **trials** were submitted to the professors in graphic form.

임상 **실험** 결과를 그래프 형식으로 만들어 교수진에게 제출했다.

twist

[twíst]

v. 꼬다, 비틀어 돌리다, 뒤틀리다
n. 꼬임, 새 방식

This mechanical pencil operates with a **twist** mechanism and 0.3mm lead.

이 샤프펜슬은 **새로운 방식**으로 작동되며 0.3mm 심을 사용합니다.

⊕ v. bend, distort, deform
⊖ v. unbend, untwist

underwater

[ʌndərwɔ́ːtər]

a. 수면하의

Females lay large numbers of sticky, gelatinous eggs, which they deposit in puddles and **underwater**.

암컷은 많은 수의 끈적끈적한 젤라틴 타입의 알들을 낳는데, 그것들은 웅덩이와 **수면 아래**에 낳습니다.

⊕ a. aquatic, subsurface

width

[wídθ]

n. 폭, 너비, 가로

Its measurements: Length=5ft (60 inches); **Width**=30 inches; Height = 32 inches.

그것의 규격은, 길이 5피트(60인치), **넓이** 30인치, 높이 32인치입니다.

⊕ n. breadth

Day 09

Daily TOEIC Voca

account
[əkáunt]
n. 설명, 계좌 ,계산,
   계산서
v. 생각하다, 설명하다

All **accounts** must be in the same re-gion code.
모든 대금은 같은 지역 코드를 써야 한다.

---

approximately
[əpráksəmətli]
adv. 대략, 거의

The annual interest payments for those bonds are **approximately** US $10 mil-lion.
이 채권에 대한 연간 이자액은 대략 1천만 US달러입니다.
윤 adv. nearly

---

attempt
[ətémpt]
v. 시도하다
n. 시도

Their final **attempt** to break the record had ended in disappointment.
기록을 깨려는 그들의 마지막 시도가 실망으로 끝났다.
윤 n. effort, try
파 a. attempted 시도한

---

attraction
[ətrǽkʃən]
n. 끌어당김, 매력

The main **attraction** of the amusement park is a great rollercoaster that runs beneath a large fountain.
그 놀이 공원의 주된 매력은 거대한 롤러코스터가 커다란 분수 아래로 달리는 것이다.
반 n. repulsion

---

authorize
[ɔ́ːθəràiz]
v. 권위를 부여하다

The company returned the check be-cause it lacked an **authorizing** signa-ture.
그 회사는 위임자 서명이 되어 있지 않아서 그 수표를 돌려 보냈다.
윤 v. empower

·Part1-Day9· 63

belonging

[bilɔ́ːŋiŋ, -láŋ-]
영 [bilɔ́ŋiŋ]

n. 소유물, 소지품

These customers are guaranteed to take metal baskets for the **belongings** or a desk calendar.

이들 손님들은 **소지품들**을 담을 수 있는 금속제 바구니나 탁상달력을 경품으로 받게 된다.

command

[kəmǽnd]
영 [kəmmáːnd]

v. 명령하다, 지휘하다
n. 명령, 지배력

You must know the word of **command**, if you want to use it.

그것을 이용하고 싶다면 **명령**어를 알아야만 한다.

⊕ v. order, demand, lead

compensate

[kámpənsèit]
영 [kɔ́mpənsèit, -pen-]

v. 보상하다

The government will reduce corporate tax rates to **compensate** for the pension increase.

정부는 연금 인상에 대한 **보상**으로 법인세 비율을 낮출 것이다.

complimentary

[kàmpləméntəri]
영 [kɔ̀mpləméntəri]

a. 칭찬하는, 무료의

On the table, you can also find **complimentary** juice and fruit.

테이블 위에는 또한 **무료** 주스와 과일이 있습니다.

⊕ a. free

compound

[kámpaund] 영 [kɔ́m-]

a. 합성의
n. 혼합물, 화합물
v. 혼합하다, 합성하다

It is also helpful in determining the structure of organic **compounds**.

이것은 또한 유기 **화합물**의 구조를 파악하는 데도 도움이 된다.

contract

[kántrækt]

n. 계약, 계약서
v. 계약하다,
   수축시키다, 줄어들다

Once the **contract** is signed, you should agree to grant all of its provisions.

일단 **계약서**에 서명하면, 당신은 계약서의 모든 조항들을 인정하겠다고 동의해야 합니다.

dare

[dέər]

v. 감히 ~하다, 무릅쓰다, 도전하다

I helped him in all kind of chores but I did not **dare** to leave the house.

나는 그의 모든 종류의 허드렛일을 도와주었지만, 집 밖을 나갈 **엄두를 내지** 못했습니다.

⑪ v. venture

direct

[dirékt, daì-]

v. 지도하다, 돌리다
a. 똑바른, 직접의
adv. 곧장, 직접으로

More vegetables are sold if they are delivered **direct** to the home.

그들이 **직접** 집으로 배달을 해 준다면 더 많은 야채가 판매될 것입니다.

⑪ a. upfront, man-to-man
⑫ a. indirect, inverse

encourage

[inkə́:ridʒ]

v. 용기를 북돋우다, 장려하다

We **encourage** you to follow these easy steps to reduce taxes.

세금을 줄이려면 다음 간단한 몇 가지 단계를 따르실 것을 **권하는 바입니다.**

⑪ phr. cheer up v. cheer, uplift
⑫ v. discourage

examine

[igzǽmin]

v. 검사하다, 진찰하다, 시험하다

Before signing any partnership agreement, thoroughly **examine** all options.

어떤 기업 제휴 협약을 체결하기 전에, 모든 선택의 여지를 철저히 **검토하시오.**

⑪ v. review, study, discuss

express

[iksprés]

v. 표현하다
a. 명시된, 운송편의

Decorating your home should be an opportunity to **express** your individual style.

당신의 집을 꾸미는 것은 당신 자신의 스타일을 **표현하**는 기회여야만 합니다.

⑪ v. show, represent

justify

[dʒʌ́stəfài]

v. 옳다고 하다, 정당화하다

His behaviors on the issue was hard to **justify**.

그 문제에 대한 그의 행동을 **정당화하기는** 어려웠다.

notable
[nóutəbl]
a. 주목할 만한

The program's **notable** event is a Santa Claus will take pictures with the kids.

프로그램 중 **주목할 만한** 행사는 산타클로스가 어린이들과 함께 기념 사진 촬영을 하는 것이다.

🌐 a. known, worthy

passage
[pǽsidʒ]
v. 일절, 한 구절, 통행, 통로

According to the documentary evidence, however, these two **passages** originally came from quite separate sources.

이 증거 서류에 의하면, 이 두 **지문**은 원래 아주 다른 출처에서부터 나온 것이었다.

rate
[réit]
n. 비율, 요금, 등급
v. 평가하다, 어림되다, 평가되다

This **rate** is for non-heating customers.

이 **요금**은 난방비를 낼 필요가 없는 고객에 해당되는 것입니다.

🌐 n. speed, pace, charge, fee

region
[ríːdʒən]
n. 지역, 지방

Hundreds of houses in the **region** are under water.

이 **지역**의 수백 채의 주택이 물에 잠겼습니다.

🌐 n. area, place, sector, district

relief
[rilíːf]
n. 제거, 경감, 돋을새김

Be informed that this treatment can provide temporary **relief** of symptoms.

이 치료는 증상을 일시적으로 **완화**시켜 줄 수 있는 것임을 주시하십시오.

🌐 n. comfort, reassurance, consolation

seek
[síːk]
v. 찾다, 찾아내다, 추구하다, 수색하다

I am **seeking** a recipe to make the Pasta Rosata like I ate at Olive Garden.

나는 내가 올리브 가든에서 먹었던 것과 같은 파스타 로사타를 만드는 조리법을 **구하고** 있습니다.

🌐 v. pursue, phr. go after

shift
[ʃíft]
v. 방향을 바꾸다, 바뀌다
n. 변화, 교대

For every three-and-a-half-hour **shift**, clerks are entitled to a ten-minute break.

3시간 반마다 **교대**를 할 때 점원들은 10분간 휴식을 취할 수 있습니다.

윤 v. change, convert, exchange, commute

sort
[sɔ́ːrt]
n. 종류
v. 분류하다, 가려내다

Until then, mail will be stored and **sorted** in the post office.

그때까지는, 우체국에 우편물이 보관, **분류될** 것입니다.

윤 n. kind

statue
[stǽtʃuː]
n. 상, 동상

Next year, **statues** will be erected in honor of your great sacrifice and service to the country.

내년에 국가에 대한 당신의 크나큰 희생과 공헌을 기리기 위한 **동상들**이 세워질 것입니다.

파 a. statued 조각상으로 장식한

surrounding
[səráundiŋ]
a. 주위의
n. 주변, 환경

There are several camp sites and hotels in the **surrounding** area.

인근 지역에 여러 야영지들과 호텔들이 있습니다.

willing
[wíliŋ]
a. 기꺼이 ~하는

Anyone **willing** to work through the weekends should speak to the personal department.

누구든 주말에 근무를 **하고자 하는** 사람은 인사부에 미리 말해야 한다.

윤 a. happy, ready, voluntary 반 a. unwilling

wonder
[wʌ́ndər]
n. 경탄할만한 것, 경이
v. 이상하게 여기다,
~이 아닐까 생각하다

I don't recall many **wonders** of wildlife in Africa.

나는 아프리카 야생 생물들의 많은 **경이로움들**이 생각나지 않습니다.

Day **10**

---

astonishing

[əstániʃiŋ]
[əstóniʃiŋ]

a. 놀라운

His capacity for learning foreign languages is quite **astonishing**.

그의 외국어 학습 능력은 매우 **놀랍다**.

a. amazing

---

atmosphere

[ǽtməsfiər]

n. 대기, 공기, 분위기

There will be more carbon dioxide in the **atmosphere** in 2009 than in 1999.

1999년보다 2009년에 **대기** 중에 더 많은 이산화탄소가 있을 것이다.

n. climate, mood, tone

---

attach

[ətǽtʃ]

v. 붙이다, 달다

I am **attaching** an image file here with a correct comparison of these two pictures.

저는 이 두 가지 그림들을 정확하게 비교하기 위해 이미지 파일을 이곳에 **첨부하였습니다**.

v. tie, fix, put, stick   v. detach

---

author

[ɔ́:θər]

n. 저자,
(한 작가의) 작품

He is the **author** of several bestselling books, including 'A Growing City'.

그는 '성장하는 도시'를 포함한 여러 권의 베스트셀러를 낸 **저자**이다.

---

authority

[əθɔ́:rəti, əθár-]
[ɔ́:θɔ́rəti]

n. 권위, 권한

The agency also was given the **authority** to set standards for reduced-risk products.

그 기관은 또한 상품의 위험을 줄이는 기준을 정하는 **권한**이 주어졌다.

---

bother

[báðər]

v. 괴롭히다, 걱정하다

It **bothers** me when I see things about my past.

제 과거와 관련된 얘기들이 저를 괴롭게 합니다.

파 a. bothersome 귀찮은, 성가신

cargo

[káːrgou]

n. 뱃짐, 화물
v. (짐을) 싣다, 수송하다

About 80% of the world's trade is transported in **cargo** containers.

세계 무역의 약 80%가 화물 컨테이너로 운송된다.

유 n. goods, load

cast

[kǽst, káːst] 영 [káːst]

v. 던지다, 배정하다, 주조하다
n. 던지기, 주형

Copper and magnesium are commonly **cast** using this process.

구리와 마그네슘은 보통 이런 과정을 거쳐 주조됩니다.

유 v. throw

chemical

[kémikəl]

a. 화학의
n. 화학 제품

The newly developed fire extinguishers spray water, carbon dioxide gas, or dry **chemicals**.

새로 개발된 소화기는 물이나 탄산가스, 또는 건성 화학 물질을 분사한다.

clue

[klúː]

n. 실마리

The forensics team turned the whole house upside down looking for **clues**.

과학 수사팀은 단서를 찾기 위해 그 집 전체를 샅샅이 뒤졌다.

파 a. clueless 단서가 없는, 오리무중의

colony

[káləni]

n. 식민지

The **colony** was conquered by the Spanish and became extinct in 1641.

그 식민지는 스페인에 의해 정복당했고, 1641년 멸망했습니다.

demand

[dimǽnd] ⑬ [-máːnd]

v. 요구하다,
필요로 하다, 묻다
n. 요구, 수요

This prolongs the life of your clothing and reduces your energy **demands**.

이것은 옷의 수명을 늘리고, 에너지 수요를 줄입니다.

⑪ phr. ask for v. need

earn

[óːrn]

v. 벌다, 획득하다

He started **earning** a living by working at a grocery store, and later moved to Chicago.

그는 식품점에서 일하면서 생계비를 벌기 시작했고, 후에 시카고로 이사했다.

employment

[implóimənt]

n. 사용, 고용, 일자리

Ralph Shaffer retired from Disney in 2002 after 38 years of **employment**.

랄프 샤퍼는 38년간 근무한 후 2002년 디즈니에서 퇴직했다.

frighten

[fráitn]

v. 소스라쳐 놀라게 하다,
무서워하다, 기겁하다

I remember as a child, the very idea of it **frightened** me to death.

나는 아이였을 때를 기억하는데, 그 생각만으로도 까무러칠 만큼 오싹하다.

⑪ v. scare, alarm, terrify

⑪ a. frightened 깜짝 놀란, 겁이 난, 무서워하는

function

[fʌ́ŋkʃən]

n. 기능, 직능
v. 기능을 하다,
작동하다

Once it is in the piggy bank, it isn't really **functioning** as money any more.

그것이 일단 저금통에 있다면, 그건 돈으로서의 진짜 기능을 더이상 하지 않고 있는 것이다.

⑪ n. use, purpose v. operate

immediately

[imíːdiətli]

adv. 곧, 즉각

Purchase orders are processed **immediately** upon receipt of your order confirmation.

구매 주문은 주문 확인서를 받는 즉시 처리된다.

⑪ adv. soon phr. at once

investment
[invéstmənt]

n. 투자, 투자금

All of these measures are geared to bring you more return on your stock **investment**.

이 모든 조치들은 여러분의 주식 **투자**에 보다 많은 이익을 드리고자 시행되는 것입니다.

유 n. grant, funding, subsidy

lawn
[lɔ́ːn]

n. 잔디, 잔디밭, 빈 터

We are looking for a man to mow the **lawn**.

우리는 **잔디**를 깎을 사람을 찾고 있습니다.

유 n. glade

maple
[méipl]

n. 단풍나무

Paulownia furniture is twice as stable as solid **maple** hardwood furniture.

오동나무 가구는 견고한 **단풍나무** 가구보다 2배 정도 더 견고합니다.

mention
[ménʃən]

v. 간단히 말하다, 언급하다
n. 언급

If you **mention** this ad, we will take five percent off the list price.

귀하가 이 광고를 보셨다고 **말씀하시면**, 정가에서 5%를 할인해 드립니다.

유 phr. refer to   v. speak, cite, quote

outer
[áutər]

a. 밖의, 바깥의

When I explain it to him, he looks at me like I'm from **outer** space.

제가 그에게 그것을 설명할 때, 그는 마치 제가 **외부** 세계에서 온 것처럼 봅니다.

반 a. inner

quality
[kwáləti] 영 [kwɔ́ləti]

n. 특성, 품질

The secret of its richer flavor is in the **quality** of the ingredients.

그것의 깊은 맛의 비밀은 재료의 **질**에 있다.

유 n. characteristic
반 n. quantity

struggle

[strʌ́gl]

v. 발버둥치다, 분투하다
n. 발버둥질, 노력

He **struggled** himself to try to finish the job quickly.

그는 **기를 쓰고** 그 일을 빨리 끝내려고 했다.

(유) v. compete, contend

sudden

[sʌ́dn]

a. 돌연한, 갑작스러운

A **sudden** drop in temperature will cause many more animal's deaths by starvation.

기온이 **갑자기** 떨어지면 식량 부족으로 더 많은 동물들이 죽을 것이다.

(유) a. impetuous, rash

suit

[súːt]
[sjúːt]

n. 정장, 소송
v. 적응시키다, 어울리다

However, if you don't want to stand out that much, just adding a pink tie to your classic **suit** can help.

하지만, 그렇게까지 튀고 싶지는 않다면 양복 **정장**에 분홍색 넥타이 정도만 걸쳐도 계절을 표현하는 데 도움이 될 것이다.

tremble

[trémbl]

v. 떨리다
n. 떨림

He was **trembling** so strongly that he could not carry out simple physical tasks.

그는 심하게 몸을 **떨**어서, 단순한 신체 작업들을 수행할 수 없었다.

(유) v. shake

typical

[típikəl]

a. 전형적인

A **typical** workday is 12 hours, plus calls at home and some weekend work.

전형적인 근무일은 12시간이고, 집에서의 전화와 가끔 주말 근무가 있다.

(유) a. characteristic, symbolic, representative
(반) a. atypical

vapor/vapour

[véipər]

n. 증기

The **vapor** rising off of the ocean produces much fog at dawn.

바다에서 증발되는 **증기**들이 새벽에 많은 안개를 만든다.

Day 11

adapt

[ədǽpt]

v. 적응시키다,
개조하다, 개작하다

They should be original, **adapted**, or family recipes.

그것들은 독창적이거나, **변형되었**거나, 가정에서 전해 내려오는 조리법들이어야 합니다.

㈜ v. modify

admit

[ædmít] ⑬ [ədmít]

v. 들이다, 인정하다,
허락하다

This machine is made, we have to **admit**, with a total disregard for expenses.

이 기기는 비용에 구애받지 않고 만들어졌다는 것을 우리는 **인정해야** 합니다.

㈜ v. receive, allow

advantage

[ædvǽntidʒ]

n. 유리, 유리한 점

Many skilled immigrants are one of our greatest **advantages**.

많은 기술 이민자들은 우리의 가장 큰 **잇점** 중에 하나입니다.

affair

[əfɛ́ər]

n. 사건, 일거리, 사무,
정사

His uncle one day entrusted her financial **affairs** to her accountant.

그의 삼촌은 어느 날 회계사에게 재정 **업무**를 일임했다.

㈜ n. event, business, thing

affect

[əfékt]

v.~에 영향을 미치다,
침범하다, 감동시키다

The decision won't **affect** public safety and conveniences.

그 결정은 시민 안전과 편의에 **영향을 미치**지 않을 것이다.

㈜ v. attack, touch

canyon

[kǽnjən]

n. 깊은 협곡

Travelers almost always express amazement at the view of the Grand **Canyon**.

여행객들은 그랜드 **캐년**의 광경을 보면 거의 항상 놀라움을 나타낸다.

ⓨ n. valley

catalog/-gue

[kǽtəlɔ̀ːg, -làg]
ⓔ [kǽtəlɔ̀g]

n. 목록, 일람표
v. 목록을 작성하다

I am enclosing our **catalog** and advertising leaflet for your review.

검토할 수 있도록 **목록**과 신문의 삽입 광고를 동봉합니다.

circuit

[sə́ːrkit]

n. 순회, 빙 둘러서 감,
    (전기)회로

Don't create a space between these two **circuit** breakers to install the new circuit breaker.

새로운 차단기를 설치하기 위해 이 두 개의 **회로** 차단기 사이에 공간을 만들지 마십시오.

column

[kάləm] ⓔ [kɔ́ləm]

n. 기둥, 원주

Many well-polished white marble **columns** are at the top of the steps in the building.

건물 안에는 잘 닦인 많은 흰색 대리석 **기둥들**이 계단 꼭대기에 있다.

comfortable

[kʌ́mftəbl, -fərtə-]

a. 기분 좋은, 편안한,
    안락한

Wear this **comfortable** shoes, you will find yourself walking for miles unknowingly.

편안한 이 운동화를 착용하면, 당신은 수 마일을 부지불식간에 걸어가고 있는 자신을 발견하게 될 것입니다.

ⓨ a. cosy, snug, homely

consist

[kənsíst]

v. 되어 있다, 있다

Body Mint **consists** of a chlorophyll derivative extracted from plants.

바디 민트의 성분은 식물에서 뽑아낸 엽록소 추출물로 **이루어집니다**.

ⓨ phr. be made up v. lie

correspond

[kɔ̀:rəspánd, kàr-]
영 [kɔ̀rəspónd]

v. 일치하다, 상당하다, 교신하다

The figures with the original amount do not **correspond** to those written in the report.

원래 금액은 보고서에 적힌 것과 **일치하지** 않는다.

반 v. disagree

diagram

[dáiəgræ̀m]

n. 도형, 도표

The wiring **diagrams** use numbers instead of these letters so it was no help.

배선**도**는 이러한 글자들 대신 숫자들을 사용해서 도움이 되지 않는다.

drift

[dríft]

n. 표류, 흐름
v. 표류하다

If the government permits the domestic economy to **drift** and decline, the poor will suffer most.

정부가 우리 경제를 **표류하**고 쇠퇴하도록 내버려둔다면, 빈곤층이 가장 큰 고통을 겪게 될 것입니다.

유 v. float

enable

[inéibl, en-]

v. 할 수 있게 하다, 가능하게 하다

The revised law **enables** us to receive a paid maternity leave.

그 개정된 법으로 우리들은 유급 출산 휴가를 받을 **수 가 있다.**

유 v. allow, permit
반 v. disable

equipment

[ikwípmənt]

n. 장비, 비품

All of our major appliances come with new **equipment** warranties!

우리 회사의 모든 가전제품에는 새로운 **제품** 보증서가 들어 있습니다!

유 n. material, gear, kit

extra

[ékstrə]

a. 여분의, 추가의
n. 할증 요금
adv. 여분으로, 특별히

Internet lines can be installed at no **extra** charge.

인터넷 회선은 **추가** 부담 없이 가설하실 수 있습니다.

lengthen

[léŋkθən, lénθ-]
영 [léŋkθən]

v. 길게 하다, 연장하다, 늘어나다

If your tires are two year old or less, you may **lengthen** its useful life even more.

타이어가 2년이 안 됐을 경우에는 그 수명을 더 늘릴 수도 있습니다.

유 phr. make longer, grow longer 반 v. shorten

load

[lóud]

n. 적재 하물
v. ~에 짐을 싣다, 탄알을 재다

Because of its cheap price and its ability to carry heavy **loads** it is the most common wagon in rural areas.

그것의 싼 가격과 무거운 짐을 나르는 능력 때문에 그것은 농촌에서는 가장 흔한 수레이다.

유 n. burden v. charge

male

[méil]

n. 남자
a. 남자의

No matter how old you are, no matter you are **male** or female, don't be shy.

당신이 몇 살이든, 남자이든 여자이든 상관없이, 부끄러워하지 마세요.

반 n. a. female

marginal

[má:rdʒinl]

a. 변두리의, 한계의

But the effects have only been **marginal** so far.

하지만 그 효과는 지금까지 미미했다.

유 a. narrow, minimum, minimal

proceed

[prəsí:d]

v. 나아가다, 가다, 속행하다, 착수하여 계속하다

There are still more regulatory hurdles before construction can **proceed**.

공사 진행에 앞서 많은 법적 장애가 여전히 남아 있다.

반 v. discontinue

publish

[pʌ́bliʃ]

v. 발표하다, 출판하다

Their reports will be **published** together in a later supplement.

그들의 보고서는 추후 증보판에 함께 실릴 것이다.

유 v. issue, release, advertise

revolution

[rèvəlúːʃən]

n. 혁명, 대변혁, 회전

As a result of the digital **revolution**, some theater operators may be bruised and blooded.

디지털 혁명의 결과로 인해, 여러 극장업자들이 타격을 입게 될지도 모릅니다.

㊀ n. riot, revolt, rebellion   ㊙ revolutionary 혁명의

terror

[térər]

n. 공포, 테러

The end of the war on **terror** is worth much more to us than Iraq's oil.

테러와의 전쟁을 종식시키는 것은 우리에게 있어 이라크의 석유보다 더 의미가 있다.

㊀ n. fear

trouble

[trʌbl]

n. 불편, 폐, 문제점
v. 괴롭히다,
   수고를 끼치다

Mr. Carter got himself in **trouble** by failing to acknowledge his wife's birthday.

카터 씨는 부인의 생일을 알아채지 못해 난처하게 되었다.

㊀ n. unrest, disturbance, disorder

undoubtedly

[ʌndáutidli]

adv. 의심할 여지없이,
    확실히

Mr. Sanders will **undoubtedly** be promoted to sales manager next year.

샌더스 씨는 내년에는 틀림없이 영업 부장으로 승진될 것이다.

㊀ phr. beyond question
   adv. undeniably, positively

urgent

[ə́ːrdʒənt]

a. 긴급한, 절박한

We may need an **urgent** delivery of cupcakes or maybe even pies.

컵 케이크나 혹은 아마 파이류까지도 긴급 배달을 필요로 할 것이다.

㊀ a. pressing, burning, compelling

access

[ǽkses]

n. 접근, 접근 방법, 진입로

An **access** road is needed to link the high school to the middle school.

고등학교에서 중학교로 통하는 **진입로**가 있어야 합니다.

🜨 n. entry, admission, entrance

---

accomplish

[əkámpliʃ, əkʌ́m-]
🇬🇧 [əkʌ́mpliʃ, əkɔ́m-]

v. 이루다, 달성하다, 완주하다

We are excited about the work it will allow us to **accomplish**.

우리가 그것으로 인해 **달성하게** 될 일에 관해 흥분됩니다.

🜨 v. implement, phr. follow through

---

accuse

[əkjúːz]

v. 고발하다, 비난하다

Most people **accused** Tehran of seeking nuclear weapons.

대부분의 사람들은 테헤란의 핵무기 개발을 **비난했습니다.**

🜨 v. charge, prosecute, indict

---

adhere

[ædhíər, əd-]

v. 들러붙다, 집착하다, 고수하다

He **adheres** to a strict routine of meditation, exercise and reading.

그는 명상, 운동, 그리고 독서의 엄격한 일과를 **고수하고 있다.**

🜨 v. stick, attach

---

adjust

[ədʒʌ́st]

v. 조절하다, 조정하다

The office chairs can be **adjusted** manually for height.

그 사무용 의자는 수동으로 높이를 **조절할** 수 있다.

🜨 v. adapt, modify

🄿 a. adjustable 조정할 수 있는
   a. adjusted 조절된

---

aid
[éid]

v. 돕다, 촉진하다
n. 도움, 원조

First **aid** in the park is provided by certified emergency medical guides.

공원에서의 응급 **처치**는 자격증을 가진 응급 의료 가이드들에 의해 제공되고 있습니다.

㊛ v. help, promote

argue
[á:rgju:]

v. 논하다, 주장하다, 설득하다

Some critics **argued** that it is better than the original work itself.

몇몇 비평가들은 그것이 원작 그 자체보다 더 낫다고 **주장했다**.

㊛ v. dispute, discuss, maintain

bill
[bíl]

n. 계산서, 청구서, 지폐, 법안
v. ~에게 계산서를 보내다

I'd like to request a copy of the **bill** to ensure that I was not overcharged for communication costs.

혹시 전화비에 대해 과다 청구된 것이 아닌지 확인할 수 있도록 **고지서**를 한 부 부탁하겠습니다.

㊛ n. account, note

burst
[bə́:rst]

v. 파열하다, 터뜨리다
n. 파열, 돌발

First, the electricity was turned off, and then, to add insult to injury, a pipe **burst** in the kitchen.

먼저 전기가 나갔고, 설상가상으로 부엌에서 파이프가 **터졌다**.

㊎ v. implode

citizen
[sítəzən, -sən]

n. 공민, 시민

Every **citizen** is under an obligation to pay his or her fair share of taxes.

모든 **시민** 개개인은 자신에게 합당한 만큼의 세금을 내야 할 의무가 있습니다.

㊛ n. civilian

dash
[dǽʃ]

v. 내던지다, 충돌하다, 끼얹다
n. 돌진, 충돌

He jumped off the bus and made a **dash** for the nearest store.

그는 버스에서 내려 가장 가까운 상점으로 **돌진**했다.

㊛ v. fling, hurl, shatter, sprinkle

degree

[digríː]

n. 정도, 학위, 도(度)

Today's high was expected to reach 8 **degrees** and the overnight low will be 3 **degrees**.

오늘 최고 기온은 8도를 기록하겠으며, 밤사이 최저 3도까지 내려가겠습니다.

(유) n. grade

dip

[díp]

v. 담그다, 담가서 물들이다

Dip each piece of chicken in hot sauce mixture and return to flat plate.

각각의 닭고기 조각을 매운 소스 혼합물에 담근 후, 평평한 접시에 올려놓는다.

(유) v. immerse

dull

[dʌ́l]

a. 무딘, 둔한, 어리석은, 흐린

Most cartoon characters look **dull**, but this one is original and cute.

대부분의 만화 캐릭터들은 멍청하게 생겼지만, 이건 독창적이고 귀엽습니다.

(유) a. dim, stupid, cloudy
(반) a. sharp, keen, vivid

dust

[dʌ́st]

n. 먼지
v. 뿌리다

A yellow **dust** storm from the Gobi Desert will continue to affect the nation on Thursday.

고비 사막에서 발생한 황사가 목요일에도 계속해서 전국에 영향을 미칠 전망이다.

fellow

[félou]

n. 사나이, 녀석, 동료
a. 동료의, 친구의

Hundreds of his **fellow** actors and entertainers attended his funeral.

수백 명의 그의 동료 연기자들과 연예인들이 그의 장례식에 참석했다.

goods

[gúdz]

n. 상품, 화물

If you own a sporting **goods** store, consider donating some sports equipment to a local league.

스포츠 용품 가게를 소유하고 있다면, 일부 스포츠 품목들을 지역 리그에 기부하는 것을 고려해 주십시오.

interruption

[ìntərʌ́pʃən]

n. 중단, 방해

I wish it was possible to study without **interruption** in this space.

나는 이 공간에서 방해받지 않고 공부할 수 있기를 원한다.

---

magnetic

[mæɡnétik]

a. 자석의, 매력있는

The clothes have a patented **magnetic** closure that allows little fingers to do the work.

그 옷은 특허 받은 자석으로 끝단을 처리해 어린이들의 작은 손으로도 손쉽게 옷을 입을 수 있다.

유 a. attractive, attractable 반 a. antimagnetic

---

majority

[mədʒɔ́:rəti, -dʒɑ́r-]
[mədʒɔ́rəti]

n. 대부분, 대다수

The **majority** of our products we export directly to South America.

우리는 제품 대부분을 남미로 직수출한다.

반 n. minority

---

material

[mətíəriəl]

n. 재료, 용구
a. 물질의, 물질적인

The increase came on top of a 20 percent rise in raw **material** costs last year.

이런 가격 상승 추세는 원자재 가격이 20퍼센트나 올랐던 지난해에 이은 것이다.

유 n. substance, chemical, raw

---

measure

[méʒər]

v. 재다, 측정하다
n. 측정, 계량법, 수단

Each box weighs 500 pounds, and **measures** $80 \times 80 \times 120$ inches.

상자 당 무게는 500파운드이며, 크기는 가로 80, 세로 80, 높이 120인치입니다.

---

performance

[pərfɔ́:rməns]

n. 실행, 성과, 공연

You will not be admitted to the theater after the **performance** has started.

공연이 시작되고 난 뒤에는 극장으로 입장할 수 없습니다.

유 n. show, production, display

rage

[réidʒ]

n. 격노, 대유행
v. 격노하다

We are filled with so much anger and **rage** toward the local government.

우리는 지방 정부에 대한 짜증과 **분노로** 꽉 차 있습니다.

㊷ n. fury, violence

ripe

[ráip]

a. 익은, 원숙한

The red pepper would not be **ripe** for another three weeks.

고추는 앞으로 3주는 지나야 **익을** 것이다.

㊷ a. ready, late, mature, aged
㊵ a. green

select

[silékt]

v. 고르다, 뽑다
a. 고른, 정선한

Select a chemical deicer that is cheap and melts a large volume of snow.

값이 싸고, 많은 양의 눈을 녹이는 제설제를 **선택하세요**

㊷ v. choose
㊶ a. selective 선택하는

solid

[sálid] ㊸ [sɔ́lid]

a. 고체의, 견고한, 견실한

These furnitures are all finely crafted from **solid** wood.

이 가구들은 모두 **견고한** 나무로 정교하게 제작된 제품들입니다.

㊷ a. stiff, rigid, firm, hard
㊵ a. liquid, gaseous, hollow

stage

[stéidʒ]

n. 단계, 시기, 무대
v. 상연하다

If possible, we would need a large **stage** to be assembled.

가능하다면, 사람들이 모일 수 있는 큰 **무대가** 필요합니다.

㊷ n. period, phase, position

tolerance

[tálərəns] ㊸ [tɔ́lərəns]

n. 관용, 인내력, 내성

He's hoping his story will encourage people to show more **tolerance**.

그는 자신의 이야기를 통해 사람들이 보다 **인내심을** 가지게 되기를 기대하고 있다.

㊵ n. intolerance

Day 13

accordance
[əkɔ́ːrdəns]
n. 일치, 조화

Your remarks are out of **accordance** with what you've written to me earlier.

네 말들은 네가 일전에 내게 (편지로) 쓴 것과 일치하지 않는다.

approval
[əprúːvəl]
n. 찬성, 승인, 허가

In addition, paid annual leave must have prior written **approval** from Human Resources.

그밖에도 연차는 인사부로부터 사전에 서면 허가를 받아야 합니다.

유 n. acceptance, agreement 반 n. disapproval

bet
[bét]
v. 내기를 걸다, 단언하다, 보증하다
n. 내기

Here are a few certain ways to lose money by **betting** on a horse race.

경마에 내기를 거는 것으로 돈을 잃는 몇 가지 확실한 방법들이 여기에 있다.

유 v. gamble

commitment
[kəmítmənt]
n. 언질, 공약, 위탁

Due to a previous **commitment**, he was unable to stay for dissert.

선약이 있어서, 그는 디저트가 나올 때까지 머물 수가 없었다.

construction
[kənstrʌ́kʃən]
n. 건조, 건설, 구조

As you know, **construction** on this railway line will begin November 1.

아시다시피, 11월 1일에 철도 공사를 시작하게 됩니다.

반 n. destruction

crash

[kræʃ]

n. 와르르, 쿵, 추락, 충돌
v. 굉장한 소리를 내다

Three cars were involved in the **crash** that happened early morning.

이른 아침 세 대의 차량이 **추돌하는 사고**가 발생했습니다.

유 v. slam, collide, smash

decision

[disíʒən]

n. 결정, 결심

Almost 85 percent of the **decisions** about what to buy or wear are made by women.

무엇을 사고 입는지를 **결정하는 것**의 거의 85%는 여자가 한다.

유 n. determination 반 n. indecision, indecisiveness

diameter

[daiǽmətər]

n. 지름, 직경, ~배
(렌즈의 확대 단위)

The specifications call for circles ten inches in **diameter**, with an error tolerance of 0.007mm.

그 내역서에 따르면 **직경** 10인치인 원이 필요한데, 오차 허용범위는 0.007mm이다.

eligible

[élidʒəbl]

a. 적격의, 자격이 있는
n. 적임자

Housewives as well as university students will be **eligible**.

대학생은 물론 주부들도 **응모 가능하다**.

유 a. desirable, suitable

eventually

[ivéntʃuəli]

adv. 결국, 마침내

Our business performances will **eventually** be severely reduced.

결국에 가서는 우리의 영업 실적도 심하게 감소할 것입니다.

유 adv. finally phr. at last

extraordinary

[ikstrɔ́rdənèri,èkstrəɔ́r-]
영 [ikstrɔ́dənəri, èkstrəɔ́ːl-]

a. 비상한, 색다른,
괴상한, 임시의

Little children always leave **extraordinary** fellows entirely out.

어린 아이들은 항상 **특이한** 아이들을 따돌린다.

유 a. exceptional, peculiar, eccentric, additional

failure

[féiljər]

n. 실패, 실패자

Critics say the board's **failure** to finalize the talks is to blame for the crisis.

이사회가 협상을 확정하는 데 **실패한 것**이 위기를 초래했다는 비난이 나오고 있다.

반 n. success

familiar

[fəmíljər]

a. 잘 알려진, 잘 아는
n. 친구, 친한 사람

The reporter quoted unnamed sources it said were **familiar** with the details.

리포터는 세부 사항에 정통한 것으로 **알려진** 익명의 소식통을 인용했다.

유 a. intimate, common, close, usual

figure

[fígjər] 영 [fígə]

n. 숫자, 계산, 그림, 수치
v. 계산하다, 생각하다

Figures for May show an 18 percent rise in commuters who drive to work alone from a year ago.

5월 **수치**는 혼자서 차를 이용하는 통근자가 1년 전보다 18% 증가했음을 나타낸다.

유 n. number, statistics, fraction

gathering

[gǽðəriŋ]

n. 모임, 군중, 수집품

This is a great place for meeting or small **gatherings**.

이곳은 회의나 소규모 **모임**에 아주 좋은 장소입니다.

유 n. meeting

glow

[glóu]

n. 백열, 달아오름
v. 백열하다, 시뻘겋게 되다, 빛을 내다

Our products are guaranteed to **glow** for more than twenty years.

저희 제품은 20년 넘게 사용해도 여전히 **빛을 발한다**는 점을 보증합니다.

grand

[grǽnd]

a. 웅장한, 위엄 있는, 위대한
n. 그랜드 피아노

The department store will have its **grand** opening February 15, 2010.

백화점은 2010년 2월 15일 **대** 개장을 할 예정이다.

유 a. majestic, important, large, big

local

[lóukəl]

a. 공간의, 지방의, 완행의
n. 보통 열차/버스

If you have any questions, please contact your **local** Internet service provider.

궁금하신 내용이 있으면, **지역** 인터넷 서비스 제공자에게 연락해 주십시오.

⊛ a. topical, localized ⊕ n. express

multiple

[mʌ́ltəpl]

a. 복합적인, 다중의

The events will take place at **multiple** venues throughout the country.

이 행사들은 전국에 있는 **여러** 곳에서 동시에 펼쳐진다.

⊛ a. multiplex, double
⊕ a. single

official

[əfíʃəl]

n. 공무원
a. 공적인, 공식의

For convenient reasons, the **officials** all rode in separate cars.

편리함을 이유로, **관리들**은 각기 다른 차에 탔다.

⊛ n. officer

practical

[prǽktikəl]

a. 실제의, 실제적인, 실용적인

The island is so remote that the only **practical** way to get there is by helicopter.

섬이 너무 외진 곳에 있어서 **실제로** 그곳에 접근할 수 있는 방법은 헬기뿐이다.

⊛ a. experimental, empirical, applied
⊕ a. impractical

promising

[prámisiŋ] ⑲ [prɔ́misiŋ]

a. 장래성 있는, 전도유망한, (날씨가) 좋아질 것 같은

Research into the treatment of cancer is looking very **promising**.

암 치료에 대한 연구가 앞으로는 아주 **유망해** 보인다.

⊛ a. hopeful, encouraging, bright

remarkable

[rimá:rkəbl]

a. 주목할 만한, 비범한

Your educational background is excellent and your achievements are **remarkable**.

귀하는 학력이 우수하며 실적 면에서도 **훌륭하시더군요**.

⊛ a. unique, extraordinary, incredible

rod

[rád] ⑲ [rɔ́d]

n. 막대, 가지, 회초리

The nutrition emerges as a solid **rod** due to the shape of the tube's opening.

영양제가 튜브 입구의 모양에 따라 고체 **막대기**처럼 나온다.

🔄 n. bar

show

[ʃou]

v. 보여 주다, 제시하다, 알려주다

That channel keeps **showing** reruns of old TV dramas.

그 채널에서는 옛날 TV 드라마를 계속 재**방송**하고 있다.

soar

[sɔ́ːr]

v. 높이 치솟다, 활공하다, 솟구치다

Gold prices **soared** to their highest level since the third quarter of 2009.

금값이 2009년 3분기 이래 최고가로 **치솟았다.**

🔄 v. jump, surge, spiral, rocket

source

[sɔ́ːrs]

n. 원천, 근원
v. (인용문의) 출처를 명시하다

Professors often refuse to disclose the **sources** of their information.

교수들은 종종 정보의 **출처**를 밝히기를 거부한다.

🔄 n. spring

vibrate

[váibreit]

v. 진동하다, (목소리가) 떨리다, 울려 퍼지다

If your cell phone is loud when it **vibrates,** then it may be a better idea to turn the phone on silent.

당신의 휴대폰이 **진동 시** 소리가 크다면, 무음으로 전환해 놓는 것이 좋은 생각일 수 있습니다.

weapon

[wépən]

n. 무기, 공격의 수단
v. 무장하다

The principals of the many old **weapons** can be applied to new **weapons** and improvised **weapons**.

많은 구식 **무기**들의 원리들이 신**무기**나 임시로 만들어진 **무기**들에 적용될 수 있다.

🔄 n. arms

Day **14**

acclaim
[əkléim]
v. 갈채하다, 갈채하여
~으로 인정하다
n. 환호, 갈채

Swinton's most recent performance has won wide **acclaim** among fans and critics.

스윈톤의 최근 공연은 팬과 비평가들 사이에서 폭넓은 **찬사**를 받았다.

accurate
[ǽkjurət]
a. 정확한, 용의주도한

As the two languages belong to different language families, an **accurate** translation is often impossible.

두 언어는 다른 어족에 속하기 때문에, **정확한** 번역이 불가능할 때가 종종 있다.

유 **a.** correct, careful

associate
[əsóuʃièit]
v. 연상하다, 교제하다,
제휴하다
n. 동료

He is **associated** in a variety of professional minor league teams.

그는 각종 프로 마이너 리그 팀들과 **관계하고 있다.**

유 **v.** join, unite **n.** companion

attendant
[ətɛ́ndənt]
n. 시중드는 사람, 안내원
a. 시중드는

Many of the flight **attendants** thought that the pilots were overpaid.

많은 기내 **승무원**들은 조종사들이 월급을 너무 많이 받는다고 생각하고 있었다.

유 **a.** present, subsequent

aware
[əwéər]
a. ~을 알아차리고,
~한 의식[인식]이
있는

People need to be **aware** that old cell phones can be recycled.

구형 휴대폰을 재활용할 수 있다는 사실을 **인식해야** 합니다.

유 **a.** conscious, mindful
반 **a.** unaware, unmindful

backward

[bǽkwərd]

a. 뒤쪽의, 진보가 늦은
adv. 뒤쪽으로, 거꾸로

If you flop onto your back, your tongue and cheeks slide **backward** a little.

등을 바닥에 대고 누우면, 혀와 볼이 **뒤쪽으로** 약간 흘러내린다.

반 a. forward　adv. forward, ahead

---

bilingual

[bailíŋgwəl]

a. 두 나라 말을 하는
n. 두 나라 말을 하는 사람

Bilingual skill in English and Chinese (written & verbal)is required.

영어/중국어(작문과 회화) **2개 국어**는 필수입니다.

유 a. multilingual

---

bound

[báund]

n. 경계, 범위
a. 묶인
v. 경계를 짓다

Borrowing money from him is all right as long as it's kept within **bounds**.

한도를 넘지 않는 선에서 그에게 돈을 빌리는 것은 괜찮습니다.

유 n. border　a. determined

---

breeze

[bríːz]

n. 산들바람, 미풍, 풍파, 소동

The scandal kicked up a **breeze** that was hard to put down.

스캔들은 진압하기 어려운 **소동**을 일으켰다.

유 n. wind

---

changeable

[tʃéindʒəbl]

a. 변하기 쉬운

Spring starts in June and is rainy and weather is **changeable**.

봄은 6월에 시작되고 비가 많이 오며 날씨는 **변덕스럽다**.

유 a. variable, mobile, unstable
반 a. immutable, unchangeable

---

concern

[kənsə́ːrn]

v. ~에 관계하다, 걱정하다
n. 관계, 관심사

Economic reform was one of the President's Committee's major **concerns**.

경제개혁은 대통령 위원회의 주요 **관심사** 중 하나였다.

유 phr. relate to　n. interest

council

[káunsəl]

n. 회의, 평의회, 지방 의회

The city **council** will meet to discuss on the alternative services in the near future.

시의회는 가까운 장래에 대체 복무제를 논의하기 위해 열릴 것이다.

deadline

[dédlàin]

n. 사선, 원고 마감 시간

The **deadline** for submitting an abstract is March 21 but you don't have to wait until then.

논문 제출 마감일이 3월 21일이지만, 그때까지 기다릴 필요는 없습니다.

delighted

[diláitid]

a. 아주 기뻐하여, 기뻐하는

I'd be **delighted** to hear any suggestions you have.

나는 당신이 하는 어떠한 제안에도 기꺼이 귀를 기울이겠습니다.

유 a. pleased, enchanted

disadvantage

[dìsədvǽntidʒ, -vá:n-]
영 [dìsədvá:ntidʒ]

n. 불리한 처지
v. (사람을) 불리하게 하다

The **disadvantage** is that the CDs can't be reused.

불리한 점이라면 CD를 재사용할 수 없다는 점입니다.

유 n. drawback, pitfall

반 n. v. advantage

edition

[idíʃən]

n. 판, 총서

More than 3 million copies have been sold since the first **edition** in 1989.

1989년 초판이 나온 이후 거의 300만 부 이상이 판매되었다.

flock

[flák]

n. 떼, 무리
v. 떼짓다

As they say, birds of a feather will **flock** together.

그들이 말한 것처럼 같은 종류의 새들은 같이 떼를 지어 다닐 것이다.

유 n. v. group, crowd

folk

[fóuk]

n. 사람들, 가족

If a bank has no money to lend, "Well then **folks**, that's all." he wrote.

은행이 빌려줄 돈이 없게 되면, 그는 "자 **여러분**, 오늘은 여기까지입니다." 라고 썼다.

유 n. people

frame

[fréim]

n. 창틀, (사진)틀
v. ~의 틀을 잡다,
   틀에 끼우다

Handmade or commercial **frames** can be used.

수공 **액자**나 상업용 **액자**가 사용 가능합니다.

유 n. hull, body

host

[hóust]

n. 주인, 운영자, 후원자
v. 주인 노릇을 하다,
   접대하다

The **host** is the son of a restaurant tycoon Yue-Sai Kan.

주최자는 레스토랑 업계 거물의 아들인 유에-사이 칸입니다.

implement

[ímpləmənt]

n. 도구, 수단, 방법
v. 권한을 주다, 이행하다

The man said the president planned to **implement** the secret agreement in 2010.

그는 대통령이 2010년 비밀 협약을 **이행하려**고 계획했다고 말했다.

유 n. instrument

intend

[inténd]

v. ~할 작정이다,
   의도하다, 지정하다

Small maker Ajax Telecom announced that it **intends** to file for bankruptcy.

소형업체인 에이잭스 텔레콤은 파산 신청을 **할 것이라**고 발표했다.

유 v. mean, plan, aim

periodical

[pìəriádikəl]
영 [pìəriɔ́dikəl]

a. 정기 간행의
n. 정기 간행물, 잡지

Her illustrations appeared in the New-York Mirror and several other **periodicals**.

그녀의 삽화는 뉴욕 미러와 몇 권의 다른 **잡지**에 실렸다.

반 a. aperiodic

recall

[rikɔ́:l]

v. 상기하다, 생각나게
하다, 회수하다
n. 회상, 소환

In the spring, pet feed was also **recalled** because it contained melamine.

봄에 애완용 사료는 멜라민이 함유되어 있어서 **회수되었다**.

⊕ v. remember n. callback

subscription

[səbskrípʃən]

n. 기부, 예약 구독, 신청

The most frequent benefit of membership is a sharply discounted **subscription** rate.

멤버쉽의 가장 흔한 혜택은 **구독료**를 꽤 할인해 주는 것입니다.

tax

[tǽks]

n. 세, 무거운 부담
v. 세금을 부과하다,
비난하다

Applicable value-added **tax** must be added to all orders.

모든 주문품에는 적절한 부가가치**세**가 부가되어야 한다.

⊕ n. duty, customs v. assess

wage

[wéidʒ]

n. 임금, 노임
a. 임금의
v. (전쟁 등을) 행하다

As you know, there will be a minimum **wage** increase of $30 per week for all clerks.

알다시피, 전 점원에 대해 최소 주당 30달러의 **임금** 인상이 있을 겁니다.

⊕ n. pay

warmth

[wɔ́:rmθ]

n. 따뜻함, 열심

She took care of them, but not much **warmth**.

그녀는 그들을 돌보았지만, 별로 **따뜻함**이 깃들어 있지는 않았다.

Day 15

Daily TOEIC Voca

admire

[ædmáiər]
영 [ədmáiə(r)]

v. 감탄하다, 칭찬하다, 흠모하다

PBS is a globally **admired** manufacturer of telecommunication-related equipment and video equipment.

PBS는 통신 관련 장비와 비디오 장비를 생산하는 세계적으로 인정을 받는 업체이다.

유 v. respect

---

apparent

[əpǽrənt]

a. 또렷이 보이는, 명백한

The differences are not readily **apparent**, but we urgently need to find one.

차이점이 즉시 또렷이 보이지 않지만, 시급히 찾아야만 한다.

유 a. evident 반 a. actual, real

---

appropriate

[əpróuprièit]

v. 사용하다, 충당하다
a. 적당한

It was agreed that freezing of wages would be **appropriate** under the circumstances.

그 상황에서는 임금 동결이 적절하다는 데 의견을 같이 했다.

유 a. fit

---

aside

[əsáid]

adv. 곁에, 따로 두고
n. 혼잣말, 귓속말

Stir together granulated sugar, flour and coffee powder in bowl; set **aside**.

알갱이 설탕, 밀가루, 커피 가루를 우묵한 그릇에 넣고 섞어서 따로 놓아 둔다.

---

assume

[əsú:m] 영 [əsjú:m]

v. 떠맡다, 취하다, 추정하다

It was **assumed** that the fire was amply covered by the insurance.

화재로 인한 손해는 보험 처리가 되는 것으로 추정됐다.

basis
[béisis]
n. 기초, 기본, 원리

Starting next month, extra work will be paid on a monthly **basis**.

다음 달부터는 특근 수당이 월 **단위**로 지급될 것이다.

⑧ n. foundation, base

bounce
[báuns]
v. 튀다, 튀게 하다, 벌떡 일어나다

The flight landed on the runway with a **bounce**.

그 항공기는 활주로에 한 번 **튀어 오르며** 착륙했다.

candidate
[kǽndidèit -dət]
n. 후보자, 지원자

Candidates must have two years more experience, and excellent speaking and writing skills.

지원자는 2년 이상의 경험이 있어야 하며, 유창한 화술 및 작문 실력이 요구됩니다.

⑧ n. nominee, applicant

carriage
[kǽridʒ]
n. 탈것, 운반, 운송, 운반대

We'll offer the free **carriage** of one oversized sports baggage up to 50kg.

50킬로그램까지 특대 스포츠 수화물 무료 **운송**을 제공할 것입니다.

⑧ n. car, truck, wagon, cart

chamber
[tʃéimbər]
n. 방, 회의소
a. 실내 음악의, 실내의

The Canadian **Chamber** of Commerce will hold a seminar for professionals eyeing chief executive positions.

캐나다 상공**회의소**는 최고경영자가 되고자 하는 직장인들을 위해 세미나를 개최합니다.

⑧ n. hall

characteristic
[kæriktərístik]
a. 특질 있는, 독특한
n. 특질, 특색

Leather products may have **characteristics** referred to as "hallmarks of the trail."

가죽 제품에는 이른바 '상흔(傷痕)의 특징'이라 불리는 **독특한 흔적**이 있을 수 있습니다.

⑧ a. typical, distinctive ㉝ a. uncharacteristic

commit
[kəmít]

v. 범하다, 위탁하다, 책임지다

At Document Plus, we are **committed** to satisfy needs of the customers.

다큐멘트 플러스에서는 고객의 요구를 충족할 수 있도록 **책임을 다합니다.**

유 v. divest

crawl
[krɔ́ːl]

v. 기어가다, 서행하다

However, it slows to a **crawl** due to a car crash in the right lane.

그러나, 우측 차로에서 발생한 충돌 사고 때문에 제 속도를 내지 못하고 **서행하고 있습니다.**

유 v. creep

expert
[ékspəːrt]

n. 숙련가, 전문가
a. 숙련된

Economic **experts** believe that economy will continue to improve by degrees.

경제 **전문가들**은 경제가 계속적으로 차차 나아질 것으로 내다보고 있다.

유 n. specialist, authority a. skillful 반 n. amateur

expire
[ikspáiər]

v. 만기가 되다, 끝나다

All the pamphlets stated clearly that the offer **expired** on December 30.

모든 팜플렛에 이 할인 쿠폰은 12월 30일부로 기한이 **만료된**다고 분명히 명시하였습니다.

force
[fɔ́ːrs]

n. 힘, 폭력, 영향력
v. 억지로 시키다, 강요하다

Recent diminished sales in the industry have **forced** reductions.

최근 업계의 매출 부진으로 인해 감원을 **하지 않을 수 없었다.**

grant
[grǽnt, grάːnt]
영 [grάːnt]

v. 주다, 승인하다
n. 허가, 인가, 보조금

The **grant** will be used to pay debt and fresh loans.

보조금은 부채 상환과 신규 대출에 사용될 예정이다.

유 v. give, allow, admit
반 v. deny

interpretation

[intə:rprətéiʃən]

n. 해석, 통역, 판단

Equating a toddler with a child is far too narrow an **interpretation**.

유아를 아동과 동일시하는 것은 시야가 너무 좁은 판단이다.

manufacture

[mæ̀njufǽktʃər]

n. 제조, 제품
v. 제조하다

The strike caused the **manufacture** to fall behind schedule.

파업으로 인해 제조업체는 예정된 기일을 맞추지 못했다.

⟨유⟩ v. produce

obsolete

[ɑ̀bsəlí:t] ⟨영⟩ [ɔ́bsəlì:t]

a. 쓸모없게 된
v. 진부하게 하다

Advanced technology has resulted in some jobs becoming **obsolete**.

첨단 기술로 일부 일자리들이 쓸모없게 되었다.

⟨유⟩ a. noncurrent

range

[réindʒ]

n. 열, 범위
v. 가지런히 하다,
   정렬시키다

Salary **range** is $25,000~$35,000 depending on past career.

봉급 범위는 경력에 따라 25,000달러에서 35,000달러 사이입니다.

⟨유⟩ n. variety, choice, scope

stagnant

[stǽgnənt]

a. 흐르지 않는,
   불경기의

The country is plunged in confusion, and the economy rather **stagnant**.

나라는 혼란에 빠져 있고, 경제는 침체기이다.

⟨유⟩ a. standing

stroke

[stróuk]

n. 타격, 치는 소리,
   맥박, 뇌졸증

The people who like to eat meat cause an increase in the incidence of cancer and **strokes**.

고기를 즐겨 먹는 사람은 암과 뇌졸증 발병률을 증가시킬 수 있다는 사실에 대한 직접적인 증거가 밝혀졌다.

⟨유⟩ n. blow

subtract

[səbtrǽkt]

v. 빼다, 뺄셈을 하다

Three-year old babies are also able to add and **subtract** small numbers of things.

3세 아기들도 작은 수의 물건을 더하거나 **뺄** 수 있다.

반 v. add

terminal

[tə́:rmənl]

a. 끝의, 정기의
n. 말단, 종점, 단말기

The brain tumor was removed successfully, but liver cancer was **terminal**.

뇌종양은 성공적으로 제거되었으나, 간암은 **말기**였다.

유 a. fatal, closing
반 a. intermediate

terminate

[tə́:rmənèit]

v. 끝나다, 끝내다, 해고하다

As requested, your insurance has been **terminated**.

요청하신 대로 귀하의 보험은 **해지되었습니다**.

반 v. begin, hire

trap

[trǽp]

n. 덫, 속임수, 함정

A new driver realized that he was caught in an automated speed **trap**.

한 초보 운전자는 자신이 무인 속도 **단속기**에 걸린 사실을 알게 되었다.

upset

[ʌ̀psét]

v. 뒤엎다, 당황하게 하다
a. 뒤집힌, 당황한
n. 전복

The employees are **upset** about two companies planning for a merger.

직원들은 두 회사의 합병 계획에 **불안해하고** 있습니다.

유 v. overturn phr. turn over, tip over
a. sorry, distressed, devastated

absence
[ǽbsəns]
n. 부재, 없음, 결석

The decision was made in his **absence**.
그 결정은 그가 없을 때 내려졌다.
반 n. presence

appointment
[əpɔ́intmənt]
n. 약속, 예약, 임명

I don't have any **appointment** on that day.
전 그날에는 아무 약속도 없어요.
유 n. agreement, assent

capable
[kéipəbl]
a. 유능한, 능력있는

He is a very **capable** composer.
그는 매우 유능한 작곡가이다.
유 a. able, talented, competent
반 a. incompetent, incapable

detective
[ditéktiv]
n. 탐정, 형사

Do you like reading a **detective** story?
너는 탐정 소설 읽는 거 좋아하니?
유 n. investigator, sleuth

due
[djú:]
a. 지불 기일이 된,
만기가 된, 정당한,
도착할 예정인

The train is **due** in London at 5:30 pm.
기차는 오후 5시 30분에 런던에 도착할 예정이다.
유 a. expected, scheduled

entirely
[intáiərli, en-]
adv. 완전히, 전적으로, 전혀

It is an **entirely** different matter.
그것은 전적으로 다른 문제이다.
(유) adv. completely, wholly

essentially
[isénʃəli]
adv. 본래, 본질적으로

Every American is **essentially** an immigrant.
모든 미국인은 근본적으로 이주자이다.
(유) adv. basically, fundamentally

freeze
[fri:z]
v. 얼다

Water **freezes** at 0℃.
물은 섭씨 0도에서 언다.

humble
[hʌ́mbl, ʌ́m-]
a. 겸손한
v. 겸허하게 하다

He is a great musician, but is **humble** about his accomplishments.
그녀는 위대한 음악가이지만 자신의 능력에 대해서 겸손하다.
(유) a. unassuming, modest, unpretentious
(반) a. proud, arrogant, haughty

instrument
[ínstrəmənt]
n. 기구, 악기, 수단

I'm going to demonstrate how to use the **instrument**.
제가 그 기계의 사용법을 설명할 거예요.

lift
[lift]
v. 들어올리다, 높이 걸다

Lift your left arm five times and converse.
왼팔을 다섯 번 들어올리고, 반대쪽도 역시 똑같이 하세요.

murder

[mə́:rdər]

n. 살인
v. 죽이다

Are fingerprints substantive evidence in a **murder** case?

살인 사건에서 지문은 확실한 증거인가요?

ⓥ n. homicide, assassination, slaughter, kill, massacre

nevertheless

[nèvərðəlés]

adv. 그럼에도 불구하고

His defeat was expected but it was disappointing **nevertheless**.

그의 패배는 예상했던 것이지만 **그럼에도 불구하고** 실망스럽기는 했다.

predict

[pridíkt]

v. 예언하다, 예보하다

Do you **predict** what will happen?

당신은 어떤 일이 벌어질 것이라고 **예측할 수 있습니까?**

ⓥ v. foretell, prophesy, forecast, foresee

refresh

[rifréʃ]

v. 되살리다,
상쾌하게 하다,
기운을 북돋우다

A cup of herb tea will **refresh** you.

허브 차 한 잔이면 **기운이 날 것이다.**

ⓥ v. recover, cheer, revive

replace

[ripléis]

v. 제자리에 놓다,
~에 대신하다,
바꾸다, 대체하다

New laws will soon **replace** existing legislation.

새로운 법률이 곧 기존의 법을 **대신할 것이다.**

ⓥ v. succeed
phr. follow after, come after, substitute for, act for

satisfy

[sǽtisfài]

v. 만족시키다, 채우다

They can't **satisfy** demand for the product.

그들은 그 상품에 대한 수요를 **충족시킬 수** 없었다.

ⓥ v. satiate, sate, quench, fulfill, gratify

sentence

[séntəns]

n. 문장, 판결
v. 선고하다,
   판결을 내리다

Jason was hauled up before the courts and given a two year **sentence**.

Jason은 법정에 세워졌고, 2년형을 선고받았다.

㊡ n. judgment, verdict, ruling, decision

spread

[spred]

v. 펴다, 덮다, 펼쳐지다,
   퍼지다

Finally the depression in the U.S. **spread** all over the world.

결국 미국의 공황은 전 세계로 퍼졌다.

㊡ v. extend, stretch, unfurl, unroll
   phr. open out

steady

[stédi]

a. 확고한, 한결같은,
   끊임없는

There had been a **steady** decrease in the number of visitors.

방문자 수가 꾸준히 줄었다.

㊡ a. firm, fixed, stable, secure, immovable,
   steadfast

stress

[strés]

n. 강조, 강세,
   (정신적) 압박감
v. 강조하다

Chronic **stress** can raise blood pressure.

만성적인 스트레스는 혈압을 높일 수 있다.

㊡ n. emphasis, pressure, strain, tension, worry,
   anxiety

support

[səpɔ́:rt]

v. 받치다, 유지하다
n. 받침, 부양

The man donate to that politician to **support** him.

그 남자는 정치인을 후원하기 위해 기부금을 냈다.

㊡ v. carry, maintain, sustain
   phr. take care of, look after, hold up, provide
   for

term

[tə:rm]

n. 기간, 학기

Long **term** budget deficits are a serious problem.

장기 예산 적자는 심각한 문제입니다.

thunder

[θΛ́ndər]

n. 우레
v. 천둥치다, 극구 비난하다

That wasn't **thunder** you heard, that was an earthquake.

네가 들은 것은 천둥이 아니라, 지진이었어.

twinkle

[twínkəl]

v. 반짝거리다

Stars were **twinkling** in the sky.

하늘에는 별이 반짝거렸다.

㈌ v. sparkle, shine, glitter, blink, flicker

unite

[juːnáit]

v. 결합하다, 하나가 되다

This country needs a leader who can **unite** its people.

이 나라는 국민들을 결속시킬 수 있는 지도자가 필요하다.

㈌ v. ally, collaborate
㈐ v. split, separate

value

[vǽljuː]

n. 가치, 가격
v. 평가하다

There is no need to dwell upon the **value** of this book.

이 책의 가치에 대해서는 누구이 말할 필요가 없다.

㈌ n. price, cost, worth

weight

[weit]

n. 무게, 체중

The most effective way to control your **weight** is to change your eating habits.

체중을 조절하는 가장 효율적인 방법은 식습관을 조절하는 것이다.

㈌ n. heaviness, mass, load, poundage

zeal

[ziːl]

n. 열심, 열성, 열의

She spoke about her new project with missionary **zeal**.

그녀는 자신의 새 프로젝트에 대해 대단한 열정을 갖고 말했다.

㈌ n. enthusiasm, passion, zest, eagerness
㈐ n. apathy, indifference, unconcern

Day 17

Daily TOEIC Voca

addition

[ədíʃən]

n. 부가, 덧셈,
추가된 것[사람]

My sister speaks French well in **addition** to English.

나의 언니는 영어는 **물론이고** 프랑스어도 잘 해요.

---

attract

[ətrǽkt]

v. 끌다, 매혹하다

What types of viewers do you expect to **attract**?

어떤 유형의 시청자를 **끌어들일** 것으로 예상하나요?

반 v. repel

---

cheat

[tʃíːt]

v. 속이다,
부정행위를 하다
n. 속임수

I haven't the slightest intention to **cheat** them.

그들을 **속이려는** 생각은 털끝만큼도 없다.

유 v. swindle, defraud

---

conductor

[kəndʌ́ktər]

n. 안내자, 지휘자,
경영자, 전도체

He is a famous **conductor** of the London Symphony Orchestra.

그는 런던 심포니 오케스트라의 유명한 **지휘자**이다.

---

displace

[displeis]

v. 대신[대체]하다,
치환하다, 옮겨 놓다,
해임하다

The younger executive **displaced** him as department head.

젊은 이사가 그를 **대신하여** 부서장이 되었다.

유 v. replace, supplant, supersede, substitute

efficient

[ifíʃənt]

a. 유능한, 능률적인

It is **efficient** to hire well-trained workers.

숙련 노동자를 고용하는 것은 **효율적이**다.

유 a. effective, competent, productive, proficient

---

erase

[iréis, iréiz]

v. 지우다, 삭제하다

I **erased** everything involving him.

나는 그와 관계된 모든 것을 **삭제했다**.

유 v. remove, obliterate, cancel, eliminate, delete

---

exist

[igzíst]

v. 존재하다, 생존하다

I am wondering life **exist** on other planets.

다른 행성들에도 생명체가 **존재하는지** 궁금하다.

유 v. live, survive, subsist

---

handful

[hǽndfùl]

n. 소수(량), 한 움큼

She drew a **handful** of candies from her pocket.

그녀는 그녀의 주머니에서 **한 움큼**의 사탕들을 꺼냈다.

유 n. mouthful, spoonful

---

indifferent

[indífərənt]

a. 무관심한, 평범한, 중립의

My boyfriend is always **indifferent** to the praise.

내 남자친구는 늘 칭찬에 **무관심하**다.

유 a. nonchalant, disinterested, unconcerned

---

land

[lǽnd]

n. 토지

v. 착륙하다, 타격을 가하다

Engineers surveyed the **land** before starting to build the highway.

기술자들이 고속도로를 건설하기에 앞서 **토지**를 측량했다.

logical
[lɑ́dʒikəl]
a. 논리적인, 필연의, 논리학의

It just doesn't sound **logical**.
그것은 논리적으로 들리지 않는다.
유 a. rational, consistent, coherent
반 a. illogical, unlikely

novel
[nɑ́vəl]
a. 새로운, 기발한

I'll take this dress of **novel** design.
나는 디자인이 참신한 이 드레스를 사겠다.
유 a. unusual, odd, strange

primary
[prɑ́imèri]
a. 제1의, 주요한

What is the companyl's **primary** industry?
그 회사의 주력 사업은 무엇입니까?
유 a. first, primitive, elementary, chief

regret
[rigrét]
n. 유감, 섭섭함
v. 후회하다

We **regret** to inform you that your position has been eliminated.
유감스럽게도 당신이 해고되었음을 통보합니다.
유 v. repent, lament, mourn, deplore
phr. feel sorry about

resemble
[rizémbl]
v. ~을 닮다

It's uncanny how much the twins **resemble** each other.
그 쌍둥이는 너무 닮아서 신기할 정도이다.
유 phr. be like, look like, be similar to
v. mirror, parallel

scholar
[skɑ́lər, skɔ́l-]
n. 학자

Great **scholar** as you are, you don't know everything.
네가 아무리 훌륭한 학자라고 해도, 모든 것을 아는 것은 아니다.

seriously

[síəriəsli]

ad. 진지하게, 진정으로

The oil slick **seriously** threatens marine life around the islands.

수면에 뜬 기름이 섬 주변의 해양 생물을 심각하게 위협하고 있다.

---

staff

[stǽf, stáːf]

n. 직원, 간부

All employees are required to attend the **staff** meeting.

모든 직원들은 직원회의에 참석해야 한다.

유 n. employees, workers, personnel

---

stranger

[stréindʒər]

n. 낯선 사람, 생소한 사람

He is a complete **stranger** to me.

그는 내가 전혀 모르는 사람이다.

---

stride

[stráid]

v. 큰 걸음으로 걷다
n. 큰 걸음

We **strode** across the snowy fields.

우리는 눈 덮인 들판을 가로질러 성큼성큼 걸어갔다.

---

supply

[səplái]

v. 공급하다, 보충하다
n. 공급, 보충

Housing prices have plummeted because of excessive **supply**.

공급물량이 남아돌아서 집값이 폭락했다.

유 v. provide, furnish

---

swear

[swέər]

v. 맹세하다, 단언하다.

I **swear** by God that I will speak the truth.

진실만을 말할 것을 신 앞에서 맹세합니다.

유 v. vow, attest

terrible
[térəbl]
a. 무서운

That was a **terrible** epidemic. It shouldn't happen to a dog.

그것은 끔찍한 전염병이었다. 이런 일은 절대로 있어서는 안된다.

🌐 a. dreadful, terrifying, frightening, horrible, hideous, appalling, gruesome, awful

tomb
[tu:m]
n. 무덤, 묘지

The Pyramids were built as **tombs** of the kings of ancient Egypt.

피라미드는 고대 이집트 왕의 무덤으로 만들어졌다.

unexpected
[ʌ̀nikspéktid]
a. 예기치 않은, 뜻밖의, 의외의, 우연한

The **unexpected** findings have numerous implications for the future of our species.

우연한 발견이 인류의 미래에 여러 가지 영향을 미친다.

update
[ʌpdéit]
v. 새롭게 하다, 갱신하다
n. 새롭게 함, 갱신

We need to **update** the employee handbook. The one we're using now was written last year.

직원 안내서를 갱신해야겠어요. 지금 사용하는 것은 작년 것이거든요.

🌐 v. renew, upgrade, amend

victory
[víktəri]
n. 승리

I am convinced the unity of the country is the main prerequisite for the **victory** over terror.

테러와의 전쟁에서 승리하는 데 있어 국가의 결속이 주된 필수 요건이라고 저는 확신합니다.

🌐 n. win, success, triumph

workshop
[wɔ́:rkʃòp / -ʃɔ̀p]
n. 작업장, 연구회, 실습실

Those who attend the **workshops** find them very helpful.

연수회에 참가한 사람들은 그 강습회가 매우 도움이 된다고 생각한다.

🌐 n. factory, plant, mill, workroom, studio

Day 18

Daily TOEIC Voca

---

ambition

[æmbíʃən]

n. 대망, 야심

Her **ambition** is to become a president.

그녀의 **야망**은 대통령이 되는 것이다.

㊎ n. desire, passion, enthusiasm

---

broad

[brɔ́:d]

a. 폭이 넓은

My husband is a **broad** minded person.

내 남편은 마음이 **넓은** 사람이다.

㊎ a. wide, large, vast

㊂ a. narrow

---

chiefly

[tʃí:fli]

adv. 주로, 대개

This beverage is **chiefly** made from grapefruit.

이 음료의 **주재료**는 자몽이다.

㊎ adv. principally, primarilly, mainly, mostly

---

cradle

[kréidl]

n. 요람, 유년기, 발상지

A baby is sleeping in the **cradle**.

아기가 **요람**에서 자고 있다.

㊎ n. nursery, bassinet, babyhood, childhood, infancy, crib

---

disturb

[distə́:rb]

v. 방해하다, 걱정시키다

Please don't **disturb** me, I have to focus on this.

나 좀 **방해하지** 말아줘. 나 이것에 집중해야만 해.

㊎ v. annoy, bother, upset

---

embrace

[embréis]

v. 포옹하다,
   기꺼이 받아들이다

He **embraces** others in a warm way.
그는 다른 사람들을 너그럽게 **포용할** 줄 아는 사람이다.
유 v. hug, cuddle, accept, welcome

escort

[éskɔːrt]

n. 호위(자),
   여성의 파트너
v. 호위하다, 동행하다

John offered to **escort** her home.
존은 그녀를 집까지 **바래다주겠다고** 제의했다.
유 v. guard, convoy, accompany

farmhouse

[fáːrmhàus]

n. 농가, 농장 주택

He lived in a big old **farmhouse**.
그는 오래된 커다란 **농가**에서 살았다.

howl

[hául]

v. 긴 소리로 짖다, 울부
   짖다, 윙윙거리다
n. 짖는 소리, 큰 웃음

They **howled** for equal conditions.
그들은 평등한 조건을 **부르짖었다.**
유 v. bark, yowl, whine, cry, yell, wail, bawl,
   blubber

instance

[ínstəns]

n. 보기, 사례, 경우

That was only an **instance** among many.
그것은 **일례**를 든 데 불과했다.
유 n. example, case, occasion, sample

legend

[lédʒənd]

n. 전설, 전설적 인물

She became a **legend** in her time.
그녀는 생존 시 이미 **전설적인 인물**이 되었다.
유 n. myth, saga, fable

luxury

[lʌ́kʃəri, lʌ́gʒə-]

a. 사치스러운
n. 사치(품), 고급품, 쾌락

They will be able to live in **luxury** for the rest of their lives.

그들은 여생을 호화롭게 살 수가 있을 것이다.

윤 n. extravagance, richness

politely

[pəláitli]

adv. 공손히,
예의바르게,
품위있게

He asked the questions as **politely** as he could.

그는 가능한 공손하게 질문을 했다.

raw

[rɔː]

a. 날것의 가공하지 않은
n. 생것, 날것

I really like Japanese **raw** fish.

나는 생선회를 정말 좋아한다.

윤 a. uncooked, natural

regal

[ríːgəl]

a. 제왕의, 왕의, 당당한

We overwhelmed by the **regal** splendour of the palace.

우리는 그 궁전의 위풍당당함에 압도당했다.

윤 a. royal, majestic, novel

repair

[riper]

v. 수리하다
n. 수선

We are unable to **repair** this and will instead provide a replacement.

이것을 수리할 수가 없어서 대신 다른 것으로 교체해 드리겠습니다.

윤 v. mend, fix, restore, adjust, overhaul, patch, heal, cure

seal

[siːl]

n. 인장, 도장, 봉인
v. 도장을 찍다, 날인하다, 봉하다

A document without an official **seal** is not valid.

직인이 없는 서류는 무효입니다.

starve
[stáːrv]
v. 굶주리다, 갈망하다

How can you turn a blind eye to all those **starving** children?

네가 어떻게 저 굶주린 아이들을 보고도 못 본 척할 수 있겠는가?

strength
[stréŋkθ]
n. 힘, 세기, 강점

The spiritual **strength** is the motive power of victory.

정신력이 승리의 원동력이다.

유 n. power, might, force, advantage
반 n. weakness, defect, disadvantage

suggest
[səgdʒést]
v. 암시하다, 제의하다

I would **suggest** that you do something valuable and meaningful.

나는 여러분들이 무엇인가 귀중하고 의미 있는 일을 하기를 제안합니다.

유 v. recommend, propose, indicate, imply

superstitious
[sùːpərstíʃəs]
a. 미신의, 미신적인

I'm not a **superstitious** man.

나는 미신을 믿지 않는 사람이다.

파 n. superstition

temperature
[témpərətʃər, -tʃùər, -pərtʃər] 영 [-pərətʃə]
n. 온도, 체온, 열

The **temperature** in the room was higher than they wanted.

방 안 온도가 그들이 원하는 것보다 높았다.

therefore
[ðέərfɔ̀ːr]
adv. 그러므로

Therefore this article is a whole load of nonsense.

그러므로 이 기사는 완전히 말도 안 되는 소리입니다.

tight
[tait]
a. 단단한, 꼭 끼는
adv. 단단히

The schedule was too **tight** to have any time to spare.
일정이 너무 **빠듯해서** 따로 시간을 낼 수 없었다.
⊕ a. fast, secure, fixed, clenched, clinched
반 a. loose

tug
[tʌg]
v. 끌다

We **tugged** her car stuck in the mud.
우리는 진창에 빠진 그녀의 차를 **끌어냈다**.
⊕ v. drag, pull, haul, lug

unfair
[ʌnfɛ́ər]
a. 불공평한

The workers reported the company for **unfair** dismissal.
노동자들은 **부당** 해고로 회사를 고발했다.
⊕ a. prejudiced, unjust

vain
[véin]
a. 헛된, 무익한,
자만심이 강한

That appeared to be a **vain** hope.
그것은 **헛된** 희망으로 드러났다.
⊕ a. futile, useless, worthless
반 a. successful

wallet
[wálit / wɔ́:l-]
영 [wɔ́l-]
n. 지갑, 가방

My lost **wallet** turned up with everything in it.
잃어버렸던 **지갑**이 고스란히 다시 돌아왔다.
⊕ n. purse, pouch

wrinkle
[ríŋkl]
n. 주름
v. 주름을 잡다

Among the **wrinkles** in her face her past stories are hidden.
그녀의 얼굴에 있는 **주름살** 사이에 그녀의 지난 이야기들이 숨겨져 있다.
⊕ n. crease, fold, crumple, furrow, crinkle, corrugation

Part
02

Day 19~Day 36
중급 어휘 익히기
730점 목표 단계

Day 19

additional
[ədíʃənl]
a. 부가적인, 보충의, 별도의

Additional pay will be provided for the employee for this trouble.

그러한 수고에 대해 그 직원에게는 **별도의** 수당을 제공할 것입니다.

⊕ a. extra, other, spare

adopt
[ədápt]
v. 채용하다, 양자로 삼다, 받아들이다

Adopt a low-fat, high-protein nutritional lifestyle.

저지방 고단백 영양식을 **하셔야 합니다**.

⊕ phr. take up v. choose

agency
[éidʒənsi]
n. 기관, 대리점, 대행 회사, 작용

A local ad **agency** selects employees based on level of originality and creativity.

한 지역 광고 **회사**는 독창성과 창의성을 기준으로 직원들을 선발한다.

amazing
[əméiziŋ]
a. 굉장한, 놀랄 만한

These **amazing** computer games are both entertaining and educational — great for students!

이 **놀라운** 컴퓨터 게임들은 재미있으면서 교육적이라 학생들에게 그만입니다!

⊕ a. astonishing, awesome

approach
[əpróutʃ]
v. ~에 다가가다, 가까이 가다, 다가오다
n. 접근, 접근법

It is urgent for you to develop a creative **approach** that will make readers remember you.

독자들에게 당신이 기억될 수 있는 창의적인 **접근 방법**의 개발이 시급하다.

⊕ v. touch, approximate

arrange
[əréindʒ]

v. 가지런히 하다,
배열하다, 준비하다

Mr. Grass has **arranged** to have the ordered product delivered here by noon tomorrow.

그라스 씨는 주문된 상품이 내일 정오까지 이곳에 배달되도록 **준비했다**.

assembly
[əsémbli]

n. 집회, 회의,
(입법) 의회, 조립

We know exactly how many equipments we use on our **assembly** line.

우리는 **조립** 라인에서 얼마나 많은 장비들을 사용하는지 알고 있습니다.

㊙ n. council, parliament, congress

bubble
[bʌ́bl]

n. 거품
v. 거품이 일다,
거품이 일게 하다

Securities analysts at home and abroad have dismissed the speculative **bubble** argument.

국내외 증권사 애널리스트들은 투기 **거품** 논쟁을 일축했다.

㊙ n. v. foam

cab
[kǽb]

n. 택시,
(트럭 등의) 운전대

Most city **cab** drivers carry only enough cash to make change for a fifty-dollar bill.

시내의 **택시** 기사들 대부분은 50달러 지폐를 바꿔줄 만큼의 현금만 지니고 다닌다.

clash
[klǽʃ]

n. 땡땡 울리는 소리,
충돌, 불일치
v. 땡땡 소리나다

They are trying to promote a **clash** with its previous policies.

그들은 기존 정책과의 **충돌**을 조장하려 하고 있습니다.

㊙ n. collision, disagreement

consider
[kənsídər]

v. 잘 생각하다,
~이라고 생각하다

Please take a little time out of your schedule to **consider** the issues.

일정에서 약간의 시간을 내어 이 문제를 **고려해 주시기**를 바랍니다.

㊙ v. think, regard, examine

craft

[kræft, krɑ:ft]
⑧ [krɑ:ft]

n. 기능, 기교, 공예

During the conference art, **craft**, and photography will be on display.

대회 기간 중 예술과 **공예**, 그리고 사진이 전시될 것이다.

㊀ n. skill

deliver

[dilívər]

v. 배달하다, 넘겨주다

They **deliver** a faster transportation service than the busses, but cost more.

그들은 버스보다 빠른 교통수단으로 **배달**하지만, 비용은 더 비쌉니다.

㊀ v. transport, carry

display

[displéi]

v. 전시하다, 나타내다
n. 전시, 표시

A collection of her photographs is on **display** at the Museum of Fine Arts.

그녀의 사진 콜렉션은 파인 아트 박물관에 **전시**되어 있다.

㊀ v. n. show

encounter

[inkáuntər, en-]

v. 만나다, 부닥치다,
충돌하다
n. 마주침

Ms. Stenzal, once again we are very sorry for all the issues you have **encountered**.

스텐젤 씨, 귀하가 **겪었던** 모든 쟁점에 대해 다시 한 번 심심한 사과의 말씀을 드립니다.

㊀ v. meet, gather, assemble

factor

[fæktər]

n. 요소, 요인

Export law is a key **factor** in inter-national trade, but not the only one.

수출법규가 국제 통상에서 중요한 **요인**이지만, 유일한 것은 아니다.

㊀ n. element, point

flood

[flʌd]

n. 홍수, 다수
v. 범람시키다, 범람하다

The prices for vegetables has soared owing to the **flood**.

홍수로 인해 채소 값이 폭등하였다.

㊀ n. torrent, deluge v. overflow phr. spill over

general

[dʒénərəl]

a. 일반의, 전반적인

n. 대장

In a **general** stock market declines, however, no company is safe.

전반적으로 주식 시장이 침체되면, 어떤 회사도 안전할 수 없습니다.

반 a. special, specific

---

income

[ínkʌm]

n. 소득, 수입

Agriculture provides most of the nation's **income**.

농업이 그 나라의 주 수입원이다.

유 n. wage, pay, salary

---

industry

[índəstri]

n. 산업, 공업, 근면

In the early 1950s the airline **industry** was undergoing tremendous growth.

1950년대 초기에 항공 산업은 엄청난 성장을 경험했다.

유 n. trade, business, service

---

inform

[infɔ́:rm]

v. 알리다, 통지하다

We are pleased to **inform** you that your order is confirmed as above.

귀하의 주문이 상기와 같이 확인되었음을 알려 드립니다.

유 v. tell

파 n. information 정보, 지식

---

observe

[əbzə́:rv]

v. 관찰하다, 논평하다, 목격하다, 준수하다

Observe the following application guidelines to download the application form.

지원서를 다운 받으려면 다음 지침을 준수하세요.

유 v. follow, obey, watch, view, survey

---

procedure

[prəsíːdʒər]

n. 순서, 절차, 과정

Dr. House recommends the following **procedure** when brushing your teeth.

하우스 박사는 이를 닦을 때 다음과 같은 과정을 거치도록 권고합니다.

유 n. process, course, system

---

rank

[rǽŋk]

n. 계급, 열
v. 나란히 세우다, 위치
  시키다, 자리 잡다

This movie **ranks** number 3 on Enter-
tainment Weekly's list of the Best
Movies.

이 영화는 최고 영화를 나타내는 주간 연예 목록에서
3위를 차지하고 있습니다.

㊙ n. rate, grade, place

remind

[rimáind]

v. 생각하게 하다,
  상기하다

Also **remind** him you're a beginner and
don't want to do any advanced levels.

또한 그에게 당신은 초보자이며, 어떠한 고급 단계의
것을 하기를 원하지 않는다는 점을 상기시켜 주십시오.

㊓ a. remindful 생각나게 하는

swing

[swíŋ]

v. 흔들리다, 매달리다,
  흔들다
n. 흔듦

If you have a good golf **swing** but still
lack power, here's the secrets that will
increase your driving distance.

골프 스윙 감각은 좋지만 타력이 부족하다면 당신의 비
거리를 증가시켜 줄 비법이 여기 있습니다.

㊙ v. sway, shake, wield

thrive

[θráiv]

v. 번영하다, 무성해지다

Due to the **thriving** economy during
the 90's, cities expanded greatly.

90년대 경제 호황으로 인해, 도시가 크게 번성했다.

㊓ a. thriving 번성하는

track

[trǽk]

n. 지나간 자취, 철도 선로
v. 추적하다

Gold consumption **tracks** the stock
market.

금의 소비는 주식 시장의 흐름을 반영합니다.

㊙ v. trace, follow, chase
   n. course, path, route

vast

[vǽst, vɑ́ːst] ㊕ [vɑ́ːst]

a. 광대한, 막대한

On his accession to the throne, he
inherited a **vast** estate in the West.

왕위 즉위 당시, 그는 서부에 막대한 영토를 물려받았다.

㊙ a. huge, large, big, massive

Day 20

Daily TOEIC Voca

acknowledge
[æknɑ́lidʒ, ək-]
영 [æknɔ́lidʒ]
v. 인정하다, 사례하다

Officials **acknowledge** that the layoffs caused a drop off in profitability.

관리들은 해고가 수익성의 감소를 유발할 것임을 인정하고 있습니다.

유 v. admit, grant, recognize
반 v. deny   파 a. acknowledged 인정된, 승인된

allow
[əláu]
v. 허락하다, 주다

We **allow** a discount of 30%~35% off retail prices for orders of the value amount you describe in your letter.

귀하가 편지에서 언급한 금액에 해당하는 주문을 하실 경우에는 소매가에서 30%~35% 할인을 해 드립니다.

유 v. permit, let, grant   반 v. forbid

appearance
[əpíərəns]
n. 모습, 외모, 용모, 출연

During the meeting with customers, all employees are expected to maintain a professional **appearance**.

고객과의 만남 동안에는 전 직원이 직업인다운 용모를 유지해 주시기 바랍니다.

유 n. look, manner, air

applicant
[ǽplikənt]
n. 응모자, 지원자

Several **applicants** are widely known for their careers in the industry.

몇몇 지원자들은 그 업계에서 그들의 경력으로 잘 알려져 있다.

유 n. candidate

bewildering
[biwíldəriŋ]
a. 무척 당혹케 하는, 어리둥절한

Thanks to the support and industry-wide efforts over the past few years, customers have a **bewildering** array of choices.

지난 몇 년에 걸친 지원과 업계 전반적인 노력에 힘입어, 고객들은 놀라운 선택의 폭을 갖게 되었다.

border

[bɔ́ːrdər]

n. 가장자리, 경계
v. 접경하다, 인접하다

Get one set of three-by-five glossy prints, with **borders**.

가장자리는 있게 해서 3×5 사이즈 광택으로 한 장씩 뽑아 주세요.

㊅ n. boundary, line, frontier

brand

[brǽnd]

n. 상표, 브랜드, 소인
v. 소인을 찍다

Today you can purchase name-**brand** clothes at fabulous prices.

오늘 여러분들은 유명 상표를 값싼 가격에 구입할 수 있습니다.

㊅ n. model v. make, label

communicate

[kəmjúːnəkèit]

v. 전달하다,
   의사를 소통하다,
   통신하다

Blogs-web logs on line are increasingly being used to **communicate** about a variety of issues.

인터넷 웹 로그인 블로그는 다양한 문제에 관해 소통하기 위해 점점 더 많이 이용되고 있다.

㊅ v. impart, transmit

dim

[dím]

a. 어둑한, 흐릿한,
   가망성이 희박한

Their number and role remain in dispute and prospects for a swift resolution remain **dim**.

그들의 수와 역할에 대해 여전히 논의 중이어서 조속한 타결의 전망은 불투명한 상태이다.

㊅ a. faint, weak, gloomy

dine

[dáin]

v. 식사를 하다,
   정찬[만찬]을 대접하다

No matter what the weather you can **dine** outside on our covered terrace.

어떤 날씨에서라도 옥외 덮개 테라스에서 식사를 하실 수 있습니다.

㊅ v. eat, feast

distinguished

[distíŋgwiʃt]

a. 두드러진, 저명한,
   뛰어난

She's a person with **distinguished** mental abilities.

그녀는 지적 능력이 뛰어난 인물이다.

㊅ a. eminent, prominent

dividend

[dívədènd, -dənd]

n. 피제수, 나눗수, 배당금

Dividend payments this year should be in the region of five percent.

올해의 배당금 지급은 약 5퍼센트 정도가 될 것입니다.

반 n. divisor

draft

[dræft] 영 [dráːft]

n. 밑그림
v. 기초, 기안하다

I'll **draft** a letter to our customers informing our holidays.

거래처에 우리의 휴가에 대해 알리는 편지를 작성할게요.

유 n. v. outline, sketch

educated

[édʒukèitid]

a. 교육 받은, 교양 있는

When people are rich and **educated**, they often make better choices about their jobs.

부유하고 교양있는 사람들일수록, 자신들의 직업에 대해 더 나은 선택을 하는 경우가 많다.

유 a. learned, informed, cultured

enlightening

[inláitəniŋ, en-]

a. 계몽적인, 밝혀 주는

Take advantage of this opportunity for an **enlightening** experience.

계몽적인 경험이 될 이 기회를 잡으십시오.

exhibition

[èksəbíʃən]

n. 전람, 전람회

The designs for this year's fashions will be displayed at Art Fashion **exhibition**.

올해 나온 패션들의 디자인이 아트 패션 박람회에 전시될 예정이다.

유 n. show, display, exposition

independent

[ìndipéndənt]

a. 독립한, 독립심이 강한

The latest regulatory findings will be reviewed by an **independent** team of journalists.

이번 조사 결과들은 독립된 기자들이 검토할 것이다.

유 a. unrelated, unconnected, separated
반 a. dependent, controlled

loaf

[lóuf]

n. 한 덩어리의 빵

This recipe makes one large, oval **loaf** of bread.

이 요리법으로 커다란, 타원형 **빵 하나**를 만든다.

⊛ n. bread, roll

objective

[əbdʒéktiv]

n. 목표, 목적
a. 목적의, 객관적인

Teamworks must fit the company's strategic **objectives**.

팀워크는 회사의 전략적인 **목적**에 부합해야 한다.

⊛ n. prupose, goal, aim   a. unbiased, impartial
⊛ a. subjective

outstanding

[àutstǽndiŋ]

a. 눈에 띄는, 현저한,
   우수한

The woman is an **outstanding** photographic analyst.

여자는 **우수한** 사진 분석가이다.

⊛ a. important, superior, excellent

outward

[áutwərd]

a. 밖으로 향하는
n. 외부
adv. 바깥쪽으로

Make sure the pattern faces **outward** when making wallpaper.

벽지를 만들 때 패턴이 **바깥쪽**을 향하는지 확인하십시오.

⊛ a. external, outer, outgoing
⊛ a. inward

passenger

[pǽsəndʒər]

n. 승객, 여객

Airline **passengers** are actually checking out the flights from the screens.

비행기 **승객들**은 실제로 스크린에서 항공편을 확인하고 있다.

⊛ n. traveller, commuter

paycheck

[péitʃèk]

n. 급료

Once that money became available, the company released employee **paychecks**.

그 돈을 사용할 수 있게 되자, 그 회사는 직원들에게 **급료**를 지급했다.

policy
[páləsi] 영 [pɔ́ləsi]
n. 정책, 방침

Economic **policy** has had a profound impact on middle class.
경제 **정책**은 중산층에게 매우 큰 영향을 미쳐 왔다.

politics
[pálətìks] 영 [pɔ́lətìks]
n. 정치, 정책

Daily News is a news and discussion daily press with an emphasis on **politics**.
데일리 뉴스는 **정치** 기사에 중심을 둔 뉴스와 토론을 다루는 일간지이다.

prominent
[prάmənənt]
a. 현저한, 두드러진, 유명한

Our next guest is one of the more **prominent** names in Philippine high society.
다음에 모실 분은 필리핀 고위층 사회에서 자주 이름이 언급되는 **유명한** 분입니다.
유 a. conspicuous, famous, notable

supplement
[sʌ́pləmənt]
n. 추가, 보충
v. 보충하다

Our latest product lines include vitamin E **supplements**.
우리 회사의 최신 제품 라인에는 비타민 E **보조식품**도 포함된다.
유 v. provide, supply

sewage
[súːidʒ] 영 [sjúːidʒ]
n. 하수 오물, 오수
v. ~에 하수 비료를 주다

The **sewage** disposal system was destroyed and has yet to be fully repaired.
하수 처리 시설은 파괴되었고, 아직 완전히 수리되지 않았다.

unstable
[ʌnstéibl]
a. 불안정한, 마음이 변하기 쉬운

We need to firm up our home economics for the **unstable** economy.
불안정한 경제에 대비해 가정 경제를 안정시킬 필요가 있습니다.
유 a. shaky, volatile, unsteady

aptitude

[ǽptətjùːd]
영 [ǽptətjùːd]

n. 경향, 소질, 재능

Mike has a natural **aptitude** for positions within the marketing profession.

마이크는 마케팅 전문직 자리에 맞는 천부적인 **재능**이 있습니다.

유 n. talent, ability 반 n. inaptitude

bond

[bánd] 영 [bónd]

n. 묶는 것, 유대, 계약, 채권

Look at the value of the **bond** when it will reach maturity in ten years.

10년 후 만기가 되었을 때 **채권**의 가치를 보십시오.

유 n. rapport, empathy

cling

[klíŋ]

v. 달라붙다, 매달리다, 집착하다

Bacteria can **cling** to the damp cutting-boards, where it will easy grow.

박테리아는 습한 도마에 **달라붙**을 수 있으며, 그곳에서 쉽게 자란다.

유 v. attach, stick, bind

clip

[klíp]

v. 자르다, 깎다, 구멍을 내
n. 깎음

I'd like to **clip** your wings so you can fly.

당신이 날 수 없게 날개를 **꺾어** 버리고 싶어요.

유 v. trim, shear

concentrate

[kánsəntrèit]
영 [kónsəntrèit]

v. 집중하다, 전력을 기울이다

The manager is going to **concentrate** on quality control area.

관리자는 품질 관리에 **전념할** 것이다.

유 v. focus, converge

conclude

[kənklúːd]

v. 끝내다, 결론짓다, 말을 맺다, 끝나다

The film **concludes** with him watching some Mexican children playing soccer at the new stadium.

그 영화는 그가 몇 명의 멕시코 아이들이 새 경기장에서 축구를 하고 있는 것을 보는 것으로 **끝난다**.

유 v. finish, end, close, complete

convenient

[kənvíːnjənt]

a. 편리한, 형편이 좋은

The airline provides **convenient** airport-to-hotel passenger transportation service.

그 항공사는 **편리한** 공항–호텔 간 승객 수송 서비스를 제공한다.

유 a. favourable, handy   반 a. inconvenient
파 adv. conveniently 편리하게

convert

[kənvə́ːrt]

v. 변하게 하다, 전환하다, 개종시키다

Try **converting** these images to another file format before you send them.

그럼 이 이미지들을 다른 파일 형식으로 **바꿔서** 보내 봐요.

유 v. change, switch, shift

devote

[divóut]

v. 바치다, 전념하다

She gave up job searches to **devote** more time to her children.

그녀는 아이들에게 더 많은 시간을 **쏟기** 위해 취업을 포기했다.

유 v. dedicate

distinct

[distíŋkt]

a. 별개의, 뚜렷한

We can expect to see two **distinct** types of dramas this month.

우리는 이번 달 **완전히 다른** 두 종류의 드라마를 볼 수 있을 것 같다.

유 a. different   반 a. vague

grip

[gríp]

n. 잡음, 손잡이
v. 꽉 쥐다, 사로잡다

It's really hard to get a **grip** on the concept of value.

가치의 개념을 **파악하는** 것이 정말 어렵다.

유 v. grasp, clutch

handy
[hǽndi]
a. 바로 곁에 있는, 편리한

Keep a nutrient guide book **handy** or use an Internet database about food.
영양 가이드 책자를 **가까이 두거나**, 음식과 관련된 인터넷 데이터베이스를 이용하십시오.
㈜ a. convenient, accessible

instruct
[instrʌ́kt]
v. 가르치다, 지시하다

The sales manager **instructed** his people to print out their sales performance.
판매 담당 부서장은 자신의 부하 직원에게 판매 실적을 프린트해 오라고 **지시했다**.
㈜ v. teach, order, command, bid

insurance
[inʃúərəns]
n. 보험, 보험금

This mail regards our **insurance** claim with Trekker Insurance Specialists.
이 메일은 트레커 인슈어런스 스페셜리스츠 사를 상대로 한 저희 **보험** 청구 건에 관한 것입니다.
㈜ n. assurance

introduction
[ìntrədʌ́kʃən]
n. 도입, 소개, 서론, 입문서

His book is a general **introduction** to the subject of pedagogy.
그의 책은 교육학 분야의 일반 **입문서**이다.
㈜ n. formation, preface

landscape
[lǽndskèip]
n. 풍경, 경치

Wires from telephone poles stretch across the **landscape**.
전봇대의 전선들이 **경치**를 가로지르며 뻗어 있다.
㈜ n. view, scenery

magnificent
[mægnífəsnt]
a. 장려한, 훌륭한, 웅장한

The city's central feature is its **magnificent** buildings.
그 도시의 주요 볼거리는 그 **웅대한** 빌딩들이다.
㈜ a. superb, grand

margin
[mάːrdʒin]
n. 여백, 여유, 최저한도

Keegan was elected mayor by a very narrow **margin**.

키건은 아주 근소한 **표차**로 시장에 당선되었다.

逾 n. edge

output
[άutpùt]
n. 생산, 생산고, 출력

Productivity, that is, the ratio of **output** production to input effort, rose 3% for the quarter.

생산성, 즉 **산출량**과 투입량의 비율은 해당 분기에 3% 증가했다.

逾 n. production, productivity

physician
[fizíʃən]
n. 내과 의사, 의사

Effective March 3, all sick leave forms must be accompanied by a **physician**'s note.

3월 3일부터 모든 병가 신청서에는 **의사**의 진단서가 첨부되어야 합니다.

pulse
[pʌ́ls]
n. 맥박, 진동

In my view, if my **pulse** is racing and I feel dizzy, I've failed as a pilot.

내 관점상, **맥박**이 빨리 뛰고 어지러우면, 나는 조종사로서 실패했다.

逾 n. beat

reputation
[rèpjutéiʃən]
n. 평판, 명성

The sales manager had a **reputation** for coming down hard on the people under him.

판매 부장은 부하를 혹독하게 다루는 것으로 **평**이 나 있다.

逾 n. image, profile   反 n. disrepute

rescue
[réskjuː]
v. 구조하다, 구출하다
n. 구조, 구출

Rescue personnel and ambulances are standing by to provide the necessary assistance.

구조대원과 응급차는 필요한 지원을 제공하기 위해 대기 중이다.

逾 v. save, liberate, salvage

retreat

[ritríːt]

n. 퇴각, 은퇴, 피난처, 은거처
v. 물러서다

The location for this year's **retreat** has not been set in stone.

금년도 **휴양** 장소가 확정되지 않았습니다.

(반) n. v. advance
(유) v. withdraw, retire   n. retirement, withdrawal

sake

[séik]

n. 동기, 목적

Our organization is founded for the **sake** of social service, and no other.

우리 단체는 오직 사회 봉사를 위한 **목적**으로 설립되었다.

sensitive

[sénsətiv]

a. 민감한, 예민한

Please remember not to place any heat-**sensitive** items or materials on your oven.

오븐 위에는 열에 **민감한** 물건들을 올려놓지 않도록 하십시오.

(유) a. delicate, tender

urban

[śːrbən]

a. 도시의, 도시에 익숙한

Fewer and fewer young people are moving from rural areas to **urban**.

농촌 지역에서 **도시** 지역으로 이주하는 젊은 사람이 점점 줄고 있다.

(유) a. civic, metropolitan   (반) a. rural

weigh

[wéi]

v. 무게를 달다, 심사숙고하다

Look for a cell phone that **weighs** between 100 and 150 grams.

무게가 100에서 150그램 사이로 나가는 휴대폰을 구하십시오.

(유) v. contemplate, ponder

whistle

[hwísl] (영) [wísl]

v. 휘파람 불다
n. 휘파람, 호각, 기적

Vets say dolphin's **whistles** have meaning.

수의사들은 돌고래의 **휘파람 소리**에 의미가 있다고 말합니다.

architecture

[ɑ́:rkətèktʃər]

n. 건축, 건축학, 구조

He earned a Bachelor's degree in **architecture** and a Master's degree in Journalism.

그는 건축학사 학위와 언론학 석사 학위를 취득했다.

유 n. construction 파 n. architect 건축가

---

artificial

[à:rtəfíʃəl]

a. 인조의, 인공적인, 부자연스러운

n. 인공물

Many **artificial** intelligence researchers are now employing such institutes.

많은 인공 지능 과학자들은 현재 그러한 연구소에서 일하고 있습니다.

유 a. synthetic 반 a. natural

---

attire

[ətáiər]

v. 차려 입히다

n. 옷차림새

The former two traditional **attires** are great.

이전의 두 개의 전통 의상은 멋있다.

유 phr. dress up

---

cite

[sáit]

v. 인용하다, 언급하다

Citing the advice of corporate counsel, Mr. Jones declined to reveal the scale of the investment or hiring numbers.

회사의 법률 고문의 조언을 인용하면서, 존스 씨는 투자 규모나 고용 인원수에 대해서는 밝히기를 거절했다.

유 v. quote

---

concerned

[kənsə́:rnd]

a. 걱정스러운, 관계가 있는, 관심을 가진

We, as the personal level, should be very **concerned** about this.

개인적 차원에서 우리는 이 문제에 관심을 기울여야 합니다.

유 a. afraid, involved, obsessed

반 a. unconcerned

credit
[krédit]

n. 신뢰, 신용, 외상, 대출금, 예금, 명예

Most major **credit** cards are accepted on the Internet.

대부분의 주요 신용카드가 인터넷 상에서 사용할 수 있다.

(유) n. trust

crude
[krúːd]

a. 천연 그대로의, 조잡한
n. 원유

Researchers expect **crude** to average $51.50 this year and $47.50 next year.

연구자들은 평균 원유가를 올해 51달러 50센트, 내년에는 47달러 50센트로 예상하고 있다.

(유) a. rough, bare, coarse, clumsy, raw

cubic
[kjúːbik]

a. 입방의, 정육면체의, 세제곱의, 3차의
n. 3차(방정)식

Natural gas production rose 13 percent, to 10 billion **cubic** feet a day, in the fourth quarter.

천연 가스 생산량은 13퍼센트 올라서, 4사분기에는 하루에 100억 입방 피트에 달한다.

deadly
[dédli]

a. 치명적인, 죽음과 같은

These chemicals in the bottle are **deadly** poisonous to some people.

병 안에 있는 이 화학약품은 일부 사람들에게 치명적인 독이 됩니다.

(유) a. fatal, deathlike, lethal

descent
[disént]

n. 강하, 가계

He is in direct **descent** from a people who reached Finland after the end of the last Ice Age.

그는 마지막 빙하기가 끝나고 핀란드에 도착한 사람의 직계이다.

(반) n. ascent

detect
[ditékt]

v. 발견하다, 간파하다

In fact, we were unable to **detect** any movement from the ceiling at all.

실제로 우리는 천장에서 어떠한 움직임도 전혀 감지할 수 없었습니다.

(유) v. find, discover

editor

[édətər]

n. 편집자, 교정자

Essentially, they act like the **editors** of a newspaper or periodical.

실제적으로, 그들은 신문이나 잡지의 편집자인 것처럼 행동한다.

파 a. n. editorial 편집자의, 사설

enhance

[inhǽns]
영 [inháːns]

v. 높이다, 올리다

His research has shown carrots greatly **enhance** blood flow and function of the eyes.

그의 연구 결과 당근은 혈류 흐름과 눈의 기능을 월등히 높인다는 것을 보여줍니다.

유 phr. add to v. raise

fate

[féit]

n. 운명, 죽음

I think the **fate** of Europe hangs in the balance.

유럽의 운명이 불안정한 상태에 빠졌다고 생각합니다.

유 n. death, doom

managerial

[mæ̀nidʒíəriəl]

a. 취급의, 관리의

Production output will increase along with technical and **managerial** workers.

생산량이 증가함에 따라 기술직과 관리직 직원도 함께 증가할 것입니다.

occasion

[əkéiʒən]

n. 경우, 특별한 일, (만날) 기회

We have been approached by major audio companies on a number of **occasions**.

저희는 최근 몇 주 동안 주요 오디오 업체로부터 여러 번 방문을 받았습니다.

파 a. occasional 이따금씩의

payable

[péiəbl]

a. 지불해야 할, 지불할 수 있는

The cost of the hotel is $100.00, **payable** by cash or credit card.

호텔 비용은 100달러이며, 현금 혹은 신용카드로 지불 가능합니다.

유 a. due, owed

prefer

[prifə́:r]

v. 오히려 ~을 좋아하다, 우선권을 주다

Advanced degree in science, engineering **preferred**.

과학과 공학 석·박사 학위 소지자는 **우대합니다**.

㈜ v. favour phr. would rather, like, better

---

prior

[práiər]

a. 이전의, 앞의

Cooks must wash hands with soap **prior** to handling food.

요리사는 음식을 만지기 **전에** 반드시 비누로 손을 씻어야 한다.

㈜ a. previous, former ㈝ a. posterior

---

provide

[prəváid]

v. 대주다, 공급하다, 준비하다

A similar service, on a different route, is **provided** by several well-known national chain stores.

유사한 서비스가 다른 루트로 전국의 유명 체인점에서 **제공되고 있습니다**.

㈜ v. supply, give, yield

---

quantity

[kwántəti]
㊟ [kwɔ́ntəti]

n. 양, 수량, (종종 pl.) 다량

Our company produces auto aftermarket chemicals and industrial chemicals in **quantity**.

우리 회사는 자동차의 애프터서비스 시장용 화학 제품, 공업용 화학 제품을 **대량** 생산한다.

㈜ n. sum, amount, total

---

salary

[sǽləri]

n. 봉급, 급료

Despite the deficit, managers decided to raise employee **salaries**.

적자에도 불구하고, 경영자들은 직원의 **봉급**을 인상하기로 결정했다.

㈜ n. payroll, paycheck, wage, allowance

---

severe

[səvíər]

a. 엄한, 엄격한, 심한

Meteorologists predict that **severe** weather conditions will be developing for days.

기상학자들은 며칠 동안 **악천후**를 보일 것이라고 예보한다.

㈜ a. strict, strong, bad ㈜ adv. severely 심하게

sway

[swéi]

v. 흔들다, 흔들리다, 지배하다, 조정하다

n. 동요, 지배

Jason has worked hard to try to **sway** African leaders to his cause.

제이슨은 아프리카 지도자들을 자신의 목적대로 이끌고자 상당한 노력을 기울여왔다.

㈜ v. shake, swing

vacuum

[vǽkjuəm, -kju(:)m] ⓔ [vǽkjuəm]

n. 공백, 진공

a. 진공의

The **vacuum** cleaner is the very thing for cleaning the corners.

그 진공청소기는 모서리를 청소하는 데 안성맞춤이다.

vital

[váitl]

a. 생명의, 극히 중대한

n. 생명의 유지에 절대 필요한 기관

Normalizing or improving relations with India is **vital** to the company, so your cooperation would be a great help.

인도와의 관계 정상화 혹은 개선은 우리 회사에 아주 중요한 일로, 귀하의 협조는 커다란 도움이 될 것입니다.

vivid

[vívid]

a. 생생한, 선명한

This LCD TV features an exclusive high-quality imaging system, giving you active movements, as well as **vivid** colors.

이 LCD TV의 특징인 최고급 영상 시스템으로 활동적 움직임과 선명한 색상을 즐기실 수 있습니다.

welfare

[wélfɛ̀ər]

n. 복지, 복리

a. 복지 원조를 받는

Everyone admits the priority of public **welfare** over economic development.

경제 발전보다 국민의 복지가 먼저라는 것은 누구나 인정하고 있다.

㈎ a. ill-being

wrist

[ríst]

n. 손목

Even wearing a rubber band on your **wrist** gives a cool impression.

심지어 당신 손목에 고무 밴드를 하고 있더라도 쿨한 인상을 줄 것입니다.

Day 23

acquire
[əkwáiər]

v. 취득하다, 얻다, 몸에 지니다

From the day that you take delivery of the car, you will have **acquired** the best.

당신이 그 차를 구입하는 그날부터, 당신은 최고의 상품을 소유하게 될 것입니다.

유 v. get, earn, gain

alert
[əlɔ́:rt]

a. 방심하지 않는, 기민한
n. 경보, 경계
v. 경고하다

Alert your boss as soon as you know, who will notify the storeroom or the supplier.

당신이 아는 즉시 사장에게 알려서 보관실이나 납품업체에 연락하도록 하십시오.

유 v. warn n. alarm a. attentive, watchful

alongside
[əlɔ́:ŋsáid]

adv. 옆으로 대고
prep. 옆에서, ～쪽에

Interns learn a lot from drawing **alongside** experienced employees in the office.

실습생들은 사무실에서 경험이 풍부한 직원들 곁에서 일하며 많은 것을 배운다.

유 prep. beside

bullet
[búlit]

n. 총탄, 해고

My boss often gives people the **bullet** for a matter of money.

내 상사는 종종 금전상의 이유로 사람들을 해고시킨다.

유 n. ammunition, shot

elaborate
[ilǽbərət]

a. 공들인
v. 애써 만들다

Their final report is considerably more **elaborate** than ours.

그들의 최종 보고서는 우리의 것보다 상당히 정성껏 작성되어 있다.

유 a. fancy, detailed, ornate

emerge
[imə́ːrdʒ]
v. 나오다, 나타나다

Racoon only **emerges** at night to nibble grass.

너구리는 밤에 먹이를 찾아 풀숲을 뒤질 때만 **밖에 나온다**.

㊌ v. appear, arise

emotional
[imóuʃənl]
a. 감정적인, 감정에 호소하는

It strikes me that your acid dyspepsia is caused by **emotional** tension.

내 느낌에는 당신의 소화불량은 **정서적인** 긴장에 의해 야기된 것 같다.

㊌ a. spiritual, inner, sensitive

emphasize
[émfəsàiz]
v. 강조하다

Most insurance companies are **emphasizing** this issue.

대부분 보험 회사들은 이 문제를 **강조하고 있습니다**.

㊌ v. stress, underline

㊏ n. emphasis 강조, 중요성

financial
[finǽnʃəl]
a. 재정의

For the rise in exports, the company's **financial** situation improved.

수출 증가로 인해, 그 회사의 **재정** 상태가 개선되었다.

㊌ a. fiscal, pecuniary

㊎ a. nonfinancial

flourish
[flə́ːriʃ] ㊟ [flʌ̀r-]
v. 번창하다, 무성하게 자라다, 활약하다

This new business **flourishes** at fashion shows, department stores, flea markets, and resorts.

이 새로운 사업은 패션쇼나 백화점, 벼룩시장, 휴양지 등에서 **번창하고 있습니다**.

㊏ a. flourishing 무성한, 번영하는

freezing
[fríːziŋ]
a. 어는, 몹시 추운

A cold front will move in late this evening bringing with it some snow and **freezing** rain.

저녁 늦게 한랭전선의 이동으로 눈과 **차가운** 비가 내리겠습니다.

㊌ a. icy, snowy, frozen, chill

freight
[fréit]
n. 화물 운송, 화물

The remaining mattress will be sent by air **freight** as soon as possible.

나머지 매트리스는 최대한 빨리 항공 **화물**로 보내드리겠습니다.

⟨유⟩ n. load, cargo

friction
[fríkʃən]
n. 마찰

Friction between the union and management there has grown over the years.

지난 수년 동안 조합 측과 경영자 측 사이의 **마찰**은 점차 심화되어 왔습니다.

⟨유⟩ n. conflict

generous
[dʒénərəs]
a. 아끼지 않는, 관대한

Thank you again for your **generous** contribution.

여러분의 **아낌없는** 공헌에 다시 한 번 감사드립니다.

⟨유⟩ a. liberal phr. free with
⟨반⟩ a. mean

glue
[glúː]
n. 접착제
v. ~을 접착제로 붙이다

The suppliers charge $5 for a meter of the **glue**.

공급업체들은 이 **접착제** 1미터에 5달러를 받고 있다.

⟨유⟩ n. adhesive, cement v. paste, affix

grateful
[gréitfəl]
a. 고맙게 여기는, 감사하는, 고마운

I am very **grateful** to you for everything that you have done for me.

당신이 저를 위해 하신 모든 일들에 대해 매우 **감사드립니다**.

⟨유⟩ a. thankful, glad

halt
[hɔ́ːlt]
v. 멈추다, 서다

The airport construction project has been **halted** because of the cost.

비용 문제로 공항 신축 사업이 **중단되었다**.

⟨유⟩ v. cease, stop
⟨반⟩ v. start, continue

intellectual

[ìntəlékt∫uəl]

a. 지적인
n. 지식인

Intellectual property rights protection activities are a key issue for policy makers and businesses.

지적 재산권 보호 활동은 정책 입안자와 업계에서 주요 쟁점이다.

유 a. theoretical, psychological, cultured

interpret

[intə́:rprit]

v. 해석하다, 통역하다

The character's role in the scenario has been **interpreted** in many different ways.

시나리오에서 그 인물의 역할은 여러 가지 방향에서 해석되었다.

request

[rikwést]

v. 청하다
n. 부탁, 신청

All **requests** for the purpose of your trip will be reviewed on a case-by-case basis.

외근 신청은 전부 케이스별로 검토하겠습니다.

유 n. order, application, claim v. demand

reserve

[rizə́:rv]

v. 남겨두다, 예약해 두다
n. 비축, 예비

Be sure to **reserve** a seat on your flight several weeks in advance.

비행기의 좌석 예약은 반드시 몇 주 전에 하시기 바랍니다.

유 v. save, keep, hold

result

[rizʌ́lt]

n. 결과
v. 결과로서 생기다

As a **result**, our employees have company loyalty and always work hard.

그 결과, 저희 직원들은 애사심이 있고 항상 열심히 일합니다.

유 n. consequence, outcome

scholarship

[skálər∫ip]

n. 학문, 장학금

A total of 5 full tuition **scholarships** will be offered every semester for the next three years.

5명에겐 등록금 전액 장학금이 향후 3년에 걸쳐 매 학기마다 주어집니다.

shorten

[ʃɔ́ːrtn]

v. 줄이다, 짧게 하다

This sales network **shortens** the distribution process.

이 판매망은 유통 경로를 단축시킨다.

반 v. lengthen, expand

supreme

[səprí:m] [sjuprí:m]

a. 최고의, 최고 권위의
n. 최고의 것

From 1880~1890 he was the reporter for the **Supreme** Court.

1880년부터 1890년까지 그는 대법원 리포터였다.

유 a. dominant, maximum, ultimate

translate

[trænsléit]
[trænsléit]

v. 번역하다, 바꾸다, 옮기다

A part-time temp worker does not always **translate** into a full-time, permanent job.

파트 타임 임시직이 언제나 풀타임 정규직으로 전환되는 것은 아니다.

유 v. interpret, convert, construe

venture

[véntʃər]

n. 모험, 모험적 사업
v. 위험을 무릅쓰고 하다

As he explored new **ventures**, he created a production company.

그는 새로운 사업을 알아보다가 제작 회사를 설립했다.

version

[vɔ́ːrʒən]

n. 번역, 설명, 판

A modified **version** of d20 System is being developed for export.

d20 시스템의 수정판은 현재 수출용으로 개발 중이다.

유 n. form, sort, edition

victim

[víktim]

n. 희생자, 피해자, 희생

The recent volcanic action has claimed many **victims**.

최근의 화산 활동으로 인해 많은 피해자들이 발생했다.

유 n. casualty, fatality

Day **24**

Daily TOEIC Voca

---

besides

[bisáidz]

prep. ~ 외에, ~ 말고는
adv. 그 위에

The scooter was in pretty bad shape, and **besides**, I think it's time I got a car.

스쿠터의 상태도 상당히 안 좋았고, **게다가** 차를 살 때라는 생각이 들어서요.

---

broaden

[brɔ́:dn]

v. 넓히다, 넓게 하다

Many in the domestic movie industry are glad copyright is being **broadened**.

많은 국내 영화업계 종사자들은 저작권이 **확대되는** 추세를 반기고 있다.

유 v. expand, spread
반 v. specialize, restrict

---

confidential

[kɑ̀nfədénʃəl]
영 [kɔ̀nfədénʃəl]

a. 기밀의,
   신뢰할 수 있는

We will not know this because calls are **confidential**.

통화 내용은 **비밀이 보장되**므로, 우리는 이걸 모를 것입니다.

유 a. secret, trustworthy

---

cottage

[kɑ́tidʒ] 영 [kɔ́tidʒ]

n. 시골집, 별장

I didn't really want to be designated custodian of the **cottage**, but it was a case of Hobson's choice.

나는 사실 그 **별장**의 관리를 맡고 싶지 않았는데, 선택의 여지가 없었다.

---

decline

[dikláin]

v. 거절하다, 기울다,
   감소하다, 기울이다
n. 기움, 쇠퇴, 감퇴

Overweight people are much more likely to have sleep problems and **declining** health systems.

비만인들은 수면 문제와 건강이 **악화**될 가능성이 훨씬 더 크다.

유 v. sink phr. fall off

---

desirable

[dizáiərəbl]

a. 바람직한, 갖고 싶은
n. 호감이 가는 사람 [물건]

Consequently, holding dollars became less **desirable** than holding Euros.

결과적으로, 달러를 소유하고 있는 것은 유로화를 소유하고 있는 것보다 덜 **바람직하다**.

⊕ a. eligible, desired, preferred

disaster

[dizǽstər] ⑨ [dizá:stər]

n. 재난, 재해

The damages of **disasters** or illnesses may be minimized with proper planning.

많은 **재해**나 질병들로 인한 피해는 적절히 계획을 세우면 최소화될 수도 있다.

⊕ n. failure, catastrophe

emphasis

[émfəsis]

n. 중요성, 강조, 중점

Society puts much **emphasis** on the family rather than the company or individual.

사회는 회사나 개인보다는 가족에 훨씬 더 많은 **중점**을 둔다.

⊕ n. importance, significance, stress

engaged

[engéidʒd, en-]

a. 약속된, 약혼 중인, 종사하는

The New York-based company **engaged** in gold and minerals exploration.

뉴욕에 기반을 둔 그 회사는 황금 및 보석류 채광에 **관여하고 있다**.

⊕ a. busy, involved, occupied

exposed

[ikspóuzd]

a. 드러난, 노출된

Young children are able to quickly learn their mother tongue to which they are **exposed**.

어린 아이들은 그들이 **접하게 되는** 모국어를 재빨리 습득할 수 있다.

⊕ a. unprotected, unclothed

fade

[féid]

v. 바래다, 사라지다, 시들다

Other companies make glowing blue sand, but it usually **fade** after a year or so.

다른 회사들도 빛을 발하는 파란 모래를 생산하지만, 그것들은 대개 1년쯤 지나면 **빛이 바랩니다**.

⊕ v. vanish, disappear, dissolve

fatal

[féitl]

a. 치명적인, 운명의

These products are potentially **fatal** and difficult to diagnose.

이 같은 제품은 잠재적으로 **치명적**이며 소화하기 힘듭니다.

윤 a. mortal, lethal

gross

[gróus]

a. 총체의, 전체의, 천한

The couple have declined their **gross** income.

그 부부는 **총소득**이 감소했다.

윤 a. total, whole, entire

harsh

[há:rʃ]

a. 거친, 가혹한

Sometimes you will have to go out in **harsh** weather conditions, so make sure you dress accordingly.

때때로 **거친** 기상 조건에 나가야 하므로, 적절하게 옷을 입도록 하십시오.

윤 a. severe, hard, rough

instantly

[ínstəntli]

adv. 즉시로
conj. ~하자마자

If you want more staff to help you, we will hire them **instantly**.

당신을 도와줄 직원이 더 필요한 경우, **즉시** 채용하겠습니다.

윤 conj. as soon as

intention

[inténʃən]

n. 의향, 의도

In practice, good **intentions** can be forgotten with using the online auction site.

실제로, 이런 좋은 **의도**는 온라인 경매 사이트 이용으로 잊혀질 수 있습니다.

interval

[íntərvəl]

n. 간격, 틈

The subway departs at regular **intervals**.

지하철은 일정한 **간격**을 두고 출발한다.

윤 n. delay, gap

investigate
[invéstəgèit]
v. 조사하다, 연구하다

I have **investigated** your complaint about the service you received in the sales department.

영업부에서 받은 서비스에 대한 귀하의 불만 사항을 조사해 보았습니다.

유 v. examine, research, explore, inspect

lane
[léin]
n. 좁은 길, 차선, 항로

Also, because of starting next week road works, only one **lane** will be open.

또한, 내주부터 시작되는 도로 공사로 한 쪽 차선밖에는 이용할 수 없습니다.

유 n. path

mainland
[méinlÈnd]
영 [méinlənd]
n. 본토, 대륙

Nearly all the fans are tourists from **mainland** Japan.

거의 모든 팬들이 일본 본토에서 온 관광객들입니다.

mission
[míʃən]
n. 사절, 사명, 임무, 천직

For the employee evaluations, please write a personal **mission** statement.

직원 평가를 위해서, 개인의 과업 성명서를 써 주십시오.

유 n. purpose, vocation

overpriced
[ðuvərpráist]
a. 너무 비싼, 비싼 값을 매긴

He tried to force us to buy a **overpriced** natural latex mattress.

그는 비싼 천연 라텍스 매트리스를 사도록 강요했습니다.

유 a. expensive

plant
[plÈnt]
n. 식물, 공장
v. 심다, 놓다, 창립하다

The chairman of the board decided to relocate its **plant** to the Thailand.

이사회 의장은 공장을 태국으로 이전하기로 결정했다.

유 n. factory, flower

privilege

[prívəlidʒ]

n. 특권, 혜택

Benefit from all free gifts, 12 months free credit and other **privileges**.

사은품과 12개월 무이자 외에 다양한 혜택을 받아가세요.

ⓤ n. prerogative, advantage

proofread

[prú:fri:d]

v. 교정 보다

Be sure to have at least two other people **proofread** your paper before reading it.

논문을 발표하기 전에 최소한 두 사람에게 교정 보게 하십시오.

protect

[prətékt]

v. 보호하다, 막다

A security company has devised a significant system to **protect** homes and business from intruders.

한 보안 회사가 가정과 사무실에서 도둑의 침입을 막을 수 있는 획기적인 시스템을 고안해 냈다.

ⓤ v. defend, guard, preserve

readily

[rédəli]

adv. 쾌히, 쉽사리

A solution is not apparent **readily**, but we're not giving up.

해결책이 쉽게 보이지 않지만, 우리는 포기하지 않는다.

ⓤ adv. willingly, easily

resolve

[rizálv]

v. 결심하다, 결의하다, 해결하다
n. 결심

Our manager will work hard to **resolve** your complaint immediately.

저희 매니저가 불만사항이 즉시 해결되도록 열심히 할 것입니다.

ⓤ v. settle, repair, mend

status

[stéitəs]

n. 상태, 신분, 지위

We want to update everyone on the **status** of the launch of our new luxury sedan.

신형 고급 세단 출시 현황을 여러분께 알려 드리려고 합니다.

ⓤ n. honour, prestige, glory, condition

Day 25

Daily TOEIC Voca

absolute
[ǽbsəlùːt]
a. 절대적인, 완전한, 전면적인

The security company has built its reputation by offering **absolute** security to its customers.

그 보안 회사는 고객들에게 **완벽한** 보안을 제공하여 명성을 쌓았다.

⊕ a. complete, direct ⊗ a. relative

alternative
[ɔːltə́ːrnətiv, æl-]
⊛ [ɔːl-]
n. 둘 중에서의 선택
a. 하나를 택해야 할

We recommend Redwood Inc. in Montreal, as an **alternative** supplier.

다른 공급 업체로는 몬트리올 소재의 레드우드 사를 추천합니다.

⊕ a. secondary

artwork
[áːrtwə̀ːrk]
n. 삽화, 도판 제작, 수공예품, 예술적 제작 활동

The gallery plans to purchase 5 billion won's worth of **artwork**.

갤러리는 올해 예산 5억원을 들여 예술 작품을 구입할 예정이다.

attorney
[ətə́ːrni]
n. 대리인, 변호사

Consult a competent **attorney** if you can't figure it out.

그것을 알아낼 수 없다면 유능한 변호사와 상의하십시오.

⊕ n. lawyer

await
[əwéit]
v. 기다리다, 기대하다

Call today for a free brochure of exotic hotel, **awaiting** your visit.

오늘 전화하셔서 여러분을 **기다리는** 이국적인 호텔에 대한 무료 팸플릿을 받으십시오.

⊕ phr. wait for v. expect

bear

[bέər]

v. 지니다, 갖고 있다

We will prove that the bag that caused the damage is a counterfeit, even though it **bears** our trademark.

우리는 손해를 입힌 그 가방이 우리 회사 상표를 **갖고 있지**만, 위조품이라는 사실을 증명할 것이다.

capital

[kǽpətl]

a. 자본의, 기본의, 가장 중요한
n. 수도, 자본, 대문자

Other businesses include fund raising and project management, and also **capital** structuring.

기타 사업 분야에는 자금 조달, 프로젝트 관리, **자본** 조정 등이 포함되어 있다.

classification

[klæ̀səfikéiʃən]

n. 분류

While race is a biological **classification**, dignity a sociological concept.

인종은 생물학적 **분류**인 반면, 존엄성은 사회학적 개념이다.

유 n. categorization
파 v. classify 나누다, 분류하다

code

[kóud]

n. 신호법, 암호, 법전

Mission Hills is part of the 92104 zip **code** area.

미션 힐즈는 92104 우편**번호**를 쓰는 지역의 일부이다.

countless

[káuntlis]

a. 셀 수 없는, 무수한

Toy&Joy, Inc. recalled their teddy bear after receiving **countless** complaints from parents.

토이&조이 사는 부모들로부터 **엄청난** 불만들이 들어오자 자사의 곰인형을 리콜했다.

유 a. innumerable

description

[diskrípʃən]

n. 기술, 서술적 묘사, 설명서

We also ask that you include a catalog **description** for further details.

또한 상세한 정보를 위한 카탈로그 **설명서**도 함께 보내주시기 바랍니다.

유 n. picture, representation, profile

habitat
[hǽbitæt]
n. 서식지, 거주지

Habitat damage and other issues have lowered the numbers to an extremely dangerous level.

서식지 파괴와 기타 문제들로 그 수가 계속 줄어들어 거의 멸종 단계에 이르렀다.

유 n. territory, home

indicate
[índikèit]
v. 가리키다, 나타내다

The statistics **indicate** that car crashes are on the increase.

통계는 자동차 추돌 사고가 증가하고 있음을 보여 주고 있다.

유 v. show
반 v. contraindicate

lay-off
[léiɔ̀:f]
n. 해고, 강제 휴업, 자택 대기, 활동 휴지기

He is forced to **lay off** approximately 125 employees at the plant, making himself miserable.

그는 공장에서 약 125명을 해고해야만 하고, 이는 그를 비참하게 만들었다.

marketplace
[má:rkitplèis]
n. 시장, 장터

Campuses should serve as **market-places** for dreams.

대학의 교정은 꿈을 향하는 시장으로의 기능을 해야 한다.

microwave
[máikrəwèiv]
n. 마이크로파
a. 마이크로파의
v. 전자레인지로 조리하다

Nothing special, just a refrigerator, a **microwave**, and a bed.

특별하게 꾸며놓진 않았지만, 냉장고와 전자레인지, 침대 등이 구비되어 있습니다.

originate
[ərídʒənèit]
v. 시작하다, 비롯하다, 생기다

But not everyone agrees this disease **originated** in the tropics.

그러나 모든 사람들이 이 질병이 열대 지방에서 발원했다고 동의하는 것은 아니다.

유 v. arise, begin, commence

outfit

[áutfit]

n. 채비, 도구 한 벌, 의상

Steven designs the mom and her baby's **outfits** to match-similar colors, similar fabrics.

스티븐 씨는 엄마와 아이의 의상을 비슷한 색과 비슷한 옷감으로 맞춰서 디자인합니다.

유 n. costume, dress, kit

overlook

[ðuvərlúk]

v. 못 보고 지나치다, 너그럽게 봐주다, 내려다 보다
n. 전망

The school is located on a hill that **overlooks** the town of Oxbow Lake.

학교는 옥스보우 호수가 내려다 보이는 언덕에 위치하고 있다.

payroll

[péiròul]

n. 임금 대장, 급료 지불 명부, 종업원 명부, 종업원 수

The bonuses will affect almost the entire **payroll**.

그 상여금은 전체 급여 명부에 영향을 미칠 것이다.

profit

[práfit] 영 [prɔ́fit]

n. 이익, 이득
v. 이익을 얻다

As you all know, our third quarter **profits** were very good.

알다시피, 우리 회사의 3/4분기 수익이 매우 좋습니다.

유 n. benefit, advantage
반 n. loss

reverse

[rivə́:rs]

n. 역, 반전
a. 거꾸로의, 상반되는
v. 거꾸로 하다

The final three episodes were played in **reverse** order.

마지막 세 개의 에피소드들은 역순으로 상영되었다.

유 a. opposite
반 n. obverse, recto a. obverse

stack

[stǽk]

n. 더미, 낟가리, (pl.) 다량

He has **stacks** of paper spread in front of him.

그 앞에 산더미 같은 서류가 흩어져 있다.

유 n. pile, heap, load

stationery

[stéiʃənèri]
뗑 [stéiʃənèri]

n. 문방구, 문구류

We will print your customized **stationery** within 24 hours.

저희는 24시간 이내에 귀하의 맞춤 **문구**를 인쇄하게 됩니다.

sticky

[stíki]

a. 끈적거리는, 무더운, 망설이는

Plaque is a **sticky** substance that sticks to the walls of the arteries.

플라그는 동맥 혈관 벽에 붙어 있는 **끈끈한** 물질이다.

㊙ a. tacky, icky

textile

[tékstail, -til]
뗑 [tékstail]

a. 직물의, 섬유의
n. 직물

He was the chairman of his family-owned **textile** company between 1994 and 2007.

그는 1994년부터 2007년까지 그의 가족이 소유한 **섬유** 회사의 회장이었다.

texture

[tékstʃər]

n. 직물, 결, 질감

Do not wet out for more than 3 minutes, you want to keep the thick **texture**.

당신이 두꺼운 **질감**을 유지하고 싶다면 3분 이상 물에 담그지 마십시오.

㊙ a. textured 직물의 짜임이 ~한

transform

[trænsfɔ́ːrm]

v. 변형시키다, 바꾸다, 변하다

The main building was **transformed** into a hospital, and another building was used as a school.

주요 건물은 병원으로 **변형되었고**, 다른 건물은 학교로 이용되었다.

㊙ v. change, alter, convert

via

[váiə, víːə]

prep. ~을 경유하여, ~에 의하여

Please place your request **via** fax, mail, phone, and in person.

신청은 팩스, 메일, 전화 그리고 개인적**으로** 해주시기 바랍니다.

㊙ phr. by way of, by means of

Day **26**

---

campaign
[kæmpéin]
n. 운동, 캠페인

The slogan from the advertising **campaign** reads: "You can't be too careful."

그 광고 캠페인의 슬로건은 "아무리 조심해도 지나치지 않아요."이다.

유 n. battle, struggle, drive

---

commute
[kəmjúːt]
v. 갈다, 교환하다, 대용하다, 통근하다

If you have to **commute** to work or travel for work, the cost of gasoline will eat into the budget.

당신이 출근을 하거나 일을 하러 외근을 가야 할 경우, 기름값은 예산에서 쓰게 될 것입니다.

---

conform
[kənfɔ́ːrm]
v. 따르게 하다, 맞게 하다

Baby tablewares must **conform** to strict safety standards.

아기용 식기는 엄격한 안전 기준에 따라야 한다.

유 v. follow, comply

---

coordinate
[kouɔ́ːrdənət, -nèit]
a. 동등한
v. 대등하게 하다, 조정하다, 조화하다

I tried for something earlier, but noon was the only time I could **coordinate** with them.

더 일찍 시간을 잡아보려고 했지만, 그 사람들하고 맞출 수 있는 시간이 12시밖에 안 되었습니다.

유 a. equal v. adjust

---

currency
[kə́ːrənsi]
n. 통화, 유통

The oil price rise is to blame for the instability of international **currency**.

유가 상승의 원인은 국제 통화의 불안정이라고 나타났다.

duty
[djúːti]

n. 의무, 임무, (pl.) 세금

Her **duties** included training employees to familiar with a variety of computer programs.

그녀의 임무는 직원들이 여러 가지의 컴퓨터 프로그램들에 익숙해지도록 교육하는 것이었다.

exclude
[iksklúːd]

v. 배제하다, 제외하다, 축출하다

This **excludes** areas where industrial building renovations are in progress.

현재 공장 보수 공사가 진행 중인 곳은 예외입니다.

반 v. include

experiment
[ikspérəmənt]

n. 실험
v. 실험하다

The white rats are very sensitive to changes in their environment and therefore make good test subjects for **experiments**.

흰쥐는 환경의 변화에 매우 민감하여 훌륭한 실험용 대상입니다.

explore
[ikaplɔ́ːr]

v. 탐험하다, 탐구하다, 조사하다

After that, you'll be free to **explore** the small museum and the gift shop.

그 시간 이후에는 자유 시간을 드릴 테니 조그만 박물관과 선물 가게를 둘러보시기 바랍니다.

유 v. search, probe

flavor/-vour
[fléivər]

n. 풍미, 멋, 향기
v. 풍미를 더하다

Oysters served up with just the right touch of unique taste and **flavor**.

굴의 독특한 맛과 향의 특성이 그대로 살아서 나옵니다.

유 n. taste

illustrate
[íləstrèit, ilʌ́streit]
영 [íləstrèit]

v. 설명하다, 삽화를 넣다

The recent downturn in the stock market **illustrates** the importance of knowing financial flows.

최근 주식 시장의 침체는 금융 흐름을 아는 것이 얼마나 중요한지를 보여 줍니다.

insist

[insíst]

v. 강요하다, 우기다, 주장하다

I know of several executives who still **insist** on taking meals together to close a deal.

지금도 거래를 맺을 때 식사를 함께 해야 한다고 **주장하는** 임원들이 여럿 있는 걸로 안다.

파 a. insistent 강요하는 n. insistence 강요, 주장

involve

[inváɪv] 영 [-vɔ́lv]

v. 포함하다, 수반하다

The side effects usually **involve** a severe, throbbing pain on one side of the stomach, plus nausea.

부작용은 흔히 한쪽 배에 콕콕 쑤시는 듯한 심한 통증이 오면서 메스꺼움을 **동반합니다.**

파 a. involved 복잡한 n. involvement 관련, 연루

jewel

[dʒúːəl]

n. 보석, 장신구

Today, **jewel** bearings are used widely in sensitive measuring equipment.

오늘날 **보석** 착용은 감각 측정 도구로서 널리 이용된다.

유 n. gem

literature

[lítərətʃər, -tʃùər]
영 [lítərətʃə]

n. 문학, 문헌, 인쇄물

The desk contains **literature** about the business ethics.

책상에는 기업 윤리에 대한 **인쇄물**이 있다.

유 n. text, writing

manufacturer

[mænjufǽktʃərər]

n. 제조업자(회사), 제작자

This company is the nation's largest **manufacturer** of washing machines and air conditioners.

이 회사는 국내 최대의 세탁기와 에어컨 **제조업체**이다.

marble

[máːrbl]

n. 대리석, 구슬

This product is not recommended for use on **marble**, cement, or glass surfaces.

이 제품은 **대리석**, 시멘트 또는 유리 표면에 사용하지 않는 것이 좋다.

military
[mílitèri]
a. 군의, 육군의

In some countries, **military** service is mandatory for all males.
일부 국가에서, 군 복무는 모든 남성들에게 의무적이다.
(유) a. soldierly

notify
[nóutəfài]
v. 알리다, 신고하다, 통지하다

I am writing to **notify** you of my interest in attending the opening ceremony in Thailand.
태국에서 열릴 준공식 참석에 관심이 있음을 알리기 위해 이메일을 씁니다.
(유) v. inform, announce

occur
[əkə́:r]
v. 일어나다, 생기다

Most burns **occur** when one is not expecting an accident.
대부분의 화상은 사고를 예상하지 않았을 때 발생하는 경우가 많습니다.
(유) v. happen
(파) n. occurrence 발생, 사건

plunge
[plʌ́ndʒ]
v. 던져 넣다, 뛰어들다, ~를 처넣다

A coastal waterfall is a waterfall that **plunges** straight into the sea.
해안 폭포는 바다로 바로 떨어지는 폭포이다.

remainder
[riméindər]
n. 나머지
a. 나머지의

No funds for retirement can be authorized for the **remainder** of the fiscal year.
남은 회계 연도 기간 동안 퇴직금은 결제되지 않을 것이다.

shallow
[ʃǽlou]
a. 얕은, 천박한, 얄팍한, 호흡이 얕은

In a **shallow**, medium bowl, mix apple, red pepper, garlic powder, salt, and pepper.
깊지 않은 중간 크기 사발에 사과, 고춧가루, 마늘 가루, 소금, 후추를 넣고 섞는다.
(반) a. deep

shrink

[ʃríŋk]

v. 오그라들다, 줄다, 줄어들게 하다

Knitted woolen garments **shrink** in hot water.

울로 짜여진 원단들은 뜨거운 물에서 줄어든다.

유 v. narrow, contract, shorten
반 v. expand, stretch

sophisticated

[səfístəkèitid]

a. 순진하지 않은, 세련된, 고도로 발달한

Many factories are electrified and used **sophisticated** machinery that automates many kinds of processes.

많은 공장들이 전력화되고, 정교한 기계들을 이용하여 공정의 상당 부분을 자동화하고 있다.

유 a. experienced

thoroughly

[θɔ́:rouli]

adv. 완전히, 철저히

As always, read **thoroughly** before signing anything.

언제든, 무엇을 서명하기에 앞서 철저히 읽어 봐야 한다.

trace

[tréis]

n. 흔적, 자취, 발자국
v. 더듬다, 긋다

The foundations of New Zealand environmental law can be **traced** to the law of Britain.

뉴질랜드의 환경법의 근본은 영국의 법을 통해 이루어 졌다고 할 수 있다.

유 v. follow

trim

[trím]

v. 다듬다, 장식하다, 삭감하다
a. 산뜻한, 날씬한

This would also be a good way to **trim** down the budget.

이것은 또한 예산을 줄이는 데 좋은 방법이 될 것입 니다.

유 a. thin, plain, slim

vegetarian

[vèdʒətɛ́əriən]

n. 채식자, 초식 동물
a. 채식주의의, 야채만의, 채식의

This is a fresh broccoli stew, a very light **vegetarian** stew.

이건 신선한 브로콜리 스튜죠. 매우 산뜻한 순 야채 스 튜입니다.

audience

[ɔ́:diəns]

n. 청중, 관중, 관객, 팬

The **audience** gets pleasure from the performers; the performers gets pleasure from the the **audience**.

관객은 배우로부터 기쁨을 느끼고, 배우는 관객으로부터 기쁨을 느낍니다.

윤 n. viewer, spectator, listener

carve

[ká:rv]

v. 베다, 새기다

The warning "No scribbling" is **carved** into a wall.

벽에는 "낙서 금지"라는 경고 문구가 새겨져 있다.

윤 v. engrave, etch

파 n. carver 조각가

certification

[sə̀:rtəfikéiʃən, sərtifə-]

n. 증명, 증명서, 상장 수여

The **certification** procedure was more simple than we thought.

증명서 발급 절차가 생각한 것 이상으로 훨씬 간단했다.

파 v. certify 보증하다, 증명하다

channel

[tʃǽnl]

n. 수로, 해협, 채널, 경로

On a sunny day the town could be seen across the **channel**.

맑은 날이면 해협 건너편의 그 마을을 볼 수 있었다.

윤 n. station, network, frequency

congestion

[kəndʒéstʃən]

n. 밀집, 폭주, 혼잡

The biggest problem facing the city is housing shortage and traffic **congestion**.

그 도시가 당면한 가장 큰 문제는 주택 부족과 교통 체증이다.

윤 n. crowding

designated
[dézignèitid]
a. 지정된, 관선의

Designated trademarks and company names are the property of their owners.

등록된 상표와 회사명들은 그 소유자들의 재산이다.

embassy
[émbəsi]
n. 대사관

The angry citizens forced an entry into the U.S. **Embassy**.

성난 시민들이 미국 **대사관**에 밀고 들어갔다.

emergency
[imə́:rdʒənsi]
n. 비상 사태
a. 긴급한

Except in **emergency** situations, it is a good idea to check what your insurance covers before receiving treatment.

긴급 상황인 경우를 제외하고, 치료를 받기 전에 보험 범위를 확인하는 것은 좋은 생각입니다.

⊕ n. crisis, disaster　a. urgent

exotic
[igzátik]
a. 이국적인, 외래의

Simply climb into bed at night, and have a breakfast in a new, **exotic** location.

밤이 되면 잠자리에 들고 아침에는 새로운 **이국적인** 장소에서 식사를 하십시오.

⊕ a. foreign, strange, unusual

fiber
[fáibər]
n. 섬유

Spandex, a chemical **fiber**, for example, is considered to be the world's most desirable.

예를 들어 화학 섬유의 일종인 스판덱스는 세계에서 가장 좋은 **섬유**로 알려져 있습니다.

hospitality
[háspətǽləti]
n. 환대, 친절히 접대함

The president is trying to increase tourism by advertising the country's reputation for **hospitality**.

대통령은 **친절**한 나라 이미지를 홍보하여 관광 사업을 발전시키려 애쓰고 있다.

⊕ n. welcome, kindness　⊛ n. inhospitality

impending

[impéndiŋ]

a. 임박한, 절박한

Some employees have still not received notice about the **impending** amendments to the company's new no-smoking policy.

일부 직원들은 **곧 있을** 회사의 새로운 금연 방침에 대한 통고를 아직도 받지 못했다.

inaccuracy

[inǽkjurəsi]

n. 부정확, 정밀하지 않음, 잘못, 틀림

The drama is entertaining but full of historical **inaccuracies**.

그 드라마는 재미는 있지만 사적(史的) **오류**로 가득하다.

반 n. accuracy

janitor

[dʒǽnətər]

n. 문지기, 수위, 관리인

The plans for moving must be turned in to the **janitor**'s office.

이사 계획은 **관리**실에 제출해야 한다.

유 n. doorkeeper

obstruct

[əbstrʌ́kt]

v. 막다, 차단하다

They don't **obstruct** building entrances, windows, or hallways, including the doorways of their own house.

그들은 건물 입구, 창문, 복도는 물론 자신의 집 입구를 **막아놓지** 않는다.

유 v. block, impede, hinder

ordinary

[ɔ́ːrdənèri]

a. 평상의, 보통의, 일반의

His new album is certainly out of the **ordinary**. I've never heard anything like it before.

그의 새 앨범은 확실히 비**범**한 것이다. 나는 그러한 것을 전에 들어본 적이 없다.

유 a. common, fair, usual

permit

[pərmít]

v. 허락하다, 허가하다

n. 허가

Smoking is not **permitted** anywhere in the hospital.

병원 내 어디에서도 흡연을 **허락하지** 않습니다.

유 v. let 반 v. forbid

reaction

[riǽkʃən]

n. 반작용, 반동, 반응

Consumer **reaction** to the new model has been very gratifying.

신모델에 대한 소비자들의 반응은 만족스러운 것이었다.

remain

[riméin]

v. 남다, 여전히 ~이다

Auto exports are expected to **remain** stable for the next few months.

자동차 수출이 앞으로 몇 개월 동안 안정세를 유지할 것으로 보인다.

유 v. keep, stay, last
반 v. change

reveal

[riví:l]

v. 드러내다, 누설하다, 보이다

The truth will be **revealed** at the end of the matter, not the beginning of it.

그 사실은 시작할 때가 아닌, 문제의 마지막에 드러낼 예정이다.

유 v. disclose, expose, uncover   반 v. hide

revision

[rivíʒən]

n. 개정, 복습, 계획의 수정

I've enclosed a **revision** of the manuscript as we discussed yesterday morning.

어제 오전에 함께 토의한 대로 원고의 수정된 내용을 동봉합니다.

segment

[ségmənt]

n. 단편, 조각
v. 분할하다, 분열하다

The following is a **segment** from digital audio broadcasting.

다음은 디지털 라디오 방송 내용의 일부분입니다.

유 n. section
파 a. segmental 부분의

site

[sáit]

n. 대지, 사이트(web site)
v. ~의 위치를 차지하다

A fuller description of our products and corporate information is available on our web **site**.

본사 제품과 회사 정보에 대한 더 자세한 내용은 저희 웹사이트에서 얻으실 수 있습니다.

solar
[sóulər]
a. 태양의

Eventually, all buildings in Putrajaya will come equipped with **solar** panels.

결국에는, 푸트라자야에 있는 모든 건물에 **태양열**판이 설치될 것이다.

stock
[sták]
n. 재고품, 저장, 주식, 줄기

Many analysts think the **stock** market will be in danger of overreacting to the earnings slowdown.

많은 **주식** 애널리스트들은 주식 시장이 수입 감소에 대한 과잉 반응으로 위험에 처할 것이라고 생각한다.

submit
[səbmít]
v. 복종시키다, 제출하다

Contract bids can be **submitted** to management for approval.

계약 입찰 신청서는 승인을 하는 담당자에게 **제출하십시오.**

㈜ v. surrender, present, proffer

substitute
[sʌ́bstətjùːt]
v. 대리를 시키다, 대신하다

Ms. Smith will **substitute** for me while I'm in London.

제가 런던에 있는 동안 스미스 씨가 제 업무를 **대행할** 것입니다.

㈜ v. replace

surface
[sə́ːrfis]
n. 겉, 표면
a. 표면의, 외관의

The manager emphasizes the **surface** should be dry and clean so the tiles will stick properly.

담당자는 타일이 적절하게 붙어 있기 위해서 **표면**은 건조하고 깨끗해야 한다고 강조합니다.

㈜ a. opencast, aboveground

switch
[swítʃ]
n. 스위치, 회초리
v. 변경하다, 바꾸다

I'm hesitant to **switch** meeting place, but we may have to.

회의 장소를 **바꾸기**가 좀 망설여지지만, 아무래도 그렇게 해야 할 것 같습니다.

㈜ v. shift, change, divert

Day 28

acquainted
[əkwéintid]
a. 정통한, 안면이 있는

You must be well **acquainted** with this locality.
이 근처의 지리를 잘 숙지하고 있어야 합니다.
유 a. familiar

adjacent
[ədʒéisnt]
a. 이웃의, 인접한

Skiing was popular during the 1950s at a ski hill located **adjacent** to what is now a golf course.
스키는 1950년대에 현재 골프장인 곳에 인접한 스키 언덕에서 인기 있었다.
유 a. close, near, connected

amusement
[əmjúːzmənt]
n. 재미, 즐거움, 오락

A ticket holder will receive a 15% discount at a certain area of the **amusement** park.
티켓 소지자는 놀이공원의 특정 지역에서 15% 할인을 받을 것입니다.
유 n. entertainment, diversion, pleasure

colleague
[káliːg] [kɔ́liːg]
n. 동료

Perhaps if you asked her respectfully as a **colleague**, she would send you a copy of the report.
만약에 당신이 그녀에게 공손하게 동료로서 부탁한다면, 그녀는 보고서 사본을 당신에게 줄 것입니다.
유 n. co-worker, part, comrade

combined
[kəmbáind]
a. 결합된, 합동의, 화합한

Around 100 workers would be forced out from the **combined** companies.
합병된 회사에서 약 100명의 직원이 퇴출될 것이다.
유 a. compounded
반 a. uncombined

conservation

[kànsərvéiʃən]

n. 보존, 보호, 유지, 절약

I want to tell you of the new water **conservation** program that will start next month.

저는 다음 달에 시작될 물 절약 프로그램을 귀하에게 알려드리고 싶습니다.

반 n. dissipation

critical

[krítikəl]

a. 비평의, 위기의, 위독한

Hospital officials say that he is in **critical**, but his life is not endangered.

병원 관계자는 그가 중상이지만, 목숨이 위태롭지는 않다고 말하고 있습니다.

유 a. disapproving, judgemental

disease

[dizíːz]

n. 병, 질병

One in five girls ages 14 to 19 infected with at least one of five common **diseases**.

14살에서 19살의 5명 중 한 명의 소녀는 최소한 5가지의 일반적인 질병 중 한 가지에 감염되어 있다.

유 n. illness, ailment

district

[dístrikt]

n. 지구, 지역

The virus strain killed 34 people in the northern **district**.

바이러스 변종으로 인해 34명이 북부 지역에서 사망했다.

유 n. area, region

exhibit

[igzíbit]

v. 전시하다, 나타내다
n. 전시, 전람

The botanic garden **exhibited** domestic plants along with its international ones.

식물원은 국내·외 식물들을 전시했다.

fabric

[fǽbrik]

n. 직물, 천

This fabric conditioner keeps **fabrics** looking and feeling crisp and fresh longer.

이 섬유 유연제는 옷감을 보송보송하고 막 손질한 듯한 모양과 촉감으로 오랫동안 유지시켜 줍니다.

유 n. texture

ingredient

[ingrí:diənt]

n. 성분, 재료

It was decided that the lunch buffet would offer only the freshest **ingredients**.

점심 부페에는 가장 신선한 재료만을 내놓기로 결정했다.

(유) n. component, element

initial

[iníʃəl]

a. 처음의
n. 머리글자

An unknown reason had forced the plane to fail its **initial** landing attempt.

이 여객기는 알 수 없는 이유로 첫 번째 착륙에 실패했습니다.

(유) a. first, primary

meaningful

[mí:niŋfəl]

a. 의미심장한, 가치있는

He gave many ideals and dreams in his poems that are very strong and **meaningful**.

그는 매우 강하고 가치 있는 그의 시에서 많은 이상과 꿈을 제공했다.

(유) a. significant (반) a. trivial

opposite

[ápəzit] (영) [ɔ́pəzit]

a. 반대편의, 정반대의
n. 정반대의 일
adv. 정반대의 위치에

This Saturday is the grand opening of The ABC Mart **opposite** the multiplex shopping mall on Route eleven.

루트 11번가의 복합 쇼핑몰 맞은편에 위치한 ABC마트가 이번 토요일에 성대한 개점식을 갖습니다.

(유) a. reverse, contrary n. contrast

oversee

[ðuvərsí:]

v. 감독하다, 두루 살피다, 목격하다, 지켜보다

Ms. Julie **oversees** about 18 schools in the area.

줄리 씨는 그 지역의 약 18개의 학교를 관리한다.

(유) v. supervise

(파) n. overseer 감독

poverty

[pávərti] (영) [pɔ́vəti]

n. 빈곤, 가난

The United Nations adopted a new program to alleviate **poverty**.

UN은 빈곤을 덜 줄 새로운 제도를 채택했다.

(유) n. need, deprivation, penury

preserve

[prizə́:rv]

v. 보호하다, 보존하다

The best way to **preserve** the environment is by getting rid of excess people and creating wilderness zones.

환경을 보존하는 최상의 방법은 과밀 인구를 없애고, 자연 보호 구역을 만드는 것이다.

㉮ v. protect, keep, save, maintain

prevent

[privént]

v. 막다, 방해하다, 예방하다

Smoking may be prohibited in a restaurant, it isn't necessarily **prevented**, people can break the prohibition.

흡연은 식당에서 금지되겠지만, 반드시 막아지지는 않는다. 사람들은 그 금지사항을 깰 수 있다.

previous

[prí:viəs]

a. 앞의, 이전의

As in **previous** years, Educare College is offering staff fewer working hours this winter vacation.

에듀케어 대학은 전년도와 마찬가지로 이번 겨울 방학에도 근무 시간 단축을 시행할 계획입니다.

㉮ a. earlier, former, prior

process

[práses]

n. 과정, 공정, 진행

v. 가공하다

This is a problem in many manufacturing **processes**, especially the oil industry.

이는 많은 제조 공정상의 문제로, 특히 석유 산업에서 그러하다.

㉮ n. procedure, routine

rapid

[rǽpid]

a. 빠른, 급한, 신속한

China's **rapid** economic development has brought its wage growth.

중국의 급속한 경제 성장은 임금 상승을 가져오고 있습니다.

㉮ a. quick, fast, hurried

recognize/ -ise

[rékəgnàiz]

v. 인정하다, 알아주다

He is **recognized** internationally as an expert on Chinese art.

그는 중국 미술에 대한 전문가로서 국제적으로 인정받고 있다.

🛈 v. acknowledge, appreciate

recommend

[rèkəménd]

v. 추천하다, 권하다

As you'll see, we here at FashionNow Monthly **recommend** different types of make-up.

아시게 되겠지만, 저희 패션 나우 월간지는 여러 종류의 화장법을 추천해 드리고 있습니다.

rent

[rént]

n. 지대, 집세
v. 임대하다

Buying a car is a better value than **renting** a car.

차를 구입하는 것이 차를 빌리는 것보다 비용면에서 유용하다.

🛈 n. v. hire, lease

stimulate

[stímjulèit]

v. 자극하다, 격려하다

Lower prices for televisions and cars are expected to **stimulate** demand.

텔레비전과 자동차 가격 하락은 수요를 자극할 것으로 예상된다.

🛈 v. arouse, stir, inspire

survey

[sərvéi]

v. 바라보다, 조사하다
n. 측량, 조사

Twenty years ago hunting was banned, but a **survey** found less than 300 bears remaining.

20년 전에 사냥은 금지되었지만, 조사 결과 남아 있는 곰은 300마리가 채 안 되었습니다.

🛈 n. poll, sample, inquiry

suspend

[səspénd]

v. 매달다, 중지하다

Due to a strike, production on Line 3 has been temporarily **suspended**.

파업으로 인해, 3번 라인의 생산이 일시적으로 중단되었다.

🛈 v. hang, dangle, adjourn

Day 29

Daily TOEIC Voca

browse

[bráuz]

v. 연한 잎을 먹다, 읽다, 열람하다

n. 연한 잎, 열람, 검색

If you have additional questions, **browse** through this book.

추가적인 질문이 있다면, 이 책을 살펴보십시오.

반 v. surf, skim

---

caution

[kɔ́:ʃən]

n. 조심, 신중

v. ~에게 경고하다

Most medical experts **caution** against taking too much exercise to lose weight.

대다수의 의학 전문가들은 체중 감량을 위해 운동을 너무 많이 하는 것은 위험하다고 경고한다.

유 v. warn, alert 반 n. incaution

---

certify

[sə́:rtəfài]

v. 보증하다, 증명하다

All documents must be either originals or copies **certified** by the issuing agency.

모든 서류는 발행 기관에서 인증받은 원본이거나 복사본이어야 합니다.

유 v. assure 반 v. decertify

---

contradict

[kàntrədíkt]

영 [kɔ̀ntrədíkt]

v. 부정하다, 모순되다

The only strange thing was, they **contradicted** each other.

한 가지 이상한 점은, 그 두 가지가 서로 모순된다는 사실이었다.

유 v. deny, dispute 반 v. confirm

---

deny

[dinái]

v. 부인하다, 거절하다

She does not need to entirely accept or **deny** his theory.

그녀는 그의 이론을 완전하게 받아들이거나 거부할 필요가 없다.

유 v. contradict, repudiate

반 v. admit, allow, permit

enclose

[inklóuz]

v. 에워싸다, 동봉하다, 넣다

The application form you will need to apply are **enclosed**.

귀하의 지원에 필요한 지원서를 **동봉합니다**.

㊀ v. include, surround

㊊ a. enclosed 둘러싸인

file

[fáil]

n. 서류철, 서류
v. 철하다, 제기하다

The **files** must be kept in secure containers where they can't be read easily by someone passing by.

서류들은 누군가가 지나가면서 쉽게 읽지 못하도록 비밀 컨테이너에 보관되어야만 한다.

graceful

[gréisfəl]

a. 우아한

The audience was extremely impressed by the **graceful** opera.

그 **우아한** 오페라에 관객들은 깊은 감동을 받았다.

㊀ a. delicate, elegant

㊁ a. awkward, inelegant

immigrant

[ímigrənt]

n. 이민, 이주자
a. 이주자의

When a new **immigrant** enters a country, the surrounding people try to change the **immigrant** into what their culture or society expects.

새로운 **이민자**가 한 국가에 들어오면, 주변 인물들은 그 **이민자**를 사회와 문화가 바라는 대로 변화시키려고 한다.

itinerary

[aitínərèri, itín-]
㊁ [aitínərəri]

n. 여행 스케줄, 방문지 리스트, 여행기

Attached is the purpose and **itinerary** of the visit.

첨부된 서류는 귀하의 방문 목적과 **여행 일정표**입니다.

㊀ n. schedule, programme

junk

[dʒʌŋk]

n. 폐물, 고물
a. 고물의

Give up all **junk** food and cut back on your salt intake.

모든 **영양가 없는 인스턴트** 식품을 먹지 말고, 소금 섭취를 줄이십시오.

㊀ n. trash, waste, rubbish

jury
[dʒúəri]
n. 배심, 심사 위원회
v. 심사하다, 평가하다

The grand **jury** indicted three former banking executives for fraud.
대법원은 3명의 전직 은행 행정관들을 사기죄로 기소했다.

negotiate
[nigóuʃièit, -si-]
v. 협상하다, 협정하다, 교섭하다

There are a few issues we'll need to consider when we **negotiate** with different countries.
다른 나라와 협상을 할 때 고려해야 할 몇 가지 사항들이 있습니다.
㊬ phr. deal with v. discuss, mediate

panel
[pǽnl]
n. 패널(직사각형의 합판), 벽판, 토론자단
v. 패널[벽판]을 끼우다

You have to lift up the front **panel** to find a hand lever.
앞덮개를 올리면 수동식 레버를 찾을 수 있어요.

perception
[pərsépʃən]
n. 인식, 지각, 직관

There's a common **perception** that the board members waste hours every day just having a meeting.
이사진들은 매일 회의를 하는 데만 수 시간씩 허비하고 있다는 인식이 널리 퍼져 있습니다.
㊬ n. consciousness, insight

persistent
[pərsístənt]
a. 고집 센, 완고한, 지속성의

Persistent discounts in the industry has led to intensely competitive pricing.
업계의 할인이 지속되면서 가격 경쟁이 치열해졌다.
㊬ a. continual, stubborn

proficiency
[prəfíʃənsi]
n. 숙달, 능숙

He reached a reasonable level of **proficiency** in Microsoft Power Point and Excel.
그는 파워포인트와 엑셀에 관해 상당한 능력의 수준에 도달했다.

refined

[ri:fáind]

a. 정제된, 세련된

Try changing your diet by reducing the amount of **refined** grains and sugars in your meals.

식사 시 정제된 곡식과 설탕의 양을 줄이도록 식단을 바꾸셔야 합니다.

relevant

[rélavant]

a. 관련된, 적절한, 상대적인

The association will seek help from **relevant** ministries.

협회에서는 관계 부처의 도움을 요청할 것이다.

유 a. applicable, pertinent

반 a. irrelevant

sightseeing

[sáitsì:iŋ]

n. 관광, 유람
a. 관광의, 유람의

In 2005 the route was open for **sightseeing** tours.

2005년에 그 길은 관광 여행을 위해 다시 열렸습니다.

suffer

[sʌ́fər]

v. 경험하다, 견디다, 괴로워하다

During a 2005 interview, Somers denied rumors that she had **suffered** from cancer.

2005년 인터뷰에서, 소머는 그녀가 암을 앓았다는 루머를 부인했다.

반 v. enjoy   phr. be well

suppress

[səprés]

v. 억압하다, 억누르다, 참다

Taking this diet supplement will **suppress** your appetite and leave you feeling satisfied.

이 다이어트 보조제를 먹으면 식욕이 억제되면서 포만감을 느끼실 겁니다.

유 v. crush, control

surpass

[sərpǽs, -pá:s]
영 [səpá:s]

v. ~ 보다 낫다, 능가하다, 초월하다

Damage estimates in the northwest region continue to **surpass** those for all the other regions combined.

북서부 지역의 재산 피해액은 다른 모든 지역 재산 피해액을 합한 것을 계속해서 웃돌고 있다.

파 a. surpassing 빼어난

suspect
[səspékt]

v. 짐작하다, ~이 아닌
가 하고 생각하다
n. 용의자

Employees **suspected** of leaving the seats too often will be asked to justify their requests.

자리를 너무 자주 비운다고 **의심이 가는** 직원은 정당한 이유를 제시하라는 요구를 받게 될 것입니다.

유 v. disbelieve, distrust, doubt

takeover
[téikòuvər]

n. 인계, 인수, 탈취,
경영권 취득

Almost one thousand workers would be lost their jobs as a result of the **takeover**.

기업 인수로 거의 1천 명이 실직하게 되었다.

tenant
[ténənt]

n. 차용자, 거주자,
세입자

He can't collect a back rent other than by suing the **tenant**.

그는 **세입자**를 고소하는 것 이외에는 밀린 집세를 받을 방법이 없다.

유 n. occupant, guest, resident

transfer
[trænsfə́:r]

v. 옮기다, 이동하다,
갈아타다
n. 이전

Henry James will **transfer** to the accounting department next month.

헨리 제임스는 다음 달에 경리부로 팀을 **옮길** 것이다.

유 v. move, shift, change

vehicle
[ví:ikl, ví:hi-]
영 [ví:ikl]

n. 탈것, 차

The **vehicle** can now be operated for up to 10 hours without being refueled.

그 **자동차**는 연료를 넣지 않고 최대 10시간 운행할 수 있다.

vinegar
[vínigər]

n. 식초

Bring **vinegar**, soy sauce, and pinch of sugar in a small saucepan to boil over low heat.

식초, 간장, 소량의 설탕을 작은 냄비에 넣고 약한 불에서 끓인다.

---

award

[əwɔ́:rd]

v. 수여하다

n. 상

Accepting the **award** tonight is Mr. Logan Ferguson, president of Star & Moon Group.

오늘 밤 이 상을 수상하실 분은 스타 앤 문의 로건 퍼거슨 사장님이십니다.

유 v. grant, confer n. prize, gift

---

burden

[bə́:rdn]

n. 무거운 짐, 짐, (배의) 적재력

v. 짐을 지우다

You can't load more than 1 ton on this ship of **burden**.

당신은 이 화물선에 1톤 이상 실을 수 없습니다.

반 v. unburden

---

complex

[kəmplɛ́ks]

a. 복잡한, 복합의

n. 복합체, 공장 단지

Rarely have the company's business conditions been more **complex** and subject to change.

회사 상황이 지금처럼 복잡하고 갈피를 잡기 어려운 때는 거의 없었다.

유 a. complicated, elaborate

---

confidence

[kánfədəns]

영 [kɔ́nfədəns]

n. 신임, 자신

Confidence in government measures to shore up the economy is growing, too.

경제를 지지하고자 하는 정부 대책에 대한 신뢰도 역시 점점 높아지고 있습니다.

유 n. self-confidence, assertiveness

---

courtesy

[kə́:rtəsi]

n. 예의, 호의

a. 예의상의

Please do me the **courtesy** of listening to what I'm saying.

제발 내 말에 귀를 기울이는 정도의 예의는 보여줘.

유 n. favor

cultivation

[kʌltəvéiʃən]

n. 경작, 재배, 양성

Every issue contains a collection of helpful articles topics ranging from decorating the house to foreign plants **cultivation**.

매 호마다 집 꾸미기에서부터 외래종 식물 **재배법**에 이르기까지 주제별로 유용한 기사들이 특집으로 실려 있습니다.

detour

[díːtuər, ditúər]

n. 우회, 우회로
v. 돌아서 가다

Construction on the Millwood Bridge required them to take a **detour**.

밀우드 다리 위의 건설 공사 때문에 그들은 **우회**해야 했다.

devise

[diváiz]

v. 궁리하다, 고안하다

They **devised** new processes and manu-facturing techniques at the factory.

그들은 공장에서 새로운 공정과 제조 기술을 **고안해 냈다.**

ⓤ phr. think up v. contrive

discharge

[distʃáːrdʒ]

v. 짐을 부리다, 발사하다,
배출하다, 해방하다
n. 유출, 방출

The maximum **discharge** rate for a NiCb battery varies by size.

NiCb 배터리의 최대 **유출**률은 크기에 따라 달라진다.

ⓤ v. free, dismiss

domestic

[dəméstik]

a. 가정의, 가정적인,
국내의
n. 하인

The **domestic** educational market will soon be opened to foreign universities.

국내 교육 시장이 곧 외국 대학들에 개방될 것이다.

ⓤ a. national, internal, native, indigenous
ⓡ a. foreign

employ

[implói, em-]

v. 쓰다, 고용하다

This greater demand will make com-panies **employ** more people in order to output more.

이 엄청난 수요는 회사로 하여금 더 많은 생산을 위해 더 많은 사람을 **고용하게** 할 것이다.

ⓤ v. spend, apply

forfeit

[fɔ́ːrfit]

n. 벌금, 상실
v. 상실하다

Any unused year off will not roll over and employees will **forfeit** the time.

사용하지 않은 연차는 이월되지 않으므로, 사원들은 휴가를 **상실하게** 됩니다.

㊒ v. relinquish, surrender n. penalty, fine

halfway

[hǽfwèi]

adv. 중도에서
a. 중간의

The construction of the university library is about **halfway** complete.

대학 도서관 건립이 **절반** 정도 완료되었습니다.

㊒ a. central, intermediate adv. midway

impressive

[imprésiv]

a. 강한 인상을 주는

The response from the public and the media to this event has been really **impressive**.

이 행사에 대한 대중과 언론의 호응이 아주 **인상적입니다** (**대단합니다**).

㊒ a. expert, spectacular

jet lag

[dʒétlæ̀g]

n. 시차로 인한 피로

If you are flying across many time zones, consider using "No **Jet Lag**" pills.

만약 여러 시간대를 비행하다면, "**시차** 없음" 알약을 사용하는 것을 생각해 보세요.

laundry

[lɔ́ːndri]

n. 세탁물, 세탁장, 세탁소

There are three bedrooms, a large living room, a large bathroom, a **laundry**, and an attic.

방이 세 개, 널찍한 거실과 욕실, **세탁실**과 다락도 있습니다.

㊒ n. washing

mass

[mǽs]

n. 큰 덩어리, 모임, 일반 대중
a. 대중의

Enhanced **mass** transit services may also provide more comfortable riding.

향상된 **대중**교통 서비스는 또한 더 편안한 탑승을 제공할 것입니다.

㊒ n. lump a. collective, general

mount

[máunt]

v. 증가하다, 늘다, 오르다
n. 언덕, 산

Evidence continues to **mount** that bad habits play a key role in the course of nearly all major diseases.

나쁜 버릇과 관련된 요인들이 거의 모든 주요 질병의 진행에서 중요한 역할을 한다는 증거가 계속해서 나오고 있다.

반 v. wane, ascend, climb

overnight

[óuvərnàit]

a. 밤을 새는, 밤새의, 익일 배달의
adv. 밤새

Your order will be shipped to you via **overnight** courier.

주문하신 물건은 하루 걸리는 속달 서비스 편에 귀하께 보내 드리겠습니다.

rear

[ríər]

n. 뒤, 뒷부분
a. 후방의

Toilets and food service are available in the **rear** car.

뒤쪽 객차로 가시면 화장실과 식당을 이용하실 수 있습니다.

유 n. back, tail, end   반 n. front

represent

[rèprizént]

v. 나타내다, 의미하다, 대리하다

Remember, Calls of inquiry **represents** potential income for our company.

문의 전화는 우리 회사에 잠재적인 수입원을 의미한다는 점을 명심하십시오.

유 v. constitute, embody, describe, express

retain

[ritéin]

v. 계속 유지하다, 간직하다, 고용하다

Please **retain** these e-mails for future reference.

앞으로 참고할 수 있도록 이 이메일들을 보관하고 계십시오.

유 v. keep, maintain, preserve

scatter

[skǽtər]

v. 흩뿌리다, 뿌리다, 뿔뿔이 흩어지다

Scatter a pinch of salt and pepper over the sliced fish.

소량의 소금과 후추를 얇게 잘린 생선 위에 뿌린다.

유 v. spread, strew, disperse
파 a. scattered 뿔뿔이 흩어진

statement

[stéitmənt]

n. 말함, 진술, 계산서

Always check the credit card **statement** for erroneous charges.

잘못된 요금이 있는지 항상 신용카드 **명세서**를 확인하십시오.

⊕ n. comment, announcement, remark, declaration

stir

[stə́ːr]

v. 휘젓다, 움직이다, 자극하다

Add sugar and orange juice in it and **stir**.

여기에 설탕과 오렌지주스를 넣고 **잘 섞는다**.

⊕ v. beat, whip, whisk

suburb

[sʌ́bəːrb]

n. 교외, 근교

Traffic jams are caused on the highway because many people from the **suburbs** work downtown.

교외 거주자들의 대다수가 도심에서 일하기 때문에 간선도로에 교통체증이 일어난다.

summarize

[sʌ́məràiz]

v. 요약하다

Call this number if you would like to see the more detailed information that this **summarizes**.

여기서 **요약한** 정보의 보다 상세한 내용을 보고 싶으시면 이 번호로 전화 주십시오.

⊕ phr. sum up   v. condense   ㉠ n. summary 요약

tremendous

[triméndəs]

a. 거대한, 굉장한, 무서운

We have been using **tremendous** amounts of oil and gas.

기름과 가스가 **엄청난** 양으로 소비되었습니다.

⊕ a. huge, dreadful, enormous

utensil

[juːténsəl]

n. 기구, 용품, 가정용품

The flea market was overflowing with colorful sports wear and a wide variety of kitchen **utensils**.

그 벼룩시장은 화려한 색깔의 운동복과 다양한 부엌 **용품들**로 넘쳐났다.

Day 31

Daily TOEIC Voca

accelerate

[æksélərèit, ək-]

v. 속력을 빠르게 하다

The automobile **accelerated** to its full speed.

그 자동차는 최고 속도까지 속력을 높였다.

유 phr. speed up v. speed, hasten
파 a. accelerated 속도가 붙은

analyze / -lyse

[ǽnəlàiz]

v. 분석하다, 해석하다

It will take three days to enter the problems into the computer, and at least 10 days to **analyze** them.

문제를 컴퓨터에 입력하는 데 사흘이 걸리고, 그 문제를 분석하는 데는 최소한 열흘이 걸릴 것이다.

유 v. examine, research, survey

arouse

[əráuz]

v. 깨우다, 자극하다

The consumer groups tried to **arouse** public opinion against the bill.

그 소비자 단체는 그 법안에 대한 반대 여론을 환기시키려고 하였다.

유 v. awake, excite, stimulate

belly

[béli]

n. 배, 복부

A pair of pants with waist-rubber band works well if your **belly** is not quite pancake flat.

허리선이 고무 밴드로 된 바지는 배가 약간 나온 사람들한테 좋다.

유 n. abdomen, paunch

cater

[kéitər]

v. 음식물을 조달하다,
오락을 제공하다

Smith's **Catering** Services will offer the best value for your reception.

스미스의 음식 제공 서비스는 당신의 연회에 최고의 가치를 제공할 것입니다.

conscience

[kánʃəns] 영 [kɔ́nʃəns]

n. 양심

They seem to heed knowledge more than **conscience**.

그들이 중요하게 생각하는 건 **양심**이 아니라 지식인 듯 보인다.

🔁 n. remorse

drought

[dráut]

n. 가뭄

Among the improved breeds are **drought**-resistant corn, soybeans, cotton, and oil-producing canola.

개량종 가운데는 **가뭄** 내성이 강한 옥수수와 콩, 면화, 기름 원료인 카놀라가 있다.

🔁 n. dryness, aridity

enthusiastic/ -tical

[inθjùːziǽstik(əl), en-] 영 [inθjùːziǽstik]

a. 열렬한, 열광적인

They are receiving **enthusiastic** support from the police, local authorities, and the public.

그들은 경찰, 현지 당국자, 그리고 대중으로부터 **열렬한** 지지를 받고 있다.

🔁 a. keen, eager, passionate

establishment

[istǽbliʃmənt]

n. 시설, 설립, 설립물

Most commercial **establishments** will be closed on Wednesday in observance of May Day event.

대부분의 상업 **시설들**은(회사들은) 이번 수요일에 근로자의 날 행사를 경축하여 업무를 보지 않는다.

execute

[éksikjùːt]

v. 실행하다, 집행하다, 사형에 처하다

Passengers are most likely to lose their balances and tumbled over when the bus driver is **executing** a turn.

승객들은 버스 운전자가 방향을 바꾸는 것을 **실행할** 때 (바꿀 때) 균형을 잃고 넘어질 가능성이 가장 높다.

🔁 phr. carry out

grief

[gríːf]

n. 큰 슬픔, 비탄

Media reports should not intrude on people's private **grief**.

언론 보도가 사람들의 사적인 **슬픔**을 침해해서는 안 된다.

🔁 n. sorrow, sadness, unhappiness

indicative

[indíkətiv]

a. 나타내는, 직설법의

All data represent present performance, and should not be considered **indicative** of future results.

모든 데이터들은 현재 실적을 나타내는 것으로, 미래의 결과치를 나타내는 것으로 간주해선 안 된다.

윤 a. revealing

leak

[líːk]

n. 새는 구멍
v. 새다, 새게 하다

You can't fix all the oil **leaks** in the country, but you can fix yours.

나라의 모든 기름 누출 부분을 수선할 수는 없지만, 당신 것은 할 수 있잖아요.

윤 v. seep, drip, discharge

loyal

[lɔ́iəl]

a. 충성스러운, 성실한
n. 충신, 애국자

Personal attention and affordable price are why our customers are **loyal** to us.

개인적 관심과 적당한 가격은 손님들이 우리에게 단골인 이유입니다.

윤 a. faithful, nationalistic 반 a. disloyal

memorandum

[mèmərǽndəm]

n. 비망록, 메모, 각서

I have attached to this **memorandum** a copy of our current catalog for the products you ask for.

이 메모에 요청하신 제품에 대한 카탈로그 한 부를 첨부했습니다.

off-season

[ɔ́ːfsíːzn]

a. 한산한 시기의
n. 한산한 시기

Most airlines offer lower prices during the **off-season**.

대부분의 항공사는 비수기에 항공권을 싸게 판다.

outskirts

[áutskəːrt]

n. 변두리, 교외

We have booked a room at a wonderful hotel on the **outskirts** of town.

교외에 있는 멋진 호텔에 방이 예약되어 있습니다.

pastime

[pǽstàim]

n. 기분 전환, 오락

One of the America's favorite **pastime** was the game of billiards.

미국인이 가장 좋아하는 오락 활동 중 하나는 당구였다.

⊕ n. interest, pursuit

---

plank

[plǽŋk]

n. 널빤지, 두꺼운 판자, 지지물

His assistant is holding a **plank** of wood above some cables.

그의 조수는 케이블 위로 나무 받침대를 들고 있다.

⊕ n. board

---

plaster

[plǽstər]

n. 회반죽, 가루 석고, 반창고

The small cracks in **plaster** had been filled with toothpaste.

회반죽을 바른 벽에 생긴 틈은 치약으로 메워졌다.

⊕ n. bandage

---

refreshment

[rifréʃmənt]

n. 원기 회복, (pl.) 다과

Everyone is invited, and **refreshments** and light snacks will be served.

전원 참석해 주시기 바랍니다. 다과와 가벼운 스낵이 마련될 예정입니다.

---

remedy

[rémədi]

n. 치료, 치료약
v. 치료하다

Most studies suggest ginko is an effective and safe **remedy** for age related confusion and memory loss.

대부분의 연구들은 은행이 나이 관련 정신질환과 기억력 감퇴에 효과적이고 안전한 치료약이라고 제안한다.

---

reproduce

[rì:prədú:s]
영 [rì:prədjú:s]

v. 재생하다, 복사하다, 생식하다

If you are injected with growth hormones, your body's cells will begin to **reproduce** at a more rapid rate.

일단 성장 호르몬을 맞으면, 당신의 신체 세포들은 좀더 빠른 비율로 증식하기 시작할 것입니다.

resist

[rizíst]

v. ~에 저항하다,
반대하다, 삼가다

Some users **resist** the anti-smoking lectures.

금연 프로그램을 **달가워하지 않는** 사람들도 있습니다.

⊕ v. oppose ⊗ v. accept

startling

[stá:rtliŋ]

a. 깜짝 놀라게 하는,
놀라운

The minister has put together a **startling** array of new real estate, construction, and housing plans.

장관은 부동산, 시공, 주택에 관한 **놀라운** 계획들을 내놓았다.

⊕ a. surprising ⊗ adv. startlingly 놀랍도록

storage

[stɔ́:ridʒ]

n. 저장, 창고, 기억 장치

USB ports are becoming the most popular data **storage** medium.

USB 장치는 이제 가장 대중적인 데이터 **저장** 매체로 이용되고 있다.

⊕ n. memory

stray

[stréi]

v. 길을 잃다, 빗나가다
a. 길 잃은

The Wood Green animal shelter finds homes for nearly 1,500 **stray** dogs each year.

우드 그린 동물 보호소는 매년 1천 5백 마리에 가까운 **떠돌이** 개들에게 보금자리를 찾아주고 있다.

⊕ v. wander, deviate

tension

[ténʃən]

n. 긴장

Yoga is also a good way for you to relieve muscle **tension** and reduce stress.

요가는 또한 당신이 근육의 **긴장**을 이완하고, 스트레스를 줄이는 데 좋은 방법이 됩니다.

⊕ n. strain ⊗ a. tensioned 긴장된

trainee

[treiní:]

n. 훈련받는 사람,
직업 훈련을 받는 사람

Trainees can attend the one-week workshop instead of taking online education programs.

훈련생들은 온라인 강좌를 듣는 대신 1주간의 워크샵에 참석할 수 있다.

basement

[béismənt]

n. 최하부, 지계, 지하실

The old invaluable wine is kept in a **basement** storage area.

오래된 귀한 와인은 지하 창고에 보관되어 있다.

유 n. cellar

---

carton

[ká:rtn]

n. 큰 상자, 판지 상자, 큰 판지 상자

These parts were missing from the original packing **carton** of the toy soldier I purchased.

제가 구입한 장난감 병정의 원래 포장 상자에는 이 부품들이 없었습니다.

유 n. box, case, package, container

---

conference

[kánfərəns]

n. 협의, 회의

The first **conference** is scheduled for 2:00 p.m. tomorrow.

첫 번째 회의는 내일 오후 2시에 있을 예정이다.

유 n. meeting, congress, convention

---

confirmation

[kànfərméiʃən]

n. 확정, 확인

I'm still waiting for your **confirmation** of its safe arrival.

저는 잘 도착했는지에 대한 확인을 아직도 기다리고 있습니다.

유 n. verification, identification

---

consequently

[kánsəkwèntli, -kwənt-]
옝 [kɔ́nsikwəntli]

adv. 그 결과

Consequently, most migrant workers are employed in 3D industires.

그 결과, 대부분의 외국인 근로자는 3D 업종에서 일하고 있다.

유 adv. therefore, thus phr. as a result

convention
[kənvénʃən]

n. 집회, 협정, 총회

Millennium Hall is also too small for our **convention**.

밀레니엄 홀 역시 저희 **총회** 규모에 비해 너무 작습니다.

㊀ n. agreement, pact, conference

convey
[kənvéi]

v. 나르다, 전달하다, 알리다

Please **convey** this document to him.

이 서류를 그에게 **전해 주세요**.

㊀ v. transport, transmit, communicate, carry
㊁ phr. take away

encouraging
[inkə́:ridʒiŋ, en-]
㊅ [inkʌ́ridʒiŋ]

a. 격려의, 힘을 북돋아 주는, 유망한

Students are responding positively, which is **encouraging**.

학생들의 반응도 긍정적이어서, 상당히 **고무적입니다**.

㊀ a. supportive
㊁ a. discouraging

exceed
[iksí:d]

v. 넘다, 초과하다

Radiant Corp. said that second-quarter earnings rose by 23%, **exceeding** market forecasts.

레이디언트 사는 2/4분기 수익이 시장의 예측을 **넘어서** 23% 증가했다고 발표했습니다.

㊃ a. exceeding 엄청난 adv. exceedingly 대단히

executive
[igzékjutiv]

a. 실행의, 행정적인, 중역의
n. 임원, 관리직

I'm attaching a copy of the **executive** summaries, tables and charts.

임원용 요약 사본과 도표, 차트를 첨부합니다.

㊀ n. administrator, official

faculty
[fǽkəlti]

n. 능력, 재능, 학부, 대학·고교의 전교 직원

Please meet in the **faculty** room by 3 p.m. on Monday March 16.

3월 16일 월요일 오후 3시까지 **직원** 회의실로 모여 주십시오.

㊀ n. skill, function, staff

fundamental

[fʌndəméntl]

a. 기본적인, 중요한

Now all we need is sweeping and **fundamental** reform.

현재 우리가 필요로 하는 것은 전면적이고 **근본적인** 개혁입니다.

---

hike

[háik]

v. 하이킹하다, 올리다
n. 도보 여행

Parks are popular with people who prefer to jog, and **hike** in outdoor settings.

공원은 야외에서 조깅이나 **하이킹하는** 것을 선호하는 사람들에게 인기 있는 장소이다.

---

incredible

[inkrédəbl]

a. 놀라운,
　믿어지지 않는

Hollywood has the **incredible** ability to influence a huge number of people all over the world.

할리우드는 전 세계의 엄청나게 많은 사람들에게 영향을 미치는 **놀라운** 능력을 지니고 있다.

㈜ a. amazing, wonderful

---

incur

[inkə́:r]

v. 초래하다, (빚을) 지다,
　(손실을) 입다

Students should be responsible for any damages **incurred** to desks, chairs, computers or windows during class.

학생들은 수업 시간 중 책상, 의자, 컴퓨터, 유리창 등에 파손이 **생길** 경우 그에 대한 책임을 져야 한다.

---

interfere

[ìntərfíər]

v. 방해하다, 간섭하다

Ensure that nothing **interferes** with your taking on different jobs.

그 어떤 것도 당신의 이직에 **걸림돌이 되지** 않도록 해 두십시오.

㈜ v. meddle, tamper

---

miniature

[míniətʃər]

n. 축소 모형, 세밀화
a. 소형의

From the **miniature** model. it's obvious that the results will be very impressive.

축소 모형을 보니까, 다 완성되고 나면 아주 인상적인 결과물이 될 것이 분명합니다.

㈜ a. tiny, diminutive

monopoly

[mənápəli]

n. 전매, 독점, 전매 회사

The sales of tobacco and ginseng steamed red are a government **monopoly**.

담배와 홍삼 사업은 정부가 **전매**한다.

파 v. emonopolize 독점하다, 독차지하다

pollution

[pəlúːʃən]

n. 공해, 오염

Added benefits will come from a reduction in cost and ground **pollution**.

비용과 토양 **오염**을 줄이는 부가적인 이점도 생길 것입니다.

유 n. contamination, taint

premier

[primjíər]

n. 수상, 국무총리
a. 첫째의, 으뜸의, 최고의

It is my pleasure to welcome you to the Polish Academy of Science, Polish's **premier** international grade school.

폴란드 **최고의** 국제 수준의 학교인 폴란드 학술원에 모시게 되어 기쁩니다.

premium

[príːmiəm]

n. 할증금, 보험료
a. 고급의

Health insurance **premiums** rise rapidly, as other taxes become increasingly expensive.

다른 세금이 점점 비싸지면서 의료 **보험료**도 크게 올랐다.

유 a. superior

recline

[rikláin]

v. 기대게 하다, 기대다, 눕다

When the person in the front seat **reclines**, it's a painful experience.

앞좌석 사람이 **뒤로 누우면**, 고통스런 경험이 됩니다.

spur

[spə́ːr]

n. 박차, 자극
v. 박차를 가하다, 몰아대다, 자극하다

The band has been **spurred** on by the success of their last single.

그 밴드는 그들의 지난 싱글 앨범의 성공으로 인해 **활기를 띠었**다.

tariff

[tǽrif]

n. 관세

In addition, **tariffs** and domestic support are likely to be discussed.

그 외에도, 관세와 국내 보조금에 대해서도 논의될 것으로 보입니다.

🟦 n. tax, customs

transcribe

[trænskráib]

v. 베끼다, 필기하다, 바꿔 쓰다

I have several long interviews on cassette tapes I need to **transcribe**.

받아 적어야 할 긴 인터뷰들이 카세트 테이프에 몇 건 담겨 있어요.

vacancy

[véikənsi]

n. 공허, 빈터, 빈자리

We need to hire someone to fill the **vacancy** in our department.

우리 부서의 빈자리를 채울 사람을 뽑아야 합니다.

🟦 n. room, space

vigorous

[vígərəs]

a. 정력적인, 원기 왕성한

The residents made a **vigorous** argument for allowing community members free use of some of their land.

주민들은 그들 땅의 일부를 자유롭게 이용하도록 하자는 열띤 주장을 폈다.

🟦 a. robust, energetic

witness

[wítnis]

n. 목격자, 증거
v. 목격하다, 입증하다

A **witness** said three of them were men.

목격자는 그들 세 명은 남자였다고 말했다.

🟦 n. observer, onlooker, spectator

workout

[wə́ːrkàut]

n. 워크아웃, 연습, 연습 경기, 운동, 점검, 검사

If you feel you're not getting enough of a **workout**, ride a bicycle 20 minutes more.

운동량이 충분하지 않다고 생각되면, 자전거를 20분 더 타세요.

Day **33**

---

abundant

[əbʌ́ndənt]

a. 풍부한, 풍족한

The park is famous for its scenic walks, peaceful lakes and **abundant** animal life.

그 공원은 경관 좋은 산책로와 조용한 호수들, 그리고 **다양한** 동물들이 사는 곳으로 유명하다.

㈜ a. rich, thick, plentiful

---

admission

[ædmíʃən, əd-]
㈜ [ədmíʃən]

n. 들어감을 허락함, 입장

Admission to the gallery is free and open to the general public.

미술관 **입장**은 무료이며 일반 대중에게 열려 있습니다.

㈜ n. entry, entrance

---

appetite

[ǽpətàit]

n. 식욕, 욕망

Symptoms may include upper abdominal discomfort, weight loss, and loss of **appetite**.

증상은 윗배의 불편함, 체중 감소, 그리고 **식욕** 부진을 포함할 수 있다.

㈜ n. hunger, desire, longing

---

array

[əréi]

v. 정렬시키다
n. 정렬

For skin conditions, an **array** of oils can added to a bath.

피부 상태에 따라, 이 **일련**의 기름들을 목욕할 때 추가할 수 있습니다.

---

bulk

[bʌ́lk]

n. 부피, 대부분
a. 대량의
v. 부피가 커지다

Although the professor had several assistants, the **bulk** of the research was done by himself.

그 교수는 조수가 몇 명 있었지만, 연구의 **대부분**을 자신이 직접 했다.

㈜ n. minority

calculate

[kǽlkjulèit]

v. 계산하다, 추정하다

The software appears salaries, workers' time, and bill payments, and also **calculates** profits.

그 소프트웨어는 봉급, 근로 시간 및 청구서 결제를 보여줄 뿐만 아니라 수익을 **계산해 준다.**

㊌ v. count, estimate

clarify

[klǽrəfài]

v. 뚜렷하게 하다, 설명하다

I would like to **clarify** what is considered a reasonable behavior.

합리적인 행동이 어떤 것인지에 대해 **분명히 하고자 합**니다.

㊌ v. explain, interpret, elucidate

commodity

[kəmádəti]
㊀ [kəmɔ́dəti]

n. 상품, 일용품

Today, shelving unit is the biggest-selling **commodity** on the web.

요즘 인터넷에서 가장 잘 팔리는 **상품**은 단연 선반 조립 세트이다.

consent

[kənsént]

v. 동의하다, 승낙하다
n. 동의, 승인

It is only with the **consent** of the members that the event will go forward.

멤버들의 **승인**이 나야만 그 행사를 추진할 수 있다.

㊌ v. agree, approve, permit
㊁ v. refuse, dissent

contaminate

[kəntǽmənèit]

v. 오염시키다, 더럽히다

Many of the **contaminated** imports have already been removed.

오염된 수입품들의 상당량이 이미 치워졌다.

㊌ v. defile, pollute, adulterate
㊁ v. decontaminate

crisp

[krísp]

a. 파삭파삭한, 아삭아삭한

Oil that is not hot enough will not make **crisp** chicken.

충분히 뜨겁지 않은 기름으로는 **바삭바삭한** 치킨을 만들 수 없습니다.

㊁ a. fresh, distinct, tender

customize
[kʌ́stəmàiz]

v. 주문에 응하여 만들다, 자기 취미에 맞도록 설정을 바꾸다

Our store can also **customize** our pullout system to suit your needs.

우리 상점은 고객의 필요에 맞추어 넣고 빼는 형태의 제품을 주문 맞춤형으로 제작해 드릴 수도 있습니다.

departure
[dipáːrtʃər]

n. 출발, 이탈

Please come to the **departure** area no later than 2:30.

2시 30분까지는 출발 대기 구역으로 와 주시기 바랍니다.

반 n. arrival

endure
[indjúər, en-]
영 [indjúə]

v. 참다, 견디다

About 1.7 million Indians **endure** cancer pain each year.

약 170만 인디언들이 매년 암의 고통을 견디고 있습니다.

유 v. stand

extract
[ikstrǽkt]

v. 뽑다, 뽑아내다, 추출하다, 받아내다
n. 추출물

Some drugs, like cocaine and morphine are **extracted** from plant sources.

코카인과 모르핀과 같은 마약들은 식물 원료에서 추출됩니다.

유 phr. pull out v. distill, draw

installment/instalment
[instɔ́ːlmənt]

n. 분할, 불입, 1회분, 한 권

We sell the consumer a product for **installment** payments.

그들은 소비자에게 분할해서 납입하는 제품을 판매합니다.

lodge
[ládʒ]

n. 조그만 집, 별장
v. 숙박하다, 숙박시키다

Before leaving the city be sure to stop in Mrs. Smith's **Lodge**.

도시를 떠나기 전에 꼭 스미스 부인이 운영하는 별장에 들르세요.

유 n. cabin, shelter, cottage, hut
반 v. dislodge

medieval

[mìːdíːvəl]

a. 중세의, 고풍의

He was a very influential art historian who studied Byzantine and **medieval** art.

그는 비잔틴과 **중세** 미술을 공부하는 매우 영향력 있는 예술 역사가였다.

🔵 a. antiquated

moderate

[mádərət] 🔵 [mɔ́dərət]

a. 절제있는, 알맞은
n. 온건한 사람
v. 절제하다

The cost of installing the home network system is **moderate** when measured against its usefulness.

가정 네트워크 시스템 설치 비용은 그 효율성을 따져 볼 때 **값이 알맞은** 것이다.

🔵 a. extreme, excess

oral

[ɔ́ːrəl]

a. 구두의, 구술의

Yet the importance of **oral** hygiene cannot be overemphasized.

그럼에도 **구강** 위생의 중요성은 아무리 강조해도 지나치지 않습니다.

🔵 a. verbal, vocal

overseas

[òuvərsíːz]

adv. 해외로, 외국으로
a. 해외로 가는,
    외국행의

Many automotive engines are made **overseas** now.

많은 자동차 엔진들은 현재 **외국에서** 생산되고 있다.

🔵 a. foreign, marine ad. abroad

plain

[pléin]

a. 명백한, 분명한
n. 평지

One tundra ecosystem is the Arctic Coastal **Plain**, where plant life increases and animal life thrives.

툰드라 생태계의 하나로 북극해 연안 **평지**가 있는데, 그 곳에 식물이 증가하며 동물이 번성한다.

🔵 a. evident, patent

pledge

[plédʒ]

n. 맹세, 담보
v. 맹세하다, 서약하다

The mayor **pledged** to make Sydney more environmentally friendly.

시장은 시드니를 좀 더 환경 친화적으로 만들겠다고 **약속했다.**

🔵 v. vow, swear

portable

[pɔ́ːrtəbl]

a. 들고 다닐 수 있는, 휴대용의

Buy an electric heater that is easily **portable**.

쉽게 이동할 수 있는 전기 히터를 구입하세요.

㈌ a. movable, compact, handy

surprisingly

[sərpráiziŋli]

adv. 놀랄 만큼, 대단히

The cellular phones are **surprisingly** light considering their size.

그 휴대폰들은 그 크기에 비해 놀랄 만큼 가볍습니다.

swarm

[swɔ́ːrm]

n. 무리, 떼
v. 떼를 짓다

Some people captured **swarms** of wild bees and cultivated honey.

일부 사람들은 야생 벌떼와 재배된 꿀에 매료되었다.

㈌ n. crowd, mass, flock

transit

[trǽnsit, -zit]

n. 통과, 변화, 운송
v. 운송하다, 횡단하다

The books they contained had been damaged in **transit**.

안에 든 책들이 운송 중에 파손되었습니다.

㈌ phr. pass through, move through, pass across

widespread

[wáidspréd]

a. 널리 보급된, 넓게 펼쳐진, 광범위한

Most of the East will be cold, with **widespread** evening thundershowers.

동부 지방은 대체로 쌀쌀하며, 저녁에 천둥을 동반한 소나기가 전역에 내리겠습니다.

㈌ a. general, distributed

workplace

[wɔ́ːrkplèis]

n. 일터, 작업장

Employee benefits are essential in today's **workplace**.

요즘 사업장에서는 직원 복지혜택이 필수적이다.

Day **34**

Daily TOEIC Voca

---

allergy

[ǽlərdʒi]

n. 알레르기, 과민증, 혐오

I have an **allergy** to seafood.

나는 해산물 **알레르기**가 있다.

유 n. sensitivity, susceptibility

---

aspire

[əspáiər]

v. 열망하다, 큰 뜻을 품다

He **aspired** to win the contest.

그는 대회에서 이기길 **열망했다**.

유 v. wish, desire

---

cease

[síːs]

v. 그치다, 그만두다, 중지하다

All operations **ceased** after the mechanical breakdown.

기계가 고장이 나서 모든 작업이 **중단되었다**.

유 v. stop, halt, discontinue, desist, terminate, suspend

반 v. start, begin

---

compulsory

[kəmpʌ́lsəri]

a. 강제적인, 의무적인, 필수의

Is education **compulsory** in the country?

그 나라에서는 교육이 **의무적인**가요?

유 a. mandatory, required, obligatory, enforced, requisite

반 a. voluntary, elective, optional

---

dazzle

[dǽzl]

v. 눈부시게 하다, 감탄시키다

n. 현혹, 눈부신 빛(물건)

She was **dazzled** by the sunlight.

그녀는 햇빛 때문에 **눈이 부셨다**.

유 v. blind

---

dissolve

[dizólv] 영 [-zɔ́lv]

v. 용해하다, 녹이다, 분해하다

Dissolve sugar in the tepid water.

미지근한 물에 설탕을 녹이세요.

윤 v. melt, thaw, liquefy

---

erect

[irékt]

v. 세우다, 건설하다, 조립하다
a. 직립의, 똑바른

The monument was **erected** to mark the bicentennial of the composer's birth.

그 기념비는 그 작곡가의 탄생 200주년을 맞아 세워졌다.

윤 a. upright, vertical

---

exempt

[igzémpt]

a. 면제한, 면제된
v. 면제하다

These items are **exempt** from customs duty.

이 물건들은 관세를 면제받고 있다.

윤 v. release, dismiss, relieve

---

gem

[dʒem]

n. 보석, 귀중한 물건 [사람]

There is a hidden **gem** in the castle.

그 성에는 감춰진 보석이 있다.

윤 n. jewel, jewelry, stone

---

hence

[hens]

adv. 따라서, 지금부터

Hence, his comment is important to us.

따라서, 그의 논평은 우리에게 중요하다.

윤 adv. therefore, consequently, thence

---

inward

[ínwərd]

adv. 안으로, 마음 속에서
a. 내부의, 체내의, 정신적인

His face expressed his **inward** happiness.

그의 얼굴에는 마음 속의 행복이 드러나 있었다.

윤 a. inner, interior, inside, internal, intrinsic
반 adv. outward

keen

[ki:n]

a. 예리한, 예민한,
열심인

She is **keen** of scent.

그녀는 후각이 예민하다.

유 a. sharp, acute, shrewd, eager, anxious

반 a. dull, blunt

longing

[lɔ́:ŋiŋ, láŋ-]

n. 갈망, 동경
a. 간절히 바라는

He expressed his feeling of **longing** and loneliness.

그는 갈망과 외로움의 감정을 표현했다.

유 n. desire, hope, hunger

반 n. indifference

overt

[óuvə:rt]

a. 명백한, 공공연한,
열린

There was little **overt** support for the project.

그 프로젝트에 대한 명시적인 지지는 거의 없었다.

유 a. obvious, plain

반 n. covert, hidden

postpone

[poustpóun]

v. 연기하다

We'll have to **postpone** the meeting until next month.

우리는 그 회의를 다음 달로 연기해야 할 것이다.

유 v. delay, defer

probable

[prɑ́bəbl / prɔ́b-]

a. 발생할 것 같은,
전망이 있는

It is **probable** that John will come tomorrow.

John이 내일 올 것 같다.

유 a. likely, presumable

반 a. improbable

rational

[rǽʃənl]

a. 이성적인, 분별 있는,
합리적인,
추론의 논리적인

This theory is not based on **rational** decisions.

이 학설은 이성적인 결정들을 바탕으로 하지 않는다.

유 a. intelligent, logical, reasonable

반 a. insane

reckless

[réklis]

a. 무모한, 무분별한

He is a **reckless** driver.

그는 **부주의한** 운전자이다.

㊨ a. careless, thoughtless, rash, wild

㊤ a. careful

splendid

[spléndid]

a. 화려한, 멋진

The shop is doing a **splendid** business.

그 가게가 **번성하고** 있다.

㊨ a. gorgeous, magnificent, imposing, superb, luxurious

stout

[staut]

a. 뚱뚱한, 튼튼한

She became **stout** as she grew older.

그녀는 나이가 들면서 **뚱뚱해졌다**.

㊨ a. fat, plump, strong

surrender

[səréndər]

v. 넘겨주다, 항복하다
n. 인도

He agreed to **surrender** all claims to the property.

그는 재산에 대한 모든 권리를 **넘겨주기로** 동의했다.

㊨ a. abandon   n. waive, relinquish

temporary

[témpərèri] ㊝ [-rəri]

a. 일시적인, 임시의

The drop in sales is only a **temporary** blip.

매출의 감소는 **일시적인** 현상일 뿐이다.

㊨ a. brief, momentary, transient, fugitive, short-term, impermanent, interim

tourism

[túərizm]

n. 관광객, 관광 여행

Tourism has recently surpassed agriculture as the nation's largest source of revenue.

관광 산업은 최근에 농업을 제치고 그 나라의 최대 수입원으로 부상했다.

uneasy

[ʌníːzi]

a. 불안한, 어색한

I felt **uneasy** watching her sing in his first performance.

나는 그녀가 첫 무대에서 노래 부르는 것을 보면서 조마조마했다.

⊕ a. anxious, worried, nervous
⊖ a. relaxed, comfortable, familiar

utility

[juːtíləti]

n. 공익사업, 유용성, (컴퓨터 등의) 유틸리티

The government decided to hold down **utility** fees.

정부는 **공공**요금의 인상을 동결하기로 했다.

⊕ n. convenience, usefulness, benefit

virus

[váiərəs]

n. 바이러스, 병원체

The flu is caused by a **virus** that infects the respiratory tract.

독감은 호흡기관을 감염시키는 **바이러스**에 의해 발생된다.

wary

[wɛ́əri]

a. 조심성 있는, 신중한

The police will need to keep a **wary** eye on this area of town.

경찰은 도시 이 지역을 계속 **경계의** 눈으로 주시할 필요가 있을 것이다.

⊕ a. careful, cautious, alert, watchful

wheel

[hwíːl]

n. 수레바퀴, (자동차의) 핸들

The nuts weren't properly tightened and the **wheel** came off.

너트가 제대로 꽉 조여져 있지 않아서 **바퀴**가 떨어져 나갔다.

worth

[wə́ːrθ]

a. ~의 가치가 있는
n. 가치

It is **worth** attempting though we fail.

실패하더라도 해볼 만한 **가치**가 있다.

⊕ n. merit, value, quality, importance, goodness, excellence

Day 35

Daily TOEIC Voca

---

antique

[æntíːk]

a. 고미술의, 골동의
n. 골동품

The value of **antiques** will depend on their condition and rarity.
골동품의 가치는 그 (보존) 상태와 희귀성에 달려 있다.
㊀ a. vintage, classic n. relic

---

blink

[bliŋk]

v. 눈을 깜박거리다
n. 깜박거림

She would not **blink** an eye.
그녀는 눈 하나 깜박이지 않았다.
㊀ v. flicker, twinkle

---

chuckle

[tʃʌ́kl]

n. 킬킬 웃음
v. 킬킬 웃다,
싱글싱글 웃다

He **chuckled** reading a comic book.
그는 만화책을 읽으며 킬킬거리며 웃었다.
㊀ v. gigle, laugh, grin, sneer

---

condense

[kəndéns]

v. 요약하다,
간결하게 하다,
응축[농축]하다

The author has **condensed** the article into 1 page.
저자는 그 글을 한 페이지로 요약해놓았다.

---

deserted

[dizə́ːrtid]

a. 버림받은,
사람이 살지 않는,
황량한

The park was **deserted**, very calm and quiet.
공원은 황폐했고, 매우 조용했다.
㊀ a. abandoned, forsaken, desolate, forlorn

---

dominant

[démənənt]

a. 지배적인,
가장 유력한, 우성의

They are the **dominant** company in this industry.

그들은 이 산업에서 **지배적인** 회사이다.

㉠ a. predominant, supreme, paramount, prevalent

exceedingly

[iksíːdiŋli]

adv. 매우, 몹시

I don't think English is an **exceedingly** difficult language.

나는 영어가 **대단히** 어려운 언어라고 생각하지 않는다.

㉠ adv. extremely, unusually, surprisingly, very

fertile

[fə́ːrtl] ⑳ [-tail]

a. 비옥한,
번식력이 있는, 풍부한

This soil is **fertile** enough to grow big healthy apples.

이 땅은 굵고 싱싱한 사과가 열릴 만큼 **비옥합니다**.

㉠ a. fecund, fruitful, prolific, productive

㉫ a. barren, sterile

govern

[gʌ́vərn]

v. (사람 · 행동 등을)
좌우하다, 고치다,
관리하다

Do you think the cosmic laws **govern** our world?

우주의 법칙이 이 세계를 **지배한다고** 생각합니까?

㉠ v. rule, administer, reign, control, influence, dominate, sway

hesitate

[hézətèit]

v. 주저하다, 망설이다,
머뭇거리다

He didn't **hesitate** to express his opinion.

그는 **주저하지** 않고 자신의 의견을 내놓았다.

㉠ v. waver, falter, scruple, pause, delay

isolation

[àisəléiʃən, ìs-]

n. 격리, 분리, 고립(감),
절연

He found himself alone in the midst of **isolation**.

그는 **고독**의 한가운데에 외로이 있는 자신을 발견했다.

㉠ n. detachment, loneliness, separation, segregation, solitude

lag

[læg]

v. 뒤지다, 늦다,
(흥미 등이) 줄다
n. 지연, 지체(량)

Do we **lag** behind other nations in the exploitation of the air?

항공 개발에 있어서 우리가 다른 나라보다 **낙후되어 있나요?**

🇺 **v.** delay, linger, loiter, tarry

middleman

[mídlmæ̀n]

n. 중개인, 중매인,
브로커

They bought direct from the manufacturer and cut the **middleman**.

그들은 생산자에게서 바로 구입하고 **중간 상인을** 배제했다.

🇺 **n.** broker, intermediary

penetrate

[pénətrèit]

v. 침투하다, 관통하다,
(시장에) 진출하다

The bullet **penetrated** the wall.

총알은 벽을 **관통했다.**

🇺 **v.** pierce, enter, percolate, infiltrate, permeate, pervade

prevailing

[privéiliŋ]

a. 우세한,
널리 행해지는

AI virus is **prevailing** throughout the country.

조류독감이 전국에서 **유행하고** 있다.

🇺 **a.** current, common, general, universal

qualified

[kwɑ́ləfàid] 🇺 [kwɔ́l-]

a. 자질[능력]이 있는,
적격인

She is **qualified** as a manager.

그녀는 팀장 **자격이 있다.**

🇺 **a.** competent, fit, eligible, certified

realm

[relm]

n. (학문 등의) 분야,
부문, 영역, 범위

He is a seel known neo-soul singer in the **realm** of music.

그는 음악 **분야에서** 유명한 네오 소울 가수이다.

🇺 **n.** domain, area, region, sphere, field, province, zone, department

refund
[rifʌ́nd, ríːfʌ̀nd]

v. 환불하다
n. 환불금액, 변제

May I have a **refund** on this, please?

환불을 받고 싶습니다.

㉤ n. repay, return, recompense, reimburse

slender
[sléndər]

a. 호리호리한, 가느다란

She has a **slender** figure.

그녀는 몸매가 날씬하다.

㉤ a. slim, thin, slight, lean

spokesman
[spóuksmən]

n. 대변인, 대표자

He is the **spokesman** of the opposition party.

그는 야당 대변인이다.

㉤ n. negotiator, mediator, representative

structure
[strʌ́ktʃər]

n. 구조, 건물
v. 구성하다, 조직화하다

Scientists are trying to decode the structure of human genes.

과학자들은 인간 유전자의 구조를 해석하려고 하고 있다.

㉤ n. construction, form, configuration, conformation, shape, constitution, organization, system, frame

sympathy
[símpəθi]

n. 공감, 동정

I have no **sympathy** for Jessica, it's all her own fault.

나는 제시카를 동정하지 않는다, 그것은 전부 그녀 자신의 잘못이니까.

㉤ n. compassion, pity, commiseration
㉦ n. indifference

temptation
[temptéiʃən]

n. 유혹

To overcome **temptation**, one must have self-discipline and a very strong will.

유혹을 이겨내려면, 자기수양과 매우 강한 의지가 있어야만 한다.

tragedy

[trǽdʒədi]

n. 비극, 참사

Counselling is being given to those most immediately affected by the **tragedy**.

그 비극으로 가장 직접적인 영향을 받은 이들에게 상담이 실시되고 있다.

유 n. disaster, adversity, catastrophe

vanish

[vǽniʃ]

v. 사라지다

The ship had **vanished** without a trace.

그 배는 흔적도 없이 사라져 버렸다.

유 v. disappear, fade, dwindle

vision

[víʒən]

n. 시력, 상상력, 환상

Glasses will not make your **vision** deteriorate more quickly.

안경을 쓴다고 해서 시력이 더 빨리 나빠지지는 않는다.

유 n. sight, perception, seeing, view

warrant

[wɔ́(ː)rənt, wér-]

n. 정당한 이유, 보증
v. 보증하다, 정당화하다

The boss fired him without **warrant**.

상사는 그를 정당한 이유도 없이 해고시켰다.

유 v. guarantee, ensure, certify, attest

wicked

[wíkid]

a. 사악한, 심술궂은

I can clearly see through your **wicked** scheme.

너의 사악한 계획이 훤히 들여다 보인다.

유 a. evil, sinful, wrong, bad, base, vile, vicious, criminal, immoral

wreck

[rék]

n. 난파, 조난, 잔해
v. 조난 시키다, 파괴하다

The **wrecked** ship is lying at the bottom of the sea.

그 난파선은 바다 밑바닥에 드러누워 있다.

유 v. destroy, break, shatter, demolish

aroma

[əróumə]

n. 향기, 향

A pleasant **aroma** wafted in from the kitchen.

주방에서부터 **좋은 냄새**가 풍겨왔다.

㊤ n. scent, perfume, fragrance

---

blunt

[blʌnt]

a. (머리나 칼날 등이) 무딘, 둔한, 붙임성 있는

This knife is too **blunt** to cut the radish.

이 칼은 너무 **무뎌서** 무를 썰 수가 없다.

㊤ a. dull, unsharpened, bluff

---

circumstance

[sə́ːrkəmstæ̀ns, -stəns]

n. 상황, 주위의 사정

Can you trust me in any **circumstance**?

당신은 어떤 **상황**에서도 나를 신뢰할 수 있나요?

㊤ n. situation, condition, state

---

crest

[krest]

n. (산의) 정상, 절정, (닭의) 볏

We reached the **crest** of the mountain.

우리는 드디어 산의 **정상**에 도달했다.

㊤ n. top, summit, ridge, apex

---

despise

[dispáiz]

v. 경멸하다

He is apt to **despise** women.

그는 여자를 **멸시하는** 경향이 있다.

㊤ v. scorn, loathe, detest

endow

[endáu, en-]

v. (재능 등을) 부여하다,
　　재산을 증여하다,
　　기부하다

John is **endowed** with musical talents.

존은 음악에 재주가 있다.

⊕ v. donate, vest, invest, bestow, give

exception

[iksépʃən]

n. 제외, 예외, 이의

There is no law without **exception**.

예외 없는 법칙은 없다.

⊕ n. exclusion, objection

foil

[fɔil]

n. 금속 박편, 포일,
　　박, 돋보이게 하는 것
　　[사람,역할]

Cover dish with **foil** and bake 50 minutes.

호일로 접시를 덮고 50분간 오븐에서 굽는다.

headlong

[hédlɔ̀ːŋ] ② [-lɔ̀ŋ]

adv. 거꾸로, 성급하게,
　　　무모하게

Is it true that she ran **headlong** into a police car?

그녀가 앞뒤 보지도 않고 경찰차로 뛰어들었다는 게 사실이야?

⊕ adv. thoughtlessly, imprudently, rash

⊕ adv. cautiously, warily, carefully, deliberately

infer

[infə́ːr]

v. 추론하다, 추측하다

I could **infer** from his jokes that he is very mean.

나는 그의 농담에서 그가 아주 비열한 사람이라는 것을 추측할 수 있었다.

⊕ v. deduce, conclude, reason, anticipate

jerk

[dʒəːrk]

v. 갑자기 움직이다
n. 갑작스런 동작, 경련

My mom **jerked** the phone away from me.

엄마는 나에게서 전화기를 확 낚아챘다.

⊕ v. twitch, bob, pull, quiver, shake

linger
[líŋgər]

v. (예상보다 오래) 남다
[계속되다], 시간이
걸리다

The performance will **linger** long in my memory.

그 공연은 오래도록 나의 기억에 남을 것이다.

⊕ v. loiter, tarry, dawdle

oath
[óuθ]

n. 맹세, 서약, 저주

The witness in court took the **oath**.

법정에서 그 증인은 선서를 했다.

⊕ n. pledge, promise, vow, profession, curse, profanity, swearword

perceive
[pərsí:v]

v. 알다, 감지하다,
이해하다, 깨닫다

How do you **perceive** American people?

미국인들을 어떻게 생각하세요?

⊕ v. note, notice, observe

prey
[pərsí:v]

n. 먹이, 희생(자)
v. 잡아먹다, 착취하다

A lion is prowling after its **prey**.

사자가 먹이를 찾아 어슬렁거리고 있다.

⊕ n. victim, sufferer

quarrel
[kwɔ́:rəl]

n. 언쟁, 싸움, 불화,
고충
v. 싸우다, 말다툼하다

A bitter **quarrel** broke out between them over the use of the computer.

컴퓨터 사용 문제로 그들 사이에 심한 언쟁이 있었다.

⊕ n. argument, contenton, dissension, disagreement, dispute, fight

recess
[ri:sés, rí:ses]

n. 쉼, 휴식, 구석진 곳
v. 휴식하다,
우묵한 곳을 만들다

What time did they have **recess**?

휴식 시간은 몇 시였죠?

⊕ n. break, rest, respite

restructure

[rìːstrʌ́ktʃər]

v. 재구성하다,
개혁하다, 재편성하다

We also have a plan to **restructure** local government.

우리는 지방 정부를 재구성할 계획이다.

sniff

[sníf]

v. 코를 킁킁거리다,
콧방귀를 뀌다

They **sniffed** at his proposal to show their disapproval.

그들은 그의 제안에 콧방귀를 뀌며 반대의 뜻을 표했다.

stillness

[stílnis]

n. 고요, 평온

A quiet **stillness** prevails.

고즈넉한 정적이 흐른다.

subsist

[səbsíst]

v. 생존하다, 생활하다,
먹고살다

We are unable to **subsist** without water and air.

사람은 물과 공기가 없으면 살지 못한다.

temper

[témpər]

n. 기질, 기분
v. 완화하다

She lost his **temper** out of quiet.

그녀는 침착성을 잃고 화를 냈다.

㊒ n. disposition, nature, humor, character

triumph

[tráiəmf]

n. 큰 업적[승리], 대성공

The president said **triumph** in the war on terror will not come overnight.

대통령은 테러와의 전쟁의 승리가 하룻밤 새 이루어지지 않을 것이라고 말했다.

㊒ n. success, victory, accomplishment, achievement

upright

[ʌ́prὰit]

a. 똑바로 선
ad. 똑바로

One of the attributes that sets human beings apart from animals is that they walk **upright**.

인간이 동물과 구분되는 것 중 하나는 **직립** 보행을 한다는 것이다.

ⓨ a. vertical, erect, perpendicular

various

[vέəriəs]

a. 다양한

They play an essential role in **various** industry.

그것들은 **다양한** 산업에서 필수적인 역할을 한다.

ⓨ a. different, assorted, miscellaneous

warehouse

[wέərhàus]

n. 창고

The building is currently being used as a **warehouse**.

그 건물은 현재 **창고**로 쓰이고 있다.

ⓨ n. depot, stockroom, storehouse, repository

wrangle

[rǽŋgl]

v. 말다툼하다, 언쟁하다
논쟁하다

They continue to **wrangle** over the political problem.

그들은 정치적인 문제로 계속 **말다툼하고** 있다.

ⓨ v. argue, quarrel, fight, clash

whether

[hwéðər] ⓨ [wéð-]

conj. ~인지 어떤지,
~이든지 아니든지

They didn't know **whether** to believe what they're hearing.

그들은 자신들이 들은 것을 믿어야 **할지** 알 수 없었다.

Part
03

Day 37~Day 52

고급 어휘 익히기
860점 목표 단계

Day 37

Daily TOEIC Voca

astronomy

[əstránəmi]

n. 천문학

Study for the **astronomy** exam days before the course begins.

과정이 시작되기 전에 <u>천문학</u> 시험 때를 대비해 공부하세요.

파 n. astronomer 천문학자

attain

[ətéin]

v. 달성하다, 도달하다, 얻다

They each have a role, and a joint investment is required in order to **attain** mutual benefits.

그들 각각은 맡은 역할이 있으며, 서로에게 이익<u>이 되도록</u> 하기 위해서는 공동 투자가 필요합니다.

유 v. accomplish

comparison

[kəmpǽrəsn]

n. 비교, 유사, 필적

It is difficult to make a **comparison** with his previous book; they are completely different.

그의 이전 책과 <u>비교</u>를 하는 것은 어렵다. 그것들은 완전히 다른 것이다.

유 n. analogy, similarity

confine

[kənfáin]

v. 한정하다, 가두다, 제한하다

The speaker at the seminar **confined** herself to one topic.

그 세미나의 발표자는 하나의 주제에만 이야기를 <u>국한했다.</u>

유 v. restrict, limit

consignment

[kənsáinmənt]

n. 위탁, 탁송, 위탁 화물, 위탁 판매품
a. 위탁 받은

We believe that the **consignment** arrives safe and sound.

<u>위탁 화물</u>이 무사히 도착할 것으로 믿습니다.

delegate

[déligət, -géit]

n. 대표, 사절
v. 특파하다, (권한 등을) 위임하다

The boss **delegated** his responsibilities to a deputy.

사장은 자신의 책무를 대리인에게 위임했다.

유 n. deputy

demanding

[diménding]
영 [-má:nd]

a. 요구가 지나친, 지나친 요구를 하는

She is very **demanding** of directors and colleagues.

그녀는 이사들과 동료들에게 많은 것을 요구한다.

유 a. strict, tight, rigorous

dictate

[díkteit] 영 [diktéit]

v. 강요하다, 지시하다, 받아쓰게 하다

Most young children have no idea how to **dictate**.

어린 아이들은 대부분 받아쓰기 하는 방법을 전혀 모른다.

dispute

[dispjú:t]

v. 논쟁하다, 논하다, 토의하다
n. 논쟁

There have been many **disputes** over the proper way to train animal actor.

동물 배우들을 훈련시키는 적절한 방법에 관한 많은 논쟁이 있어 왔다.

유 v. argue, disagree   n. conflict, altercation

embark

[imbá:rk, em-]

v. 태우다, (사업 등에) 투자하다, 착수하다

I'm so happy to hear that you've em**barked** on a new career.

당신이 새로운 직종의 일을 시작했다는 소식을 들어 매우 기쁩니다.

반 v. disembark

essential

[isénʃəl]

a. 본질적인, 필수적인

There were no institutions at that time to teach us **essential** skills.

그 당시에는 우리에게 필수적인 기술을 가르쳐 줄 기관이 없었다.

유 a. intrinsic, indispensable, necessary

excessive

[iksésiv]

a. 과도한, 지나친

Doctors have warned against **excessive** drinking, saying that drinking at freshman welcoming parties is very dangerous.

의사들은 지나친 음주가 매우 위험하다며, 신입생 환영회에서의 음주에 대해 경고하고 있다.

expedition

[èkspədíʃən]

n. 원정, 여행

These fortunate couples will never forget this **expedition**.

여기 운 좋은 부부들은 이 여행을 절대 잊지 못할 것입니다.

파 a. expeditionary 원정의, 탐험의

fume

[fjú:m]

n. (pl.) (유해·불쾌한) 연기, 김, 증기
v. 연기나다

To escape the **fumes**, I am considering staying in a hotel until the construction is finished.

이 연기를 피해서, 공사가 끝날 때까지 호텔에 머물까 생각 중입니다.

유 n. smoke, gas, vapour

hazard

[hǽzərd]

n. 위험, 위험 요소

Safety inspectors figured that the plant had many fire **hazards**.

안전 진단가들은 공장이 화재 위험 소지를 많이 가지고 있다고 판단했다.

유 n. danger, risk

institution

[ìnstətʃúːʃən] 영 [-tjúː-]

n. 학회, 시설, 제도, 설립

Some economic analysts predict that the end of the year will be hard on local financial **institutions**.

일부 경제학자들은 올해 말에 지방 금융 기관들이 어려움을 겪을 것으로 내다보고 있다.

유 n. establishment, association

liability

[làiəbíləti]

n. 책임 있음, 부담, 의무, 부채

I assumed full **liability** for my father's debts.

나는 나의 아버지가 빌린 돈에 대해 전적으로 책임을 졌다.

반 n. asset, responsilbiliy, accountability

literacy

[lítərəsi]

n. 읽고 쓸 줄 앎, 식자

The high **literacy** rate has improved the efficiency of newspaper advertising.

높은 **식자**율은 신문 광고의 효과를 향상시켰다.

반 n. illiteracy

notion

[nóuʃən]

n. 개념, 관념, 생각

The **notion** of using the good materials give them extra incentive to buy.

좋은 재료를 사용한다는 **생각** 또한 구매를 자극하고 있습니다.

유 n. idea, concept 파 a. notional 개념적인

outage

[áutidʒ]

n. 기계의 운전 정지, 정전

In the event of a power **outage**, the plant would supply electricity to the Pohor plant.

정전 시에, 그 공장은 포호 공장으로 전기를 공급할 것이다.

philosophy

[filásəfi] 영 [-lɔ́s-]

n. 철학

That means our investment **philosophy** is typically safety-oriented and risk free.

그건 바로 저희의 투자 **철학**이 전형적으로 안전 지향적이며 위험을 무릅쓰지 않는다는 것입니다.

province

[právins] 영 [prɔ́v-]

n. 주, 지방

A rainstorm has been forecasted for the northwestern **province**.

북서 **지방**에는 폭우가 내릴 것이라는 예보가 있었다.

유 n. region, district

realistic

[rìːəlístik] 영 [rìəl-]

a. 현실주의의, 현실적인

Now we want dramas and movies to give us something even more **realistic**.

이제는 훨씬 더 **사실적인** 장면을 보여 주는 드라마와 영화를 보고 싶은 겁니다.

유 a. pragmatic, practical, authentic

반 a. unrealistic

refuge

[réfjuːdʒ]

n. 피난, 피난처

And so is an air conditioned shopping center where I take **refuge** on a very hot day.

그리고 에어컨이 나오는 쇼핑센터는 매우 더운 날 내가 피난처로 삼는 곳이다.

㊫ n. shelter, sanctuary ㊎ n. refugee 망명자, 피난민

resolute

[rézəlùːt]

a. 굳게 결심한, 단호한

We'll see whether or not that is the **resolute** position of their companies.

우리는 그것이 그들 회사의 확고한 입장인지 아닌지 지켜볼 것입니다.

㊫ a. determined ㊎ a. irresolute

sole

[sóul]

a. 단 하나의, 단독의

Daisy Cowle, the **sole** beneficiary of her husband's will, inherited £1,895.

데이지 코울은 남편의 유언에 따라 유일한 수혜자로, 1,895 파운드를 상속받았다.

㊫ a. single, only, alone, exclusive

span

[spǽn]

n. 한 뼘, 기간
v. 뼘으로 재다, 눈대중하다

Plastic has a short life **span** and is rarely recycled.

플라스틱은 수명이 짧고, 거의 재활용되지 않습니다.

㊫ n. period, term

stubborn

[stʌ́bərn]

a. 완고한, 고집 센, 다루기 힘든, 좀처럼 낫지 않는

This can help remove the **stubborn** stains from carpets.

이것은 카펫의 찌든 얼룩을 제거하는 데 효과적입니다.

㊫ a. obstinate, wilful, strong-willed ㊎ a. docile

Day **38**

Daily TOEIC Voca

---

alter

[ɔ́:ltər]

v. 변경하다, 바꾸다, 달라지다

We found direct evidence that the records had been **altered**.

기록이 **변조되었**다는 직접적인 증거를 찾았다.

ⓨ v. change, modify

---

alternate

[ɔ̀:ltərnit, ǽl-] ⓥ [-ɔ́il-]

v. 번갈아 일어나다, 교체하다

a. 번갈아 하는

Now the staff works just Wednesday, Fridays and **alternate** Saturdays.

현재 그 직원은 수요일과 금요일, 그리고 **격주** 토요일에만 일을 하고 있습니다.

ⓨ a. secondary, cyclic

---

apparel

[əpǽrəl]

n. 의복, 의상

v. ~에게 의복을 입히다

The bag may also have a smell of leather similar to that found on leather **apparel** when first unpacked.

가죽 **옷** 포장을 처음 뜯었을 때 나는 것과 비슷한 가죽 냄새가 가방에서 날 수가 있습니다.

ⓨ v. dress phr. get dressed ⓡ v. undress

---

civic

[sívik]

a. 시민의, 도시의

The **Civic** Center also holds free shows each year.

시민센터는 또한 매년 무료 쇼를 개최한다.

---

compliance

[kəmpláiəns]

n. 응함, 따르기, 준수

We appreciate your **compliance** with all codes.

여러분들이 모든 규정을 **준수**해 주시면 감사하겠습니다.

ⓡ n. non-compliance

---

confer

[kənfə́ːr]

v. 협의하다, 교섭하다, 수여하다

He thinks that our development of an affordable electric vehicle will **confer** a benefit on other countries.

그는 우리가 적당한 가격으로 전기 자동차를 개발하면 다른 나라들에도 혜택을 줄 것이라고 생각한다.

유 v. grant 파 n. conference

criticize/-cise

[krítəsàiz]

v. 비평하다, 비난하다

The media was **criticized** for its lascivious coverage of the story.

그 방송은 보도 내용이 선정적이라고 비난받았다.

유 v. blame, condemn
반 v. praise

deliberate

a.[dilíbərət]
v.[dilíbəreit]

a. 신중한, 고의의
v. 숙고하다, 심의하다

The making of a great surgeon is a **deliberate** process.

훌륭한 의사를 만들어 내는 것은 아주 신중한 과정입니다.

유 a. intended, conscious, intentional
반 a. unintentional

dense

[déns]

a. 밀집한, 조밀한, 고밀도의

The trees produce a **dense** wood used for timber in making houses and furniture.

그 나무들은 집과 가구를 만드는 목재로 이용되는 고밀도의 목재를 생산해 낸다.

유 a. heavy, thick 반 a. sparse

destination

[dèstənéiʃən]

n. 목적지, 도착지

The anniversary gift has been sent ahead to their **destination**.

결혼 기념 선물이 그들의 도착지로 미리 보내졌다.

disappointment

[dìsəpɔ́intmənt]

n. 실망, 기대에 어긋남

The chairman expressed **disappointment** at a deficit of $37 billion, up from 2007.

회장은 2007년부터 370억의 적자를 나타낸 것에 대해 **실망감**을 나타냈다.

㊠ n. let-down, regret, dejection

diversify

[divə́:rsəfài, dai-]

v. 여러 가지로 변화시키다, 다각화하다, 투자를 분산하다

The on-line education project will help the company **diversify**.

온라인 교육 사업은 그 회사의 **사업 다각화**에 도움이 될 것이다.

㊠ v. vary, expand

㊏ n. diversity 다양성

genuine

[dʒénjuin]

a. 진짜의, 진품의

We can have our fill of **genuine** curry dish at that restaurant.

저 식당에서는 **진짜** 카레 요리를 만끽할 수 있다.

㊠ a. good, true, authentic, real

㊡ a. counterfeit, affected

impression

[impréʃən]

n. 인상, 감명, 느낌

It's a clear **impression** that her family was wealthy.

그녀의 가족이 부유하다는 **인상**을 분명히 받았다.

inclined

[inkláind]

a. 싶어하는, ~ 할 생각이 있는

We are less **inclined** to just listen to his words and waste a lot of time.

단지 그의 말을 듣거나, 많은 시간을 낭비하는 것이 별로 **내키지** 않습니다.

㊠ a. willing, prone

institute

[ínstətjù:t]

v. 세우다, 설립하다
n. 협회, 연구소, 기관

Many of the **Institute**'s welfare programs are pursued in close association with four research centers.

그 **기관**의 많은 복지 프로그램은 네 곳의 연구소와 밀접하게 제휴되어 수행된다.

㊠ v. establish

integrity

[intégrəti]

n. 고결, 완전, 청렴

This event is successful because of the honesty and **integrity** of the participants.

이 행사는 참가자들의 정직함과 **청렴함**으로 인해 성공적이다.

🈯 n. honesty, unity 🈲 n. dishonesty

mature

[mətjúər, -tʃúər]
🈯 [mətjúə, -tʃúə]

a. 익은, 심사숙고한
v. 성숙시키다

Most streets in Weston are lined with huge **mature** trees, some well over 150 years old.

웨스톤의 대부분의 거리에는 커다란 **성장한** 나무가 늘어서 있는데, 일부는 족히 150년이 넘었다.

🈯 a. ripe 🈲 a. immature

metric

[métrik]

a. 미터의,
   미터법을 실시하는
n. 미터법

The **metric** unit was introduced in 1887.

미터법은 1887년에 소개되었다.

modest

[mádist] 🈯 [mɔ́dist]

a. 겸손한, 정숙한,
   적당한

She was **modest** and diffident about her own success.

그녀는 자기 자신의 성공에 대해 **겸손하고**, 조심스러웠다.

🈯 a. unpretentious, demure

orientation

[ɔ̀:riəntéiʃən, -en-]
🈯 [ɔ̀:rientéiʃən, -riən-]

n. 오리엔테이션, 적응,
   순응

The **orientation** and Language Seminar will last 5 days.

오리엔테이션과 언어 세미나는 5일간 계속될 것이다.

preliminary

[prilímənèri]

a. 예비적인
n. 사전 준비

The **preliminary** report indicates that profits for the third quarter will be higher than forecast.

예비 보고서는 3/4분기 수익이 예상보다 높을 것이라고 암시하고 있다.

🈯 a. exploratory

relieve
[rilíːv]

v. 경감하다, 안도하게 하다

Symptoms are worse when standing; sometimes one may **relieve** symptoms by sitting down.

증상은 서 있을 때 더 악화된다. 때로는 앉아 있는 것으로 증상을 **완화시킬** 수도 있다.

반 v. enforce　파 a. relieved 안심한

reunion
[riːjúːnjən]

n. 재결합, 화해, 친목회

I have a big high school **reunion** that Saturday in California, which is really a must for me.

그 주 토요일에 캘리포니아에서 꼭 참석해야 할 중요한 동창회 **모임**이 있거든.

sculpture
[skʌ́lptʃər]

n. 조각, 조각물
v. 조각하다

His first notable work was a **sculpture** titled "Return to home."

그의 첫 주목할 만한 작품은 '귀향'이라는 제목의 **조형물**이다.

유 n. grave, statue, figurine

soften
[sɔ́ːfən, sá-]　영 [sɔ́ːfən]

v. 부드럽게 하다, 누그러지게 하다

Add onions, cover and cook 2 minutes, until **softened**.

양파를 넣고 **부드럽게 될** 때까지 뚜껑을 덮고 2분간 익힌다.

반 v. sharpen, harden

souvenir
[sùːvəníər]

n. 기념품

The rest of the tourists went shopping for **souvenirs**.

나머지 관광객들은 **기념품**을 사러 갔다.

유 n. keepsake, memento

undertake
[ʌ̀ndərtéik]

v. 맡다, 착수하다

Repair and improvement work will be **undertaken** next week.

보수 및 개선 작업은 다음 주에 **착수할** 예정입니다.

파 n. undertaker 인수인

advertisement

[ædvərtáizmənt,
 ədvə́:rtis-]
영 [ədvə́:tismənt]

n. 광고

This **advertisement** will capture the attention of women everywhere.

이 광고는 각처의 여성들을 사로잡을 것이다.

affordable

[əfɔ́:rdəbl]

a. (가격이) 알맞은
n. 감당할 수 있는 물건

This watch is rugged, waterproof, best design, and surprisingly **affordable**.

이 시계는 견고하고, 방수가 되며, 최고의 디자인이고, 가격도 놀랄 만큼 저렴합니다.

⟨유⟩ a. cheap, inexpensive

consensus

[kənsénsəs]

n. 일치, 합의

It is thus important for us to reach a **consensus** and unify peacefully.

따라서 합의에 이르고 평화적으로 화합하는 것이 중요하다.

consult

[kənsʌ́lt]

v. 의견을 묻다,
진찰 받다, 참고하다,
상의하다

You should **consult** a physician because it is difficult to suppress your appetite.

식욕을 억제하기가 어려우므로 의사와 상담을 해야 한다.

⟨파⟩ n. consultant 컨설턴트

costly

[kɔ́:stli]

a. 값비싼, 비용이 많이
드는

It's a **costly** jacket, made of cowhide.

그것은 소가죽으로 만들어진 값비싼 자켓이다.

⟨유⟩ a. expensive
⟨반⟩ a. inexpensive

duplicate

[djúːplikət]

a. 중복의
n. 복제

The manager editor said that he wanted the summary on **duplicates**.

편집장은 사본에 관한 요약본을 받고 싶다고 말했다.

㊠ a. matched, same n. copy

duration

[djuréiʃən] [djuər-]

n. 지속, 기간

We are waiving the entrance fees for the **duration** of event.

우리는 행사 기간 중에는 입회비를 받지 않을 것이다.

㊠ n. period, span

entertain

[èntərtéin]

v. 즐겁게 하다,
대접하다

We're comedians and we like to **entertain** people and we like to play live.

우리 같은 코미디언들은 사람들을 즐겁게 해주는 걸 좋아하기 때문에 라이브 공연을 선호합니다.

㊠ v. amuse

foster

[fɔ́ːstər, fás-] [fɔ́stər]

v. 육성하다,
촉진(조성)하다

The club's aim is to **foster** employee loyalty.

그 클럽의 목적은 애사심을 기르는 데 있다.

㊠ v. promote, encourage, stimulate

immense

[iméns]

a. 거대한, 막대한

Industry watchers believe the efficiency and potential value of companies to be **immense**.

업계 관측통은 그 회사들의 효율성과 성장 잠재력이 막대한 것으로 생각하고 있다.

㊠ a. huge, large, big, massive

imperative

[impérətiv]

a. 피할 수 없는, 긴급한,
명령적인

It is **imperative** that you build good credit as soon as possible.

가능한 좋은 신용도를 쌓을 수 있어야 합니다.

㊠ a. desperate, urgent, crucial

inclement
[inklémənt]
a. (날씨가) 험한, 거칠고 궂은, 무정한, 냉혹한

Not leave office windows and doors open during **inclement** weather.

폭풍우가 치는 날씨에는 사무실 창문과 출입문을 열어 놓지 않는다.

유 a. unsparing 반 a. clement

incorporate
[inkɔ́:rpərèit]
v. 법인으로 만들다, 통합시키다, 짜 넣다, 가입시키다

Built in 1949, it was one of the few overlooking the beach hotels to **incorporate** restaurants on the ground floor.

1949년에 건립된 이 호텔은 해변이 내려다 보이는 몇 안 되는 호텔 중 하나로 1층에는 음식점들이 들어가 있습니다.

inflation
[infléiʃən]
n. 인플레이션, 물가상승, 팽창

Inflation is likely to affect the assets in different ways in October.

인플레이션이 10월에는 여러 가지 방법으로 자산에 영향을 미칠 것 같다.

반 n. deflation

inspire
[inspáiər]
v. 고무하다, 불어넣다, 영감을 주다

The latest consumer reports do not **inspire** confidence in new products and services.

최근 소비자 보고서 내용은 신제품과 서비스에 신뢰감을 불어넣지 못하고 있다.

유 v. motivate, stimulate, encourage

internal
[intɔ́:rnl]
a. 내부의, 내면적인, 국내의

For instance, the committee has failed to conduct an independent **internal** audit since 2008.

예를 들어, 위원회는 2008년 이후로 독립적인 내부 감사를 실시하는 데 실패했다.

반 a. external, foreign

layout
[léiàut]
n. 배치, 설계

The sofa is key to the furniture **layout**.

그 소파는 가구 배치에 중요하다.

유 n. design, outline

means
[míːnz]

n. 방법, 수단, 재력, 재산

The imaging system is able to detect abnormalities in the body that cannot be detected by other **means**.

이 화상 시스템은 다른 **방법**으로는 발견이 안 되는 신체의 이상을 찾아낼 수 있다.

㊒ n. way

meteorology
[mìːtiərálədʒi]

n. 기상학, 기상

Get a **meteorology** book, and read it while observing a freak storm.

기상학 책을 한 권 가져가서, 엄청난 폭풍우를 관찰하는 동안 읽도록 하십시오.

mining
[máiniŋ]

n. 채광
a. 광업의, 광산의

This was the first such deal with an overseas **mining** company.

이번이 해외 **광산업체**와의 첫 번째 계약이었다.

motivation
[mòutəvéiʃən]

n. 열의, 자극, 동기 부여

Different incentives kept worker **motivation** high, such as rewards systems.

다른 인센티브는 보상 시스템과 같이 직원의 **동기 유발**을 높였다.

㊕ v. motivate ~에게 동기를 주다, 자극하다

obscure
[əbskjúər]

a. 분명치 않은

Some of them are certain, but most of them are too **obscure**.

부분적으로는 확실하지만, 나머지 대부분은 너무 **불명확**한 것 같아요.

㊒ a. vague, indistinct, faint

oppose
[əpóuz]

v. ~에 반대하다, ~에 대항하다

In an earlier statement, the governor made it clear that he **opposes** to raise taxes on the American people.

앞서 발표한 성명에서, 주지사는 미국인에 대한 증세(增稅)를 **반대한다는** 것을 분명히 밝혔다.

㊒ v. resist, fight, combat ㊕ a. opposed 반대된

outdated
[àutdéitid]
a. 구식의, 시대에 뒤진

I recommend you get rid of your slow, **outdated** computer.

속도가 느린 **구식** 컴퓨터는 버리세요.

⊕ a. noncurrent, old-fashioned, obsolete
⊖ a. modern

---

pursue
[pərsú:]
v. 쫓다, 추구하다, 종사하다

We are determined to **pursue** excellence in customer services.

우리는 최고의 고객 서비스를 **추구할** 확고한 의지를 갖고 있습니다.

⊕ phr. engage in, carry on

---

remote
[rimóut]
a. 먼, 먼 옛날의, 원격의

Remote Control agent is able to easily communicate with the **remote** user's machine.

원격 제어 에이전트가 **원격** 사용자의 시스템과 쉽게 통신할 수 있습니다.

⊕ a. distant, secluded   ⊖ a. nearby

---

restore
[ristɔ́:r]
v. 복구하다, 회복시키다, 복직시키다, 되돌려 주다

Efforts to **restore** the castle were actually aiding its destruction.

성을 **복원하려는** 노력이 오히려 파손을 가중시키고 있었다.

⊕ v. revive, refresh
⊖ v. break

---

signature
[sígnətʃər, -tʃùər]
영 [sígnətʃə]
n. 서명, 사인

Please keep in mind to add your official **signature** before you put the letter in the envelope.

그 편지를 봉투에 넣기 전에 공식적인 **서명**을 추가하는 것을 잊지 마십시오.

⊕ n. sign

---

succession
[səkséʃən]
n. 연속, 계속, 계승(상속)권

A large enterprise often has unique issues when it comes to executive **succession**.

대기업은 경영 **승계** 시 특이한 문제들을 접하는 경우가 많습니다.

⊕ n. series   ⊗ a. successional 연속적인

Day 40

Daily TOEIC Voca

---

administration

[ædmìnəstréiʃən]
영 [ədmìnəstréiʃən]

n. 경영, 관리, 관청, 관리국

Advisers to the Food and Drug **Administration** recommended that the cartilage remedy glucosamine be approved.

미 식품의약국 고문들은 연골 치료제인 글루코사민을 승인할 것을 권고했다.

윤 n. management

---

ascend

[əsénd]

v. 오르다, ~을 오르다

The standard apartment price in New York **ascended** 13 percent during the same period.

뉴욕 시의 아파트 기준시가는 같은 기간 동안에 13퍼센트가 올랐다.

반 v. descend

---

aspect

[ǽspekt]

n. 양상, 관점, 용모, 면

One of the most difficult **aspects** of international business is effective promotion.

국제 비즈니스에 있어서 가장 어려운 부분 중 하나는 효과적인 홍보이다.

윤 n. side, respect, dimension

---

assign

[əsáin]

v. 할당하다, 임명하다, 지정하다

Every passengers must sit in the seat **assigned** to him.

모든 승객은 지정 좌석에 앉아야 한다.

---

assist

[əsíst]

v. 거들다, 원조하다, 돕다

If connection is not clear, please stay on the line and an operator will **assist** you.

만일 전화가 잘 안 들리면, 전화를 끊지 말고 계십시오. 그러면 교환원이 도와 드릴 것입니다.

윤 v. promote, help

assure

[əʃúər]

v. 보증하다, 안심시키다, 확인하다

To **assure** seating for dinner, please make all group reservations before 5 o'clock.

저녁 식사 좌석 **확보**를 위해, 모든 단체 예약은 5시 전에 완료해 주십시오.

⊕ v. guarantee, ensure ⊛ v. worry

awkward

[ɔ́ːkwərd]

a. 어색한, 서투른, 불편한

Its user passwords are **awkward**, eight-digit numbers.

사용자 비밀번호가 8자리 숫자로 되어 있어 **불편하다**.

⊕ a. difficult, hard, clumsy, gauche

barrier

[bǽriər]

n. 방벽, 장애

A **barrier** was set up to prevent the passage of horses.

말의 통행을 막기 위해 **방벽**을 설치했다.

⊕ n. barricade, obstacle

blast

[blǽst]

n. 센 바람, 돌풍, 폭발
v. 망쳐 버리다, 폭파하다

The reporter says several other people were killed and injured in **blast**.

리포터는 이번 **폭발**로 여러 명의 사상자가 나왔다고 전했다.

⊕ v. burst, explode

blaze

[bléiz]

n. 불꽃, 화재, 섬광
v. 타오르다

The **blaze** erupted at about 11:50 p.m. and debris was still smoldering this morning.

화재는 밤 11시 50분경에 발생했는데, 오늘 아침까지도 타다 남은 잔해에서 연기가 나고 있었습니다.

⊕ v. flicker

boom

[búːm]

n. 인기, 붐
v. 갑자기 경기가 좋아지다

The city's commercial life has been sustained by a steady economic **boom**.

그 도시의 상업 생명은 꾸준한 경제 **붐** 덕분에 유지되어 왔다.

⊕ v. flourish, thrive

capability

[kèipəbíləti]

n. 능력, 역량

The plant moving will allow for a significant increase in production **capability**.

생산 능력의 상당한 증가를 감안해 공장을 이전할 것이다.

반 n. incapability

---

curious

[kjúəriəs]

a. 호기심이 강한, 이상한

Scientists **curious** about sneezing have conducted sneezing experiments.

재채기에 호기심을 가지고 있는 과학자들은 재채기 실험을 했습니다.

유 a. intrigued, inquisitive

---

demonstrate

[démənstrèit]

v. 논증하다, 설명하다, 입증하다

Our tests **demonstrate** this car is very safe.

수차례의 테스트 결과 이 차가 아주 안전하다는 사실이 입증되었습니다.

유 v. prove, indicate

---

drape

[dréip]

n. 덮는 천, 커튼
v. 낙낙하게 덮다, 주름 잡아 낙낙하게 하다

This detergent works wonders on carpets, sofas, **drapes**, and car mats.

이 세정제는 카펫, 소파, 커튼 및 자동차 매트에 효과적입니다.

유 v. fold   phr. fold up

---

enforce

[infɔ́:rs]

v. 시행하다, 실시하다, 강요하다

The police **enforce** the law by arresting a criminal.

경찰은 범죄자들을 체포함으로써 법을 집행한다.

유 v. compel

---

extensive

[iksténsiv]

a. 넓은, 광대한, 넓은 범위에 걸친

Extensive flooding downtown caused at least one landslide, and damaged several roads.

시내 전역에 홍수가 나서 최소 한 차례의 산사태가 났고, 여러 도로들이 피해를 입었다.

유 a. large, big, comprehensive

modify

[mádəfài] 🔊 [mɔ́dəfài]

v. 변경하다, 수정하다

We will need to **modify** our marketing plan to compete with other newspapers.

우리는 다른 신문사와 경쟁하기 위해 마케팅 계획을 수정해야 할 것이다.

🔊 v. change

vacate

[véikeit] 🔊 [vəkéit, vei-]

v. 그만두고 물러나다, 집을 비우다, 사직하다

Tenants who plan to **vacate** the house before the lease expires must provide written notification of their moving plans.

계약 기한이 만료되기 전에 집을 비우고자 하는 세입자는 자신의 이사 계획을 서면으로 통지하여야 한다.

negotiation

[nigòuʃiéiʃən]

n. 교섭, 협상

A spokesman for the group confirmed that **negotiations** were progressing with difficulty.

그 단체의 대변인은 협상이 난항을 겪는 중이라고 밝혔다.

🔊 n. mediation, arbitation

numerous

[njú:mərəs]

a. 다수의, 수많은

He has had about two thousand fashion shows and **numerous** charity performances.

그는 약 2천 회의 콘서트에서 연주를 했으며, 수많은 자선 공연을 가진 바 있습니다.

🔊 a. many, biased

partial

[pá:rʃəl]

a. 일부분의, 불공평한

Partial cloud is expected tomorrow as the yellow dust arrives.

내일은 황사가 나타남에 따라 부분적으로 흐리겠습니다.

🔊 a. limited, incomplete 🔄 a. impartial

precipitation

[prisìpətéiʃən]

n. 투하, 촉진, 강설, 강우

Deicing chemicals lower the freezing temperature of **precipitation** and prevent it from freezing to pavement.

제설제는 강수의 빙점을 낮추어 그것이 도로에 얼어붙는 것을 막아 준다.

prevalent
[prévələnt]
a. 일반적으로 행하여지는, 효과 있는, 유력한

Plague was quite **prevalent** in London during the sixteenth century.
흑사병은 16세기 런던에서는 아주 만연하였다.
⊛ a. frequent, common, widespread

reflective
[rifléktiv]
a. 반사하는, 상호 연관적인

The disk changes colours due to its **reflective** properties.
그 디스크는 그것의 반사하는 특성 때문에 색이 변한다.
⊛ a. nonreflective

shareholder
[ʃɛ́ərhòuldər]
n. 주주(株主)

Quarterly earnings are always reported to the major **shareholders**.
각 분기별 수익은 대주주들에게 항상 보고된다.
⊛ n. stockholder(美)

transmit
[trænsmít, trænz-]
⊛ [trǽnzmít]
v. 부치다, 전하다, 전송하다

The machine **transmits** images to a receiver worn around the patient's wrist.
그 기기는 환자의 손목에 부착된 수신 장치로 이미지를 전송합니다.

undermine
[ʌ̀ndərmáin]
v. ~의 밑을 파다, 해치다, 손상시키다

Labor unions say the agreement could **undermine** workers' rights.
노동조합원들은 협상안이 근로자들의 권리를 침해할 수도 있다고 지적하고 있습니다.
⊛ v. erode, weaken   ⊛ v. reinforce

upcoming
[ʌ́pkʌ̀miŋ]
a. 다가오는, 곧 나올, 이번의

Please notify all retailers of the **upcoming** price changes.
앞으로 있을 가격 변동에 대해 모든 소매업자들에게 통보하여 주십시오.
⊛ a. forthcoming, future

Daily TOEIC Voca

---

concept
[kánsept]
영 [kɔ́nsept]
n. 개념, 구상
v. 생각해 내다

Our boss said that he would change the **concept** of renovation.
우리 사장님이 혁신의 개념을 바꾸겠다고 말했습니다.
유 n. notion, abstraction
반 n. misconception

---

conquer
[káŋkər]
v. 정복하다, 극복하다

The only way to **conquer** a fear is to face it.
두려움을 극복하는 유일한 방법은 그것에 맞서는 것이다.
유 v. defeat, overcome

---

consequence
[kánsəkwèns, -kwəns]
영 [kɔ́nsikwəns]
n. 결과, 중요성

Mindful of the possible **consequences**, he already offered shares.
앞으로 있을지도 모를 결과를 염두에 두고, 그는 이미 주식을 팔려고 내 놓았다.
유 n. outcome, result, importance

---

defeat
[difíːt]
v. 처부수다, 패배시키다
n. 패배, 짐

It took the computer less than 10 minutes to **defeat** the world boxing champion.
컴퓨터가 세계 복싱 챔피언을 물리치는 데는 10분도 안 걸렸다.
유 v. beat, overwhelm

---

define
[difáin]
v. 정의를 내리다, 한정하다

For example, he **defined** a poet as a person who has written 1,500 or more lines of verse.
예를 들어, 그는 시인을 1,500편 혹은 그 이상의 구절을 쓴 사람으로 정의했다.

enormous

[inɔ́ːrməs, e-]

a. 거대한, 엄청난

The fund raising events were an **enormous** success.

기금 마련 행사는 대성공이었다.

유 a. huge, massive, immense

estimate

n. [éstəmət]
v. [éstəmeit]

n. 견적, 평가
v. 평가하다

Free **estimates** are given on your house repairs.

집수리에 드는 비용을 무료로 견적해 드립니다.

유 n. count, calculation v. guess, judge

identity

[aidéntəti, id-]

n. 동일함, 본인임, 신분증명서

That kind of **identity** political measures have proven a near-disaster.

그러한 정체성 정책들은 거의 재난에 가깝다는 것이 증명되었다.

유 n. self, individuality, uniqueness

impulse

[ímpʌls]

n. 추진, 충격, 충동

Do not buy things on **impulse**; buy them on purpose.

물건을 충동적으로 구매하지 말고 계획적으로 사라.

유 n. urge, itch

inconvenient

[ìnkənvíːnjənt]

a. 불편한, 형편이 마땅치 않은

I am going to try to finish this session by June 30, I hope that is not too **inconvenient** for you.

저는 이 회기를 6월 30일에 끝내려고 하는데, 그것이 당신에게 너무 큰 불편이 되지 않기를 바랍니다.

유 a. awkward, inopportune 반 a. convenient

indicator

[índikèitər]

n. 지시하는 사람, 지표, 표시기

Saving rate is a good **indicator** of an economy's health.

저축률은 경제 안정을 가늠하는 유익한 지표이다.

유 n. signal, symbol

infection

[infékʃən]

n. 공기 전염, 감염, 오염

Children, seniors, and people with lung conditions such as asthma are more liable to **infection**.

어린이, 노약자, 그리고 천식과 같은 폐 질환을 앓고 있는 사람은 한층 더 **감염**되기 쉽다.

inferior

[infíəriər]

a. 하위의, 열등한

The door to foreign companies is opened whenever a domestic car is **inferior**.

국내 차의 **질이 떨어질** 경우에는 언제든 문호가 개방되어 외국과 경쟁을 해야 합니다.

반 a. superior

informative

[infɔ́ːrmətiv]

a. 유익한,
정보를 제공하는

The presentation was a very **informative** and professional.

발표는 아주 **유익**하고 전문적이었다.

유 a. instructive 반 a. uninformative
파 n. information 정보

infusion

[infjúːʒən]

n. 주입, 불어넣음,
주입물, 우려낸 물

In spite of a massive **infusion** of research capital, the results were very disappointing.

막대한 연구비를 **투입**했지만, 결과는 매우 실망스러웠다.

insert

[insə́ːrt]

v. 끼워 넣다, 삽입하다
n. 삽입 광고, 삽입 자막

All you have to do is to **insert** the CD into your computer.

당신 컴퓨터에 CD만 **넣으면** 돼요.

유 v. slip, slide, put

overall

[óuvərɔ́ːl]

a. 전부의
adv. 전체로

Although he is a manager, he does not really understand the **overall** operation.

그는 관리자이면서도 **전반적인** 운영 상태를 제대로 파악하지 못하고 있다.

유 a. gross, global, total, whole

protective
[prətéktiv]
a. 보호하는, 방어하는

Those employees handling these chemicals must wear **protective** gear at all times.

화학 물질을 다루는 사원들은 항상 보호 장비를 착용해야 한다.

⑪ a. defensive, preventive, precautionary

recession
[riséʃən]
n. 경기 후퇴, 불경기

Both economists and economic policy-makers agree that we are now technically in a **recession**.

경제 정책 입안자와 경제 전문가 모두는 우리 경제가 엄밀히 말해서 침체 국면에 접어들었다는 점에 동의한다.

⑪ n. depression

roast
[róust]
v. 굽다, 볶다

Roast broccoli until tender and lightly golden.

브로콜리가 연하면서도 노릇해질 때까지 오븐에서 굽는다.

⑪ v. cook

routine
[ru:tí:n]
n. 판에 박힌 일, 일상
a. 정기적인, 일상의

The network will be down on Saturday between 5:00 and 6:00 p.m. for **routine** maintenance.

네트워크는 정기 점검을 위해 토요일 오후 5시에서 6시 사이에 작동되지 않을 것이다.

respondent
[rispándənt] ⑧ [-spón-]
a. 응하는, 감응하는, 피고의 입장에 있는
n. 응답자, 피고

Two third of the **respondents** were more likely to use text message than to place a local phone call, the survey found.

응답자 가운데 2/3은 시내 전화 대신 문자를 사용한다고 대답했다.

rural
[rúərəl]
a. 시골의, 전원의

A research has found that inner city youths' absenteeism rate is far higher than their **rural** peers.

한 조사에서 도시 빈민 학생들은 시골 학생들보다 장기 결석률이 훨씬 높은 것으로 나타났다.

⑫ a. urban

savage
[sǽvidʒ]

a. 야만적인, 잔인한, 맹렬한
n. 야만인

The company is in **savage** cost-cutting to maintain its efficiency.

그 회사는 효율성 유지를 위해 과감한 비용 절감을 실시하고 있습니다.

㉴ a. wild, violent, cruel
㉤ n. savagery 야만

scenery
[síːnəri]

n. 풍경, 무대면, 배경

The college campus is picturesque with beautiful **scenery** and parks.

대학 캠퍼스는 아름다운 풍경과 공원으로 그림 같다.

㉴ n. view, landscape

scheme
[skíːm]

n. 계획, 음모
v. 계획하다, 음모를 꾸미다

The foreign company was knowingly involved in the money laundering **scheme**.

외국 기업은 돈세탁 음모에 의도적으로 가담했다.

㉴ n. plan, plot, intrgue

screw
[skrúː]

n. 나사
v. 나사로 죄다, 틀다

To remove the lid, turn the holding **screw** one full turn to the left.

뚜껑을 제거하려면, 지지 나사를 왼쪽으로 완전히 한 바퀴 돌리세요.

㉴ n. nail, rivet   ㉰ v. unscrew

sensible
[sénsəbl]

a. 분별 있는, 느낄 수 있는

The patient was immobile but still **sensible**.

환자는 움직일 수 없었지만 의식은 있었다.

㉰ a. unreasonable, unsensible

thoughtful
[θɔ́ːtfəl]

a. 생각이 깊은, 생각에 잠긴, 친절한

It is a **thoughtful** gift for the busy person like you.

그건 당신과 같은 바쁜 사람을 위한 사려 깊은 선물입니다.

㉴ a. considerate, kind

accrue

[əkrúː]

v. 생기다,
(이자가) 붙다,
축적하다

The more money you put in, the more interest you will **accrue**.

돈을 더 많이 넣으면, 관심이 더 늘어날 것입니다.

유 v. accumulate

---

advisable

[ædváizəbl, əd-]

a. 권할만한, 타당한,
현명한

It's, therefore, **advisable** to carry several dresses.

따라서, 여러 벌의 옷을 가져갈 것을 권합니다.

반 a. inadvisable

---

awareness

[əwέərnis]

n. 알아채고 있음, 자각,
인식

Everyone who so much as set foot on road building was trained in environmental **awareness**.

도로 건설에 조금이라도 참여했던 모든 인력은 환경 인식에 관해 교육을 받았습니다.

유 n. knowledge, consciousness

---

censorship

[sénsərʃip]

n. 검열

The album is mostly unavailable due to government **censorship** of his music.

이 앨범은 정부의 검열 때문에 대부분 이용이 불가능하다.

---

coarse

[kɔ́ːrs]

a. 조잡한, 결이 거친

You should use these same methods to perm either thick or **coarse** hair.

당신은 이 동일한 방법들을 두껍거나 거친 머리카락을 파마하는 데 이용해야 합니다.

유 a. rough, spiky

collection

[kəlékʃən]

n. 수집, 수집물

The third floor permanent **collection** galleries are named for him and his wife, Evelyn.

3층 영구 **소장품** 갤러리는 그와 그의 부인의 이름을 따서 에블린이라고 불린다.

commerce

[kámərs]

n. 무역, 상업, 통상

Today's seminar will be presented by the author of the book entitled 21st Century **Commerce**.

오늘 세미나에게서는 '21세기 **무역**'이라는 책의 저자가 내용을 발표할 예정이다.

유 n. trade, communication

component

[kəmpóunənt, -kam-]

n. 구성 요소, 부품
a. 구성하는

The company manufactures **components** for electric clocks.

그 회사는 전자 시계에 사용되는 **부품**을 생산한다.

유 n. ingredient, element

consultant

[kənsʌ́ltənt]

n. 고문, 상담원, 컨설턴트

The **consultant** was of immeasurable help in purchasing mutual fund.

그 **상담원**은 금융 뮤츄얼 주식을 사는 데 큰 도움이 되었다.

유 n. specialist, advisor, counsellor

conventional

[kənvénʃənl]

a. 전통적인, 틀에 박힌

The doctor usually prescribes **conventional** medicines.

그 의사는 보통 **전통** 의약품을 처방합니다.

유 a. traditional, formal
반 a. unconventional

delay

[diléi]

v. 늦추다, 미루다, 우물쭈물하다
n. 지연

After several **delays**, construction was fully completed in 1900.

그 사업은 수차례 **연기**된 끝에, 1900년에 완전히 완공되었다.

유 v. postpone, adjourn, wait
반 v. rush

explosion

[iksplóuʒən]

n. 폭발, 파열

With the spread of the Internet has come an **explosion** of e-commerce, content development.

인터넷의 보급으로 전자 상거래, 콘텐츠 개발이 **폭발적**으로 증가해 왔다.

유 n. blast, eruption

fine

[fáin]

n. 벌금
v. 벌금을 과하다

Without the sticker you can't enter the zone without paying a **fine** of $25.

스티커가 없이는 25달러의 **벌금**을 내지 않고, 그 지역에 들어갈 수 없다.

유 n. penalty, forfeit

lease

[líːs]

n. 임대차, 임차권
v. 임대하다

In addition to signing a **lease** for the land, we also require a deposit.

토지에 대한 **임대차 계약서**에 서명하고 나서, 보증금을 또한 내야 합니다.

유 v. rent   n. loan

legal

[líːgəl]

a. 합법적인, 법률의,
   법률에 관한

The contributions are awarded to universities and community programs that enhance **legal** education.

그 기부금은 **법률** 교육의 질을 높이는 대학 및 지역 사회 프로그램에 지급된다.

유 a. lawful, legitimate   반 a. illegal

petroleum

[pətróuliəm]

n. 석유

But the increasing dependence on imported **petroleum** products is a matter of choice.

하지만 수입된 **석유** 제품에 대한 의존도의 증가는 선택의 문제이다.

plot

[plát] 영 [plɔ́t]

n. 음모, 줄거리, 계획
v. 몰래 꾸미다

Critics complained that the **plot** of the film was too loose and would make the most movie goers feel languid.

평론가들은 그 영화의 **줄거리**가 너무 느슨해서 대부분의 영화 관람객들을 따분하게 느끼도록 만들었다고 혹평했다.

potential
[pəténʃəl]

a. 가능한, 잠재하는

The magazine can be an invaluable tool for gaining access to new **potential** customers.

잡지는 새로운 잠재 고객들에게 접근할 수 있는 소중한 도구가 될 수 있습니다.

㈜ a. possible

precisely
[prisáisli]

adv. 정밀하게, 정확히

The workday will continue to end **precisely** 8 hours after 9 a.m.

근무 시간은 전과 같이 오전 9시 이후 정확히 8시간입니다.

㈜ adv. exactly, accurately
㈘ adv. imprecisely, inexactly

protest
[prətést]

v. 항의하다, 주장하다
n. 항의

Committee members **protested** government plan to build a nuclear waste dump in the region.

위원들은 정부가 이 지역에 방폐장을 건립하려는 계획에 항의했다.

㈜ v. assert, affirm   ㈙ a. protesting 항의하는

punctuality
[pʌ̀ŋktʃuǽləti]

n. 시간 엄수, 정확함, 꼼꼼함

The survey suggested that Japanese women put a high premium on **punctuality** more than men.

이번 조사에서는 일본 여성들이 남성보다 시간 엄수에 대해 훨씬 더 큰 비중을 두고 있는 것으로 드러났다.

㈘ n. tardiness

quarterly
[kwɔ́:rtərli]

a. 연 4회 발행의, 한 해 네 번의, 사계의

Our **quarterly** Publications Meeting will be held on December 4, at the boutique hotel.

연 4회 열리는 출판 회의가 12월 4일 부띠끄 호텔에서 있을 예정입니다.

real estate
[rí:əl estéit]

n. 부동산

The **real estate** industry is strongest ever before.

부동산업계는 그 어느 때보다 호황이다.

scenic

[síːnik]

a. 경치의,
경치가 아름다운

This is truly one of the most **scenic** places in this town.

이곳이야말로 이 마을에서 **경관이 가장 빼어난** 곳들 중의 하나입니다.

유 a. beautiful, spectacular

seating

[síːtiŋ]

n. 착석, 좌석, 수용,
좌석 배열

Passengers arrange for **seating** by calling.

승객들이 전화로 **좌석**을 예약하고 있다.

skip

[skíp]

v. 뛰어다니다,
뛰어넘다, 건너뛰다

Research shows that people who **skip** breakfast are usually fatter than those who eat a well-balanced breakfast.

아침을 **거르는** 사람들은 균형잡힌 아침을 먹는 사람보다 보통 더 뚱뚱하다는 연구 결과가 있다.

subordinate

[səbɔ́ːrdənət]

a. 하급의
n. 하급자, 부하
v. ~보다 아래에 두다

Bosses who act sincerely in front of their **subordinates** will achieve the best results.

부하직원들 앞에서 진실하게 대하는 사장들이 최고의 성과를 얻게 될 것이다.

유 a. secondary, subject, dependent, inferior

supervision

[sùːpərvíʒən] 영 [sjùː-]

n. 감독, 관리, 통제

The drugs should only be taken by patients under the advice and supervision of a doctor.

그 약은 의사의 조언이나 **지시** 하에서만 부모에 의해 복용되어야만 합니다.

파 n. supervisor 감독자, 관리자

translation

[trænsléiʃən]

n. 번역, 해석

The correct English **translation** of its Chinese name is "small house".

그것의 중국 이름에 대한 정확한 영어 **번역**은 "조그만 집"이다.

abolish

[əbáliʃ]

v. 폐지하다

He planned to have it **abolished** when a country was at war or when children were on the run.

그는 한 나라에 전쟁이 일어나거나 어린이들이 피난을 다니게 되는 경우에는 이 상을 **폐지할** 계획이었습니다.

⑨ v. cancel, scrap, dismiss ⑪ v. establish

accident

[ǽksədənt]

n. 사고, 우연, 우연한 일

A truck was slightly damaged but a motorcycle was completely destroyed in the traffic **accident**.

교통**사고**가 나자 트럭은 약간만 손상을 입었지만 오토바이는 완전히 망가졌다.

casual

[kǽʒuəl]

a. 우연의, 되는 대로의, 평상복의

Mr. Simson was angry at the **casual** explanation Mike offered for the disastrous mistakes.

심슨 씨는 마이크가 심하게 한 실수에 대해 **되는대로** 해명한 데 대해 화가 났다.

⑨ a. unexpected, chance, random

classified

[klǽsəfàid]

a. 분류된, (광고가) 항목별의

Living costs are based on a box of 135 items **classified** as daily necessities.

생활비는 생활 필수품으로 **분류된** 135개 품목의 상자 기준으로 한다.

⑪ a. unclassified

compartment

[kəmpá:rtmənt]

n. 구획, 칸

All this food is stored in food storage **compartments** in the basement or kitchen.

이 음식들은 지하실이나 부엌에 있는 음식 보관**함**에 보관되어 있습니다.

contend
[kənténd]

v. 싸우다, 논쟁하다,
주장하다

The manufacturer **contends** the compatibility of this software has no conflict.

생산업체는 이들 소프트웨어의 호환성에 있어서 전혀 충돌이 없다고 주장하고 있습니다.

㈜ v. maintain, compete, struggle

contestant
[kəntéstənt]

n. 경기자, 논쟁자,
경쟁자, 이의 신청자

Contestants compete against one another to complete three quizzes.

대회 참가자들은 3개의 퀴즈를 푸는 시합을 놓고 서로 경쟁을 벌인다.

㈜ n. competitor, participant

discard
[diská:rd]

v. 버리다, 처분하다
n. 폐기

Clothes that are unclaimed after three months will be **discarded**.

맡긴 지 석 달이 경과한 옷들은 폐기 처분됩니다.

㈜ v. reject, abandon

distress
[distrés]

n. 고민, 곤란
v. 괴롭히다

The very things that were causing you **distress** will help you handle many unpleasant situations in the future.

당신을 힘들게 했던 것들이 당신이 미래에 유쾌하지 않은 상황을 대할 때 도움이 될 것입니다.

㈜ n. pain, suffering, anguish, grieve

enroll
[inróul]

v. 명부에 올리다,
등록하다

Outstanding employees will **enroll** in this program in mid-November.

뛰어난 사원들은 11월 중순에 있을 이 프로그램에 등록할 수 있습니다.

㈜ v. register, enlist

exhausted
[igzɔ́:stid]

a. 다 써버린,
지칠대로 지친

Office workers are **exhausted** at the heavy workload.

사무직 직원들은 과중한 업무로 지친다.

㈜ a. unexhausted

expenditure

[ikspénditʃər]

n. 지출, 지불

Expenditures for office supplies had been a steady decrease in the last quarter.

사무실 비품에 대한 지출이 지난 분기에 꾸준히 줄었다.

⊕ n. spending, expense

⊖ n. income

extent

[ikstént]

n. 넓이, 범위, 규모

Poor record keeping makes it difficult to determine the full **extent** of the damage.

기록 관리가 제대로 되고 있지 않아 피해의 전체 규모를 파악하기가 어렵다.

⊕ n. size, scope, degree

grove

[gróuv]

n. 작은 숲,
(귤 등의) 과수원

Calcium doesn't grow in lemon **groves**. but it abounds in lemon juice these days.

칼슘은 레몬 밭에서는 발생하지 않지만, 요즘 레몬주스에는 풍부하다.

hail

[héil]

n. 싸락눈, 우박
v. 환호하며 맞이하다

A storm is expected at 60 mph from the east with heavy rain and the possibility of **hail**.

동쪽으로부터 폭우와 우박의 가능성을 지닌 시속 60마일의 폭풍이 예상되고 있습니다.

hardware

[háːrdwὲər]

n. 철물, 금속 기구류,
하드웨어

Thank you for considering Ace **Hardware** for your needs of kitchen appliances.

주방용품 구입에 저희 에이스 하드웨어(社)를 선택해 주셔서 감사합니다.

⊖ n. software

inevitable

[inévətəbl]

a. 필연적인,
피할 수 없는
n. 피할 길 없는 일

As passenger numbers decreased, either going by car or other lines, closure seemed **inevitable**.

승객 수가 줄어듦에 따라, 차로 가던지 다른 방법으로 가야 하며, 폐쇄는 불가피해 보였습니다.

⊕ a. necessary, unavoidable

inherit

[inhérit]

v. 상속하다, 물려받다

Only if a child **inherits** black from either will he or she have black eyes.

부모 한 쪽으로부터 검은 유전자를 받은 아이만이 검은 눈을 갖게 됩니다.

유 v. succeed phr. come into

insight

[ínsàit]

n. 통찰, 통찰력

The working conditions don't change, but your **insights** into them change.

그 업무 조건은 변하지 않지만, 그것들을 보는 여러분의 통찰력이 변하게 되는 경우도 있습니다.

유 n. vision, perception
파 a. insightful 통찰력이 있는

landlord

[lǽndlɔ̀ːrd]

n. 주인, 집주인, 지주

Responsibility for hiring contractors to fix the leaking tank lies with the **landlord**, and not the tenant.

누수하는 탱크를 고치기 위해 수리업자를 고용할 책임은 세입자가 아니라 집주인에게 있다.

유 n. landowner, landholder

neglect

[niglékt]

v. 무시하다, 게을리하다
n. 태만

It is a problem which is very crucial, but **neglected**.

이것은 아주 중대한 문제인 반면, 외면되고 있는 문제이기도 합니다.

유 n. disrepair, disuse, ignore

participate

[paːrtísəpèit]

v. 참여하다, 관여하다

All parents are expected to **participate** in the school play this year.

올해 학예회에는 모든 학부모가 참석할 예정이다.

유 phr. take part
반 phr. drop out

revolt

[rivóult]

n. 반란
v. 반란을 일으키다

His decision was so radical that the people rose in **revolt**.

그의 결정은 너무나도 급진적이어서 사람들이 반란을 일으켰다.

유 v. rebel n. rebellion

scope
[skóup]
n. 범위, 여지

Such contents are not within the **scope** of this book.

그러한 내용들은 이 책의 **범위** 밖에 있다.

🈠 n. room, margin

subsidiary
[səbsídièri] 영 [-əri]
a. 보조의, 종속적인
n. 부속물, 제 2주체

Sources hinted that the company would soon close its **subsidiary** companies in Asia.

소식통들은 그 회사가 아시아에 있는 **계열사들을** 폐쇄할 것임을 넌지시 비추었다.

🈠 a. secondary 🈫 a. main

sustain
[səstéin]
v. 떠받치다, 받다, 유지하다

They are created and **sustained** by magic, but the gases themselves aren't magic.

그것들은 마술에 의해 창조되고 **유지되어** 왔지만, 가스 그 자체는 마술이 아니다.

🈫 v. negate

tow
[tóu]
v. 잡아당기다, 끌다
n. 끌려감, 견인차

After the race, the car broke down, so it had to be **towed** to the garage.

경주가 끝난 후 차가 고장이 나서, 정비소로 **견인해** 가야 했다.

🈠 v. drag, pull

vendor
[véndər]
n. 행상인

A **vendor** is open his umbrella.

한 **노점상**이 그의 우산을 펴고 있다.

vicinity
[visínəti]
n. 근처, 부근, 근접

There isn't a big market in this **vicinity**.

이 **근처**에는 큰 시장이 없다.

altitude

[ǽltətjùːd]

n. 높이, 고도

Once we've reached our cruising **altitude**, our flight attendants will begin our beverage service.

운항 고도에 진입하면, 승무원들이 음료 서비스를 제공할 것입니다.

유 n. height, elevation

---

beneficiary

[bènəfíʃìèri]

n. 수익자, 신탁 수익자, 수혜인

Korea will be the major **beneficiary** of being close to the world's economic powers.

한국이 세계 경제 대국과 근접해 있는 혜택을 크게 볼 것이다.

파 a. beneficial 유익한, 이로운

---

biography

[baiɑ́grəfi]

영 [baiɔ́grəfi]

n. 전기, 일대기, 전기 문학

Archeology, cultural anthropology, **biography**, and politics — we carry books on hundreds of subjects.

고고학, 문화 인류학, 자서전, 정치학 — 우리는 수백 가지 주제의 서적들을 취급합니다.

---

bookkeeper

[búkìːpər]

n. 부기계원, 경리사원

The **bookkeeper** thought that you and he would get the same salary.

그 장부계원은 당신과 그가 같은 봉급을 받게 될 것이라고 생각하였다.

---

chronicle

[krɑ́nikl]

영 [krɔ́nnikl]

n. 연대기, 기록

v. 연대순으로 기록하다

"Like-minded Individuals" reviews **chronicles** the story of a golf prodigy.

'같은 부류의 사람들'은 골프 신동의 이야기를 연대순으로 기술하고 있다.

constitute

[kánstətjùːt]
[kɔ́nstitjùːt]

v. 구성하다, 설립하다,
임명하다

Personal expenses **constitute** two-third of the human resources department's budget.

인건비가 인사과 예산의 절반을 차지한다.

윤 v. form, compose, establish

contamination

[kəntæ̀mənéiʃən]

n. 오염, 오탁, 타락,
독가스에 의한 오염

There are many ways that soil or groundwater **contamination** can occur.

토양이나 지하수의 오염이 발생하는 여러 가지 경로가 있습니다.

반 n. decontamination

conviction

[kənvíkʃən]

n. 유죄의 판결, 확신

One lawyer said in a telephone interview that the **convictions** were expected.

한 변호사는 전화 인터뷰에서 그 사건의 유죄 판결을 예상했었다고 말했다.

윤 n. belief, faith

corridor

[kɔ́ːridər, -dɔ́ːr, kár-]
[kɔ́ridɔː, -də]

n. 복도, 회랑

Down this **corridor** the toilet is right ahead, so you can't miss it.

이 복도를 곧장 따라가다 보면 화장실이 바로 앞에 있어서 찾으실 수 있을 겁니다.

윤 n. hall, hallway, passage

deadlock

[dédlàk] [dédlɔ̀k]

n. 막다른 골목,
교착상태

By the beginning of the 1970s, the situation had come to a **deadlock**.

1970년대의 초반에, 그 사태는 교착상태에 이르렀었다.

윤 n. impasse, stalemate

disguise

[disgáiz]

v. 변장시키다
n. 변장

It is not for nothing he came in such a **disguise**.

그가 변장을 한 데는 이유가 있었다.

파 a. disguised 변장한

disposal
[dispóuzəl]
n. 처분, 처분의 자유

I'll leave my house at your disposal.
내 집을 당신 처분에 맡깁니다.
ⓥ n. settlement, determination

element
[éləmənt]
n. 요소, 원소

The boss has told his employees, they have to dissolve themselves back to their basic elements.
사장은 그의 직원들에게 스스로를 근원적인 요소까지 분해해 봐야 한다고 말합니다.
ⓥ n. component, module

evaluate
[ivǽljuèit]
v. 평가하다, 어림하다

Additional studies are underway to evaluate the project's profitability.
그 프로젝트의 수익률을 평가하기 위해 추가 조사가 진행 중입니다.
ⓥ v. estimate, judge, assess

flu
[flúː]
n. 인플루엔자, 유행성 감기, 독감

The swine flu is caused by a virus that infects the respiratory tract.
돼지 인플루엔자는 호흡 기관을 감염시키는 바이러스에 의해 발생된다.

gene
[dʒíːn]
n. 유전자, 유전인자

They have discovered a gene involved in a number of different cancers.
그들은 갖가지 암과 관련있는 유전자를 발견했습니다.

immigration
[ìməgréiʃən]
n. 이주, 이민수, 이민자

The discourse of the minister is very hostile to immigration.
장관의 발언은 이민에 매우 적대적입니다.

induce
[indjúːs]

v. 권유하다, 야기하다, 유도하다

Rising demand has already **induced** extra drilling for oil and natural gas.

증가하는 수요는 이미 오일과 천연 가스 추가 시추작업을 **야기하였습니다**.

파 n. inducement 권유, 유인

inhalation
[ìnhəléiʃən]

n. 흡입, 흡입제(약)

One woman was treated at a hospital for smoke **inhalation**.

한 여자가 병원에서 연기 **흡입**에 대한 치료를 받았다.

반 n. exhalation

malfunction
[mælfʌŋkʃən]

n. 기능 부전
v. 제대로 작동하지 않다

She made a pretext of the equipment's **malfunction**.

그녀는 기기 **고장**을 구실로 삼았다.

반 v. function

mutual
[mjúːtʃuəl]

a. 서로의, 공통의

It would be in our **mutual** interest for you to become the designated driver.

지정된 운전사가 되시면 **서로에게** 이익이 될 것입니다.

유 a. shared, interactive, common

ongoing
[ángòuiŋ, ɔ́(ː)n-]

n. 전진, 진행, 행동, 소행
a. 전진하는, 진행 중의

Disappointment and concerns could resurface about the **ongoing** fear of foreign takeover.

계속 진행 중인 외국인의 국내 기업 인수에 관한 실망감과 우려감도 재부상할 수 있다.

유 phr. in progress

perishable
[périʃəbl]

a. 썩기 쉬운, 깨지기 쉬운, 죽기 쉬운
n. (pl.) 썩기 쉬운 물건

Allow 2 days delivery time for mineral water, juice, and non-**perishables**.

생수, 주스, 그리고 잘 **부패하지** 않는 식품은 2일간의 배달 시간을 허가하시오.

반 a. imperishable

quote

[kwóut]

v. 인용하다, 예로 들다

Do your own source checking; see if your remarks were **quoted** out of context.

당신의 말이 문맥에 맞지 않게 인용되었다고 본다면, 원천을 확인하도록 하십시오.

유 v. cite, repeat, say

reminder

[rimáindər]

n. 독촉장, 상기시키는 것, 조언, 주의

They were dreadful **reminders** that safety can never be taken for granted.

안전은 결코 당연하게 생각되어지지 않는 무시무시한 수칙입니다.

파 v. remind 생각나게 하다

renew

[rinjú:]

v. 새롭게 하다, 다시 시작하다, 새것과 바꾸다

The tenant **renewed** his contract for another two years.

세입자는 2년 더 계약을 갱신했습니다.

simplify

[símpləfài]

v. 간단하게 하다, 단순화하다

We devoted greater efforts to work on **simplifying** the menus.

메뉴를 단순화하는 데 많은 노력을 했습니다.

유 phr. make simpler

반 v. complicate

skyscraper

[skáiskrèipər]

n. 마천루, 초고층 빌딩

Apartment buildings and **skyscrapers** are rising all over the capital.

아파트 건물들과 고층 건물들은 수도 전역에서 올라가고 있다.

superb

[su:pə́:rb, sə-]

형 [sju:-]

a. 최고의, 훌륭한, 멋진

Club Marietta, the fitness center, features **superb** excercise equipments.

피트니스 센터인 클럽 마리에타에서는 훌륭한 운동 기구들을 갖추고 있다.

유 a. good, superior

Day 45

collapse
[kəlǽps]

v. 무너지다, 좌절되다, 폭락하다

These events led to **collapse** of the construction, machinery and distribution sectors.

이 사건들은 건설, 기계, 유통업종의 **붕괴**를 초래했다.

유 v. crumble phr. give way

competent
[kámpətənt]

a. 유능한

We hired a man of **competent** and reliable.

우리는 **능력이 있고** 믿을 수 있는 사람을 고용했습니다.

유 a. able, effective
반 a. incompetent

compliment
n.[kámpləmənt]
v.[kámpləmènt]

n. 찬사, 칭찬의 말
v. 칭찬하다, 승낙시키다

To be trusted is a great **compliment** than to be loved.

신뢰받는 것은 사랑받는 것보다 큰 **찬사**이다.

compromise
[kámprəmàiz]

n. 타협, 절충안
v. 타협으로 해결짓다, 타협하다

The firms have come under international pressure to **compromise**.

그 기업들은 **절충하라**는 국제적인 압력을 받게 되었다.

유 n. agreement, adjustment

contempt
[kəntémpt]

n. 경멸, 멸시, 수치

Familiarity breeds **contempt**, they say.

지나치게 허물없이 굴면 **멸시받게** 된다고 그들은 말한다.

유 n. disdain, scorn

courteous

[kə́:rtiəs]

a. 예의 바른, 정중한

The guests received **courteous**, prompt, and well-informed service.

손님들은 극진하고 신속하며 알찬 서비스를 제공받았습니다.

유 a. polite   반 a. discourteous

cuisine

[kwizíːn]

n. 요리, 요리법, 주방, 요리장

This special package included five-star restaurants specializing in Italian **cuisine**.

이 특별 패키지 상품에는 이탈리아 요리를 전문으로 하는 최고급 식당이 포함되어 있었습니다.

cultivate

[kʌ́ltəvèit]

v. 경작하다, 재배하다, 양성하다

Vast hectares of the Amazon are being **cultivated** for the plant's seeds.

아마존 강의 광대한 지역이 그 식물의 종자 재배를 위해 개간되고 있습니다.

유 v. farm, grow   파 a. cultivated 경작된, 교양 있는

digest

[didʒést]

v. 소화하다, 잘 이해하다, 간추리다

n. 요약

Certain people find that they cannot **digest** instant food products easily.

어떤 사람들은 자신들이 인스턴트 식품을 쉽게 소화시키지 못한다는 것을 안다.

파 n. digestion 소화

dimension

[diménʃən]

n. 치수, 넓이, 차원

Spirit has been referred to as the fourth **dimension**.

정신은 4차원적인 것이라고 일컬어져 왔다.

discretion

[diskréʃən]

n. 재량, 행동의 자유, 분별

Meetings are held regularly at the **discretion** of the Committee to discuss matters generally relating to funding.

회의는 일반적으로 위원회의 재량에 따라 자금과 관련된 문제들을 의논하기 위해 열렸다.

파 a. discretionary 자유재량의

driveway

[dráivwèi]

n. 사유 차도, 진입로, 차도

There was a car parked on the **driveway**.

도로에 차가 주차되어 있다.

entail

[intéil, en-]

v. 수반하다, 초래하다, 부과하다

The job **entails** handling 24-hour telephone services only-no selling.

이 직책은 영업과는 무관하며 24시간 전화 상담 업무를 맡게 됩니다.

㊠ v. involve, impose

eternal

[itə́:rnl]

a. 영원한, 불변의

Today's cloning animals is the first step in the quest for **eternal** life.

오늘날의 동물 복제는 영원한 생명을 추구하는 첫 단계이다.

㊠ a. everlasting, immutable, constant
㊡ a. temporal

gourmet

[gúərmei]

n. 음식에 밝은 사람, 미식가

Enjoy spacious rooms with windows and elegant **gourmet** meals.

창문이 달린 넓은 방과 미식가를 위한 고급 식사도 즐기실 수 있습니다.

㊠ n. foodie, epicure, gastronome

indigenous

[indídʒənəs]

a. 토착의, 원산의, 재래의

Imported beef will be an estimated three times cheaper than **indigenous** beef.

수입 쇠고기 가격은 국내산 쇠고기의 3분의 1정도일 것으로 예상되고 있다.

㊠ a. native

insecure

[ìnsikjúər]

a. 불안정한, 위태로운, 무너져 내릴 듯한

The society changes rapidly, the world gets more complex, we feel **insecure**.

사회는 급히 변화하고, 세상은 보다 복잡해지므로 우리는 위태위태하게 느낍니다.

㊠ a. vulnerable, shaky, precarious
㊡ a. secure, safe

inspiration

[ìnspəréiʃən]

n. 영감, 고취, 고무

Our office has a beautiful view, so **inspiration** is an added bonus.

사무실이 좋은 경관을 가지고 있어서 덤으로 근무 의욕이 더 생깁니다.

유 n. imagination, creativity

interpersonal

[ìntərpə́ːrsnəl]

a. 인간 사이에 존재하는, 대인 관계의

I have good **interpersonal** skills, which I believe is effective in selling products.

저는 대인 관계 능력이 아주 좋은데, 그런 면이 영업하는 데 유리하게 작용할 것이라고 믿습니다.

유 a. social

intricate

[íntrikət]

a. 얽힌, 복잡한

The jewelery he made was often very **intricate** and beautiful.

그가 만든 보석은 가끔 복잡하고 아름답다.

유 a. complex, complicated 반 a. simple

jeopardize/ -ise

[dʒépərdàiz]

a. 위태롭게 하다, 위험에 빠뜨리다

The new development **jeopardized** the very survival of civilization.

새로운 개발로 문명의 생존 자체가 위협을 받게 되었다.

유 v. endanger

petition

[pitíʃən]

n. 청원, 탄원, 신청
v. 청원하다

The officials say more than 3,000 drivers have signed a **petition** demanding the recall.

관계자는 3,000명이 넘는 운전자들이 리콜을 요구하는 신청서에 서명했다고 말한다.

pierce

[píərs]

v. 꿰뚫다, 꿰찌르다, 뚫다, 뚫고 들어가다

While attending school, she **pierced** her nose and died her hair yellow.

학창시절, 그녀는 코를 뚫고 머리를 노랗게 염색했었다.

유 v. penetrate

파 a. pierced 구멍이 난

radical

[rǽdikəl]

a. 근본적인, 급진적인, 극단적인

This was a too **radical** proposal at the time, and was not well accepted.

이것은 그 당시 너무 **급진적** 제안이어서, 잘 받아들여지지 않았다.

유 a. progressive, fundamental

resign

[rizáin]

v. 사임하다, 사직하다, 포기하다

Peter Johnson has decided to **resign**, effective May 1.

피터 존슨은 5월 1일자로 **퇴사하기**로 결정했다.

반 v. quit, leave, vacate, abdicate

seasonal

[síːzənl]

a. 계절의, 정기적인

The company had to have a sale to clear unsold **seasonal** merchandise.

그 회사는 팔리지 않은 **계절** 상품을 처분하기 위해 세일을 해야 했다.

반 a. year-round, unseasonal

toll

[tóul]

n. 사용세, 요금, 전화 요금

I called your **toll**-free customer service center to discuss voice quality of internet telephony.

저는 인터넷 전화 통화 품질을 상의하기 위해 귀사의 **통화 요금** 무료 고객 서비스 센터에 전화를 걸었습니다.

유 n. price, cost, fee

voluntary

[vάləntèri]
영 [vɔ́ləntəri]

a. 자발적인, 지원의, 의도적인

The bank will be laid off 200 more jobs by encouraging **voluntary** retirements.

그 은행은 **자발적** 퇴직을 통해 200명을 추가로 감원할 것이다.

유 a. optional, discretionary
반 a. involuntary, compulsory

accessible

[æksésəbl]

a. 접근하기 쉬운,
얻기 쉬운,
이해하기 쉬운

Now many entertainers are **accessible** to the public no matter where they are.

이제는 많은 연예인들이 그들이 어디에 있건 대중에게 접근하기 쉽다.

㊌ a. available, handy, comprehensible
㊎ a. inaccessible

cancer

[kǽnsər]

n. 암, 암적 존재

The **cancer** cells may invade different parts of the body.

암세포들이 신체의 다른 기관들을 침범할 수도 있다.

㊌ n. tumour

casualty

[kǽʒuəlti]

n. 사상자, 피해자

Some areas along the coast were hit by higher waves, but no **casualties** were reported.

해안을 따라 있는 여러 지역이 높은 파도에 타격을 당했지만, 사상자가 보도되지는 않았다.

㊌ n. victim

confront

[kənfrʌ́nt]

v. 직면하다, 대면하다

We must show guts in a time of blessing by **confronting** evil.

우리는 축복의 시기에 우리가 당면한 악을 정면으로 맞서는 용기를 보여주어야 합니다.

㊌ v. face, challenge
㊎ v. avoid, evade

constraint

[kənstréint]

n. 강제, 강요, 제약

This imposed financial **constraints** on the port area.

이것은 항구 지역에 재정적인 압박을 주었다.

㊌ n. restriction

consumer

[kənsúːmər]

🇬🇧 [kənsjúːmə]

n. 소비자

Consumer spending has swelled around 35 percent compared to the same period last year.

소비자 지출은 전년 동기간 대비 약 35% 증가했다.

유 n. customer

반 n. producer

convene

[kənvíːn]

v. 소집하다, 소환하다, 회합하다

We'll **convene** in conference room A at 2 pm.

회의실 A에서 오후 2시에 모이기를 바랍니다.

유 v. assemble, summon, congregate

coordination

[kouɔ́ːrdənéiʃən]

n. 동등, 대등 관계, (근육 운동의) 공동 작용

You need good **coordination** of hand and leg to play ball games.

구기 종목을 경기하려면 손과 다리의 운동 신경이 좋아야 한다.

crack

[kræk]

n. 갈라진 금, 갑작스런 날카로운 소리

v. 찰깍하며 깨지다

You can **crack** this toughened glass, but you can't break it.

이 강화 유리는 금이 가는 해도, 부서지지는 않는다.

유 n. fissure, crevice, cleft, chink

customer

[kʌ́stəmər]

n. 고객, 단골

We will reimburse the **customer** for the cost of the repairs.

저희는 고객 여러분께 수선비를 배상해 드립니다.

유 n. client, consumer, buyer, patron

defer

[difə́ːr]

v. 연기하다, 미루다, 따르다

Jason has much more knowledge than us, so we have to **defer** to him.

제이슨은 우리보다 아는 것이 훨씬 많아서, 우리는 그의 결정에 따라야 합니다.

유 v. postpone, delay

deprive

[dipráiv]

v. 빼앗다, 박탈하다

It is invidious to **deprive** workers of welfare benefits.

직원들의 복지 혜택을 없애는 것은 불쾌한 일이다.

반 v. enrich

discipline

[dísəplin]

n. 훈련, 규율

Discipline is still enforced by hitting their students in some schools.

일부 학교들에서는 아직도 체벌로 규율을 잡는다.

반 n. indiscipline

distract

[distrǽkt]

v. 흐트러뜨리다, 신경을 흩뜨리다

You can easily be **distracted** by noise, so go somewhere quiet.

당신은 소음에 주의를 뺏기기 쉬우므로, 조용한 곳으로 가십시오.

유 v. divert 반 v. attract

evolution

[èvəlúːʃən, iːvə-]

n. 발달, 진화

Biological **evolution** is a long slow process.

생물학적 발전은 장기간에 걸쳐 서서히 진행된다.

유 n. development, advance, progress

fragile

[frǽdʒəl]
영 [frǽdʒail]

a. 부서지기 쉬운, 연약한

Our company produces glass-bottled products that are quite **fragile**.

우리 회사는 유리병으로 된 상품들을 생산하는데, 이것들은 매우 부서지기 쉽습니다.

유 a. danity, vulnerable 반 a. durable

gymnasium

[dʒimnéiziəm]

n. 체육관, (실내) 경기장

To the south of A block is a large **gymnasium** for sport and physical education.

A블럭의 남쪽에는 운동과 체육 교육을 위한 커다란 체육관이 있다.

hatred
[héitrid]
n. 미움, 증오

What united the three groups was their **hatred** of wealthy people.

그 세 그룹을 통일시킨 것은 부유층에 대한 증오였다.

유 n. dislike, hate, aversion

반 n. love

legacy
[légəsi]
n. 유산, 물려받은 것

They each received a **legacy** of $8,000.

그들은 각자 8천 달러의 유산을 받았다.

유 n. heritage, inheritance, bequest

mineral
[mínərəl]
n. 광물, 무기물, 미네랄

It was filled with mines that contain many **minerals** like gold, silver, and brass.

금, 은, 놋쇠와 같은 많은 무기물을 함유하고 있는 자원들로 가득 차 있다.

offset
[ɔ́:fsèt]
v. 차감 계산하다, 상쇄하다

We had to put up prices to **offset** the increased cost of production.

우리는 증가한 생산비를 별충하기 위해 가격을 올려야만 했다.

유 v. neutralize, counterbalance

personnel
[pə̀:rsənél]
n. 인원, 직원, 인사과

One of his duties is the hiring and management of hotel **personnel**.

그의 업무 중의 하나는 호텔 직원들의 고용과 관리이다.

procurement
[proukjúərmənt]
n. 획득, 구매, 조달

Natural gas profit rose because of lower **procurement** costs, the company said.

낮은 조달 비용으로 인해 천연 가스 수익이 증가했다고 회사 측에서 말했다.

remodel

[rìːmádl]
[rìːmɔ́dl]

v. ~의 형태를 고치다,
개조하다

Add value to your home by **remodeling** kitchen and bedroom.

부엌과 침실을 개조함으로써 당신 집의 가치를 더하십시오.

scrutinize

[skrúːtənàiz]

v. 세밀히 조사하다,
유심히 보다

He **scrutinized** minutely all the documents relating to the sale of the vehicle.

그는 차량 판매와 관련된 모든 서류를 세밀히 보았다.

㊒ v. examine, inspect

solicit

[səlísit]

v. 간청하다,
도움을 청하다,
권유하다

No person shall **solicit** others for contributions in connection with the case.

어떤 사람도 그 사건과 관련하여 기부를 권유해서는 안 된다.

swap

[swáp]

v. 바꾸다, 교환하다
n. 교환, 교환품, 교환물

I **swapped** round with my friends.

나는 친구와 좌석을 바꿨다.

trigger

[trígər]

n. 방아쇠, 기폭장치

His irregularities were the **trigger** that brought about the company's collapse.

그의 비리 행위는 그 회사의 붕괴를 초래한 도화선이 되었다.

violation

[vàiəléiʃən]

n. 위반, 방해, 침입

The official has been ordered to detain any cars in **violation** of revised ordinance.

그 관계자는 개정된 법안을 위반한 차량은 억류해도 좋다는 명령을 받았습니다.

Day 47

Daily TOEIC Voca

align

[əláin]

v. 일직선으로 하다, 정렬시키다, 일직선에 맞추다

The soldiers are **aligned** with progress.

군인들이 줄을 맞춰 행진하고 있다.

유 v. straighten

반 v. skew

---

alliance

[əláiəns]

n. 동맹, 결연, 연합

Officials are currently exploring the possibility of an economic **alliance**.

관료들은 지금 경제 협력의 가능성을 타진하고 있다.

---

allocate

[æləkèit]

v. 할당하다, 배분하다, 배치하다

Ten percent will be **allocated** to the emergency recovery operations.

10퍼센트는 비상 복구 사업에 할애된다.

유 v. assign, distribute

---

annotate

[ǽnətèit]

v. 주석을 달다

The treasurer **annotated** the quarterly report with his comments and suggestions.

회계 담당자가 그 분기 보고서에 논평과 제안을 달았다.

파 a. annotated 주석이 달린 n. annotation 주석

---

charter

[tʃá:rtər]

n. 특허장, 전세, 헌장

v. 전세 내다

The **charter** plane gives the best value for a relatively low price.

전세 비행기는 비교적 저렴한 가격으로 최고의 가치를 제공해 드립니다.

cherish

[tʃériʃ]

v. 소중히 하다, 품다

I've always **cherished** a hope of working at an advertising agency.

저는 늘 광고 기획사에서 일하고 싶은 생각을 **갖고 있었습니다**.

반 v. despise

compete

[kəmpíːt]

v. 경쟁하다, 비견하다

Other goods cannot **compete** with this in the price.

가격에 있어서 이것과 **견줄** 상품은 없다.

유 v. fight, battle

conceal

[kənsíːl]

v. 숨기다, 비밀로 하다

Concealed video cameras scan every part of the alley.

몰래 카메라가 골목길의 구석구석을 주시하고 있다.

유 v. hide, disguise   반 v. reveal, show

deserve

[dizə́ːrv]

v. ~ 할만하다, ~할 가치가 있다, 당연히 받을 만하다

Most students **deserve** to receive the education directed in right angle.

모든 학생들은 올바른 방향으로의 교육을 받을 **권리가 있다**.

유 v. earn, merit, justify

fatigue

[fətíːg]

n. 피로
v. 피곤하게 하다

Chronic **fatigue** syndrome costs American industry at least $80 billion per year.

만성 **피로** 증후군이 미국 산업에 미치는 손실은 연간 최소 800억 달러에 달한다.

유 v. tire, exhaust   반 v. refresh

impose

[impóuz]

v. 지우다, 강요하다

Banks may **impose** a small charge for withdrawing money from a bank.

은행에서 돈을 인출할 때 은행이 약간의 수수료를 **부과할** 수도 있다.

유 v. lay, force

inaugurate

[inɔ́ːgjurèit]

v. ~의 취임식을
거행하다,
…의 발회식을 행하다

The new theater was **inaugurated** by Robert Gates on April 9, 1997.

그 새 극장은 1997년 4월 9일에 로버트 게이츠가 개관식을 주도했다.

inquiry

[inkwáiəri, ínkwəri]

n. 문의, 연구, 조사

The **inquiry** will focus on the security arrangements at the airport.

그 조사는 공항의 안전 조치에 대해 초점을 맞출 것이다.

⑨ n. investigation, scrutiny

mingle

[míŋgl]

v. 섞다, 혼합하다,
섞이다

Allow the flavors to **mingle** together for 1 day.

양념들이 하루 동안 뒤섞이게 두세요.

⑨ v. mix, combine, blend

oblige

[əbláidʒ]

v. 강요하다,
어쩔 수 없이 ~하게
하다

The contract **obliges** them to pay a penalty if they finish late.

계약서에는 그들이 일을 늦게 끝내면 벌금을 내야 한다고 되어 있다.

⑨ v. compel, constrain
⑩ v. disoblige

occasionally

[əkéiʒənli]

adv. 때때로

There's a poor contact that causes electric power to fail **occasionally**.

접촉이 불량한 곳이 있어서 전력이 가끔 끊어진다.

off-limits

[ɔ́ːflímits]

a. 출입 금지의,
사용 금지의
adv. 출입 금지 구역에서

The warehouse is strictly **off-limits** to anyone who is not a company official.

그 창고는 회사 관계자가 아니면 누구에게나 출입이 엄격히 통제된다.

pest
[pést]

n. 해충, 유해물, 귀찮은 사람

Benefits include **pest** control, polli-nation, and maintenance of fertile soil.

혜택은 **병충해** 방지, 수분, 비옥한 토양의 유지를 포함합니다.

pill
[píl]

n. 환약, 알약

It combines two vitamins in a single **pill**.

두 가지 비타민을 하나의 **알약**으로 합쳤다.

⑨ n. tablet, capsule, pellet

provision
[prəvíʒən]

n. 조항, 규정, 준비

You shouldn't sign the contract until you have studied its **provisions** care-fully.

계약 **약관**을 면밀히 검토할 때까지는 계약을 체결해서는 안 된다.

㈜ a. provisional 일시적인

residence
[rézədəns]

n. 주거, 거주

Residence in the apartment automati-cally qualifies you for entrance.

그 아파트에 **거주**하면 자동적으로 출입 자격이 주어진다.

⑨ n. abode, habitation

revenue
[révənjùː]

n. 세입, 수익, 수입 총액

This new lap-top accounts for 50% of the company's **revenues**.

이 새 노트북이 회사 **총 수익**의 50%를 차지한다.

⑨ n. income, return, gain, profit

revise
[riváiz]

v. 교정하다, 개정하다, 복습하다

The sales forecast for December has been **revised** downwards.

12월의 예상 판매액이 하향 **조정되**었다.

⑨ v. edit, rewrite, rephrase

rubbish

[rʌ́biʃ]

n. 쓰레기
v. 헐뜯다, 비난하다

In those days, the site was on the edge of the area, and had been used as a **rubbish** tip.

그 당시에 그 장소는 그 지역의 외곽이었고, 쓰레기 버리는 곳으로 이용되었었다.

⊕ n. crap, trash, garbage

stipulate

[stípjulèit]

v. 규정하다, 명기하다

The job advertisement **stipulated** that all applicants should have at least two years of working experience.

그 구인 광고는 모든 지원자들이 최소 2년의 실무 경력이 있어야 한다고 명기했다.

substantial

[səbstǽnʃəl]

a. 상당한, 실체의

His wife pointed out it would place a **substantial** burden on the household economy.

그의 부인은 그것이 가계에 상당한 부담이 될 것이라고 지적했다.

⊕ a. considerable, essential, sound

trend

[trénd]

n. 경향, 방향, 사조

The underlying **trend** of inflation is still upwards.

인플레이션 기저 동향은 아직도 상승 쪽이다.

⊕ n. tendency, movement, drift

vague

[véig]

a. 막연한, 흐릿한

We can't understand the problem because the explanation is too **vague** or cryptic.

설명이 너무 모호하거나 복잡하여 문제를 이해할 수 없습니다.

⊕ a. approximate, rough

withdrawal

[wiðdrɔ́:əl]

n. 철수, 후퇴, 예금 인출

You can make **withdrawals** of up to $750 a day from your account.

당신은 계좌에서 하루에 750달러까지 인출할 수 있습니다.

Day 48

Daily TOEIC Voca

---

accumulate

[əkjúːmjulèit]

v. 모으다, 축적하다

Serious damage may be caused by heavy snow or ice **accumulating** on the roads.

심각한 피해는 폭설이나 도로에 **쌓인** 얼음에 의해서 생길지도 모른다.

⑨ v. amass ⑪ disperse

---

aggravate

[ǽgrəvèit]

v. 악화시키다, 괴롭히다

Apparently it wasn't the only one **aggravated** by the situation.

명백하게 그것은 상황을 **악화시키는** 유일한 것은 아니었다.

⑨ phr. make worse, v. annoy

---

allowance

[əláuəns]

n. 고려, 급여, 수당, 허용

The baggage **allowance** was gradually reduced.

수화물 **허용**이 점차 감소하였다.

---

announcement

[ənáunsmənt]

n. 공고, 발표

I heard the **announcement** for flight number 112 to begin boarding.

나는 112편의 비행기가 탑승을 시작한다는 **안내 방송**을 들었다.

⑩ v. announce 알리다, 공고하다

---

boast

[bóust]

v. 자랑하다
n. 자랑

No other company can **boast** such high profits.

어떤 다른 회사도 그런 높은 수익을 **자랑할** 수 없다.

⑨ phr. show off ⑪ cover up
⑩ n. boasting 자랑, 과시

---

creditor

[kréditər]

n. 채권자

If the date is unclear, contact the **creditor** for specific information.

날짜가 명확하지 않으면, 특별한 정보에 관해 채권자와 연락해 보십시오.

반 n. debtor

---

debate

[dibéit]

v. 논쟁하다
n. 토론

The **debate** was about how to improve spoken and written English.

토론은 영어 말하기와 쓰기 향상 방법에 관한 것이었다.

유 v. discuss   n. controversy

---

exert

[igzə́:rt]

v. 쓰다, 행사하다, 발휘하다

The manager **exerted** all his authority to make his employees accept the plan.

그 지배인은 그의 모든 권위를 내세워 종업원들이 그 계획을 수용하도록 했다.

파 n. exertion 노력

---

forecast

[fɔ́:rkæst]
영 [fɔ́:rkɑ̀:st]

v. 예보하다, 예상하다
n. 예상, 예보

Temperatures are **forecasted** to hit a record high tomorrow.

내일은 기온이 사상 최고를 기록할 것으로 예상된다.

유 v. foretell, guess, predict

---

fraud

[frɔ́:d]

n. 사기, 사기꾼

An investigation started and **fraud** was suspected.

조사가 시작되었고 사기라고 의심되었다.

유 n. deception, deceit

---

greasy

[grí:si]

a. 기름이 묻은, 기름기 많은, 미끈미끈한

This has been favored by women in their twenties who appreciate the efficient yet non-**greasy** oil type cream.

이것은 효과적이면서도 끈적이지 않는 크림을 좋아하는 20대 여성들의 사랑을 받아 왔다.

유 a. fat, fatty

humanity

[hju:mǽnəti]

n. 인류, 인간성

The Great Wall of China has fascinated and puzzled **humanity** for centuries.

중국 만리장성은 수세기 동안 **인류**를 매혹시키고 우리에게 수수께끼를 안겨주었다.

유 n. mankind   반 n. inhumanity

inquire

[inkwáiər]

v. 묻다, 질문을 하다

Before calling to **inquire** about the ordering, please be sure to have the credit card number on hand.

주문에 관한 **문의** 전화를 하시기 전에, 반드시 신용카드 번호를 먼저 챙기십시오.

유 v. ask

intermediate

[ìntərmí:diət]

a. 중간의
n. 중간물

At school, I have been learning German, and I am at **intermediate** level.

학교에서 나는 독일어를 배우고 있고, **중급** 수준이다.

유 a. middle, halfway   반 a. terminal

intervention

[ìntərvénʃən]

n. 개입, 중재

The government's **intervention** on currency market will not help.

외환 시장에 대한 정부의 **개입**은 도움이 되지 않을 것이다.

파 n. interventionist 간섭주의자

litter

[lítər]

n. 어질러진 물건, 난잡
v. 어질러 놓다, 흩뜨리다

Please don't **litter** with your old newspapers.

오래된 신문을 함부로 **버리지** 마십시오.

유 v. clutter, disarrange

occupancy

[ákjupənsi]

n. 점유, 거주, 차용,
   점유 기간, 재직 기간

Hotels reported **occupancy** rate had been below 50 percent on many days.

호텔들은 여러 날 객실 **이용**률이 50퍼센트를 밑돌았다고 보고했다.

offensive

[əfénsiv]

a. 불쾌한, 무례한
n. 공격, 공세

In meetings the team leader always takes the **offensive** before she can be criticized.

회의 때마다 팀장은 항상 비판을 받기 전에 공세를 취한다.

유 a. abusive, bad, filthy　반 a. defensive

premise

[prémis]

n. 전제

I thought that the **premise** of this article is misplaced.

나는 이 기사의 전제가 잘못되었다고 생각한다.

유 n. assumption, hypothesis

racial

[réiʃəl]

a. 인종의, 민족의

I am not talking about **racial** discrimination, but religious feelings.

나는 인종차별에 관해서가 아니라 종교적 느낌을 말하고 있는 것입니다.

유 a. ethnic, tribal

random

[rǽndəm]

a. 닥치는 대로의, 무작위의
adv. 일정하지 않게

Lotteries have **random** drawings of five numbers to find a winner.

복권은 당첨자를 뽑기 위해 무작위로 5개의 숫자를 제비뽑기한다.

유 a. haphazard, indiscriminate
반 a. nonrandom, planned

reject

[ridʒékt]

v. 거절하다, 받아들이지 않다
n. 거부된 것, 불합격자(품)

We ask the deputy to act on your behalf and approve, **reject**, and so on.

우리는 대리인에게 당신 대신 승인과 거부 등을 하도록 요청합니다.

유 v. refuse, deny, veto

subsequent

[sʌ́bsikwənt]

a. 다음의, 그 후의

We developed the fastest copier the world has ever seen, whether the first or **subsequent** copies.

우리는 한 장이든 여러 장이든 세계에서 가장 빨리 복사하는 복사기를 개발했습니다.

유 a. consequent, incidental

subtle

[sʌ́tl]

a. 미묘한, 민감한

Some **subtle** colors are hard to recognize.

몇 가지 미묘한 색깔들은 알아차리기 어렵다.

㊌ a. harmful, perceptive

㊘ n. subtlety 희박

summit

[sʌ́mit]

n. 정상, 정상 회담
a. 정상급의
v. 정상 회담에 참가하다

A climb to the **summit** is safe and sound so long as proper precautions are taken.

정상에 오르는 것은 적절히 조심하는 한 안전하다.

㊌ n. top, peak, crest, pinnacle

summon

[sʌ́mən]

v. 소환하다, 요구하다,
호출하다

The employers were **summoned** to the director's office.

그 직원들은 소장실로 불려갔다.

㊌ phr. send for, call for

tragic

[trǽdʒik]

a. 비극의, 비참한

Generally, a **tragic** figure pursues an impossible love with a nice, young human.

일반적으로, 비극적인 인물은 친절하고 젊은 사람과의 불가능한 사랑을 추구한다.

㊌ a. sad, miserable   ㊘ n. tragedy 비극

undergo

[ʌ̀ndərɡóu]

v. 받다, 경험하다,
견디다

In 1976, Richmond College **underwent** a merger and became the College of Staten Island of the City University of New York.

1976년 리치몬드 대학은 합병을 거쳐서 뉴욕 시립대학의 스타텐 아일랜드 대학이 되었다.

anniversary

[æ̀nəvə́ːrsəri]

n. 기념일

a. 기념일의

He comes to us on the eve of his third **anniversary** as governor of the state.

그는 주지사 취임 3주년 기념일을 하루 앞두고 저희를 찾아 주셨습니다.

---

apparently

[əpǽrəntli, əpɛ́ər-]

adv. 보기에, 명백히, 외관상으로는,

Apparently, there will be two new employees on this Friday.

이번 금요일에 두 명의 신입사원이 새로 오는 게 확실한가 봅니다.

윤 adv. seemingly, clearly

---

concede

[kənsíːd]

v. 인정하다, 부여하다

I **concede** to you fully that Einstein is the greatest scientist.

나는 아인슈타인이 위대한 과학자라는 것을 당신에게 충분히 인정합니다.

---

concord

[kánkɔːrd, kǽŋ-]

영 [kɔ́ŋ-, kɔ́n-]

n. 일치, 조화, 화합

Two companies can solve the problem in **concord** with each other.

두 회사는 그 문제를 서로 화합하여 풀 수 있다.

윤 n. harmony, agreement 반 n. discord

---

depression

[dipréʃən]

n. 의기소침, 움푹한 땅, 불경기, 불황

Being obese also can cause **depression** and health troubles.

비만은 우울증과 건강 문제를 불러올 수도 있습니다.

반 n. elation

dignify

[dígnəfài]

v. 위엄있게 하다, 존귀하게 하다

The presence of the mayor **dignified** the occasion.

시장이 참석하여 그 행사의 위엄을 높여 주었다.

㊠ v. ennoble

㊟ n. dignity 위엄, 품위

---

disposition

[dìspəzíʃən]

n. 배열, 성질, 경향

Hard work is not recommended to people of a nervous **disposition**.

힘든 일은 신경이 예민한 성격의 사람들에게는 권할 만한 게 아니다.

㊠ n. arrangement, ordering

---

flee

[fliː]

v. 달아나다, 사라지다

Savers who are up to a thing or two, **flee** from the bank.

약삭빠른 저축자들이 그 은행으로부터 이탈하고 있다.

㊠ phr. run away, run off

㊟ a. fleet 빠른

---

glide

[gláid]

v. 미끄러지다, 활공하다
n. 미끄러지듯 움직임

It **glides** on easily, very glossy – almost like a lip gloss — but not oily.

그것은 쉽게 발라지며, 거의 입술 광택제 정도로 윤이 많이 나지만 기름기가 많지는 않습니다.

㊠ v. slip, slide, sail

---

haste

[héist]

n. 급함, 서두름

The report had clearly been written in **haste**.

그 보고서는 분명히 성급하게 쓰였을 것이다.

㊟ v. hasten 재촉하다

---

heal

[hiːl]

v. 고치다, 낫게 하다

If you increase your walking time, you'll put stress on the ankle, and it won't **heal** right.

걷는 시간을 늘리면 발목에 무리가 가서, 완전히 낫지 않을 수도 있습니다.

㊠ v. treat phr. care for

inhabit

[inhǽbit]

v. 살다, 거주하다

The people **inhabiting** the island are known as Jama Mapun or "people of Mapun."

그 섬에 사는 사람들은 야마 마푼 혹은 '마푼의 사람들'로 알려져 있다.

🟦 v. dwell, abide 🟪 n. inhabitant 주민

innate

[inéit]

a. 타고난, 고유의, 본질적인

There was an **innate** toughness in these objects.

그런 물체에는 강인함이 내재되어 있었다.

🟦 a. inborn
🟦 a. acquired

insulation

[ìnsəléiʃən]
🟫 [ìnsjuléiʃən]

n. 절연, 절연체, 단열재

With better **insulation**, you can cut your heating bills by up to 23 percent.

좋은 단열재를 쓰면, 연료비를 23%까지 줄일 수 있습니다.

manual

[mǽnjuəl]

a. 손의
n. 소책자, 편람, 지도서

The **manual** steers the user through the machine's vital moving parts.

지도서를 통해 사용자는 그 기기의 주요 작동 부품들을 알게 된다.

🟦 a. blue－collar, hand－operated
🟦 a. automatic

melancholy

[mélənkàli]
🟫 [mélənkəli]

n. 우울, 침울
a. 우울한

There is a **melancholy** thread running through all her songs.

그녀의 모든 노래에는 우울한 기조가 흐른다.

neutrality

[nju:trǽləti]

n. 중립, 국외 중립

The new education minister said that the bill violates the principle of political **neutrality** of education.

신임 교육부 장관이 그 법안은 교육의 중립성이라는 원칙에 위배된다고 말했다.

peel

[píːl]

v. 껍질을 벗기다,
벗기다, 벗겨지다
n. 과일 껍질

Lemon **peel** contains vitamin C and is a source of dietary fiber.

레몬 껍질은 비타민 C를 포함하고 있고 식이 섬유의 공급원이다.

⊛ v. strip, pare, skin

profession

[prəféʃən]

n. 직업, 공언

This is an advanced topic for somebody outside of the medical **profession**.

이는 의학계가 아닌 어떤 사람들에게는 진보적인 주제이다.

⊛ n. occupation, career, calling

publication

[pÀbləkéiʃən]

n. 발표, 출판, 간행물

The editors vetted the manuscript before **publication**.

편집자들이 출판 전에 원고를 검토했다.

⊛ n. issue, brochure

recycle

[riːsáikl]

v. 재활용하다,
재순환시키다,
개조하다

Only certain products, such as glass can be **recycled** profitably.

유리와 같은 특정 제품만이 재활용했을 때 수익성이 있다.

⊛ v. reuse, reprocess, salvage, save

reliable

[riláiəbl]

a. 믿을 수 있는,
의지가 되는

Doctors prescribe the medicine because it's fast, effective and **reliable**.

약효가 빠르고, 효과적이고, 안심할 수 있기 때문에 의사들은 그 약을 처방합니다.

⊛ a. dependable
⊕ a. loyal, dedicated, unreliable

revolutionary

[rèvəlúːʃənèri]
⊛ [rèvəlúːʃənəri]

a. 혁명의, 혁신적인
n. 혁명론자

To join, purchase our **revolutionary** new cellular phones.

함께 어울리기 위해, 당신은 혁신적인 휴대폰을 구입하십시오.

⊛ a. new, innovative, novel

scarce

[skέərs]

a. 부족한, 드문

But these days, jobs on Wall Street are **scarce** — and getting more so.

하지만 오늘날 월가에서 직업을 구하는 것은 **드문** 일로, 점점 더 그렇게 되고 있습니다.

⊕ a. rare, few, uncommon

sleek

[slíːk]

a. 매끄러운, 산뜻한

The **sleek** appearance of the 350-kilometers-per-hour express train did not disappoint.

시속 350킬로미터로 달릴 수 있는 고속철의 **매끈한** 외관은 시민들을 실망시키지 않았다.

⊕ a. smooth, glossy, lustrous, shiny

stroll

[stróul]

v. 한가로이 거닐다, 산책하다

With your permission, I will now take a **stroll** around the premises.

당신 허락이 있다면, 저는 이제 그 지역 주변을 **한가로이 산책**할 것입니다.

⊕ v. ramble

tentative

[téntətiv]

a. 시험적인, 임시의
n. 시험, 시도

The **tentative** agreement, reached early Friday, came without a strike.

잠정 협정은 파업 없이 금요일 일찍 합의에 이르렀다.

⊕ a. conditional, unsettled n. test

vulnerable

[vʌ́lnərəbl]

a. 상처 입기 쉬운,
   공격 받기 쉬운,
   비난 받기 쉬운

When overused or misused, these drugs make a person more **vulnerable** to attack by many viruses.

남용하거나 오용했을 때, 이 약들은 많은 바이러스에 의한 공격에 사람을 보다 **취약하게** 만든다.

Day 50

Daily TOEIC Voca

adversity

[ædvə́ːrsəti]

n. 역경, 불운, (pl.) 재난

This is how she deals with **adversity**, by focusing on what can be changed rather than dwelling on the past.

과거에 연연하기보다는 변화할 수 있는 것에 초점을 두는 것이 그녀가 역경에 대처하는 방법이다.

---

agenda

[ədʒéndə]

n. 의사 일정, 협의 사항, 의제

This **agenda** will form the basis of new labor measures.

이번 의제는 새로운 노동 대책의 근거를 마련해줄 것이다.

㊎ n. programme, schedule, list

---

aggressive

[əgrésiv]

a. 침략적인, 적극적인, 공격적인

Aggressive online advertisements have helped push carbonated dairy product consumption to record levels.

공격적인 온라인 광고가 탄산 유제품 소비를 기록적 수준으로 끌어 올렸다.

㊎ a. hostile, assertive

---

aisle

[áil]

n. 통로, 측면의 복도

There was a woman in the **aisle** seat, a man next to the window.

여자가 통로 좌석에 있었고, 남자는 창문 옆 좌석에 있었다.

㊎ n. passageway, corridor

---

arbitration

[àːrbətréiʃən]

n. 조정, 중재

Both sides in the dispute have agreed to go to **arbitration**.

논쟁하던 양측은 중재하기로 동의했다.

---

banquet

[bǽŋkwit]

n. 연회, 잔치

For private events, the doors to the **banquet** room will be closed.

개인적인 행사로 인해, **연회**장의 문들은 닫힐 것입니다.

㈜ n. feast

bid

[bíd]

v. 명령하다,
값을 매기다

n. 입찰

Their **bid** is $3 million higher than ours.

그들의 **입찰 가격**은 우리보다 3백만 달러가 높다.

㈜ v. n. bargain, dicker

budget

[bʌ́dʒit]

n. 예산
v. 예산을 세우다

Due to financial restraints, the marketing **budget** will be trimmed by five thousand dollars.

자금 압박 때문에 마케팅 **예산**이 5천 달러 축소될 것입니다.

circulate

[sə́:rkjulèit]

v. 순환하다,
순환시키다, 돌리다

A student worker **circulated** lots of fliers around that whole area.

아르바이트 학생은 많은 광고지를 그곳 전 지역에 **돌렸습니다**.

comprehension

[kàmprihénʃən]
[kɔ̀mprihénʃən]

n. 이해, 이해력

The announcers on news programs must get his tongue around words to help viewer's **comprehension**.

뉴스 프로그램의 아나운서들은 시청자의 **이해**를 돕기 위해서 단어를 정확히 발음해야 한다.

㈜ n. incomprehension

curtail

[kərtéil]

v. 짧게 줄이다,
삭감하다

Employers increasingly **curtail** or completely eliminate annual performance bonuses for employers.

고용주들이 점차 직원들을 위한 연례 실적 보너스를 **삭감하거나** 완전히 없애고 있다.

㈜ v. shorten, reduce, diminish

decent
[díːsnt]

a. 남부럽지 않은,
　예의 바른,
　(수입 등이) 상당한

We had a **decent** economic growth of 20 percent.

우리는 20퍼센트의 **상당한** 경제 성장을 이뤘다.

㊇ a. satisfactory, reasonable
㊂ a. indecent

drastic
[drǽstik]

a. 격렬한, 과감한
n. 극약

For political reasons, **drastic** measures were initially not applied in these territories.

정치적인 이유로, 초창기에는 **과감한** 조치가 이 영역에 적용되지 않았다.

㊇ a. forceful, extreme, harsh, severe

formidable
[fɔ́ːrmidəbl]

a. 무서운, 만만찮은

You are facing a **formidable** rival, so you have to stay on point.

당신은 **만만찮은** 라이벌과 대치하고 있으니, 정신을 바짝 차려야 한다.

㊇ a. impressive, alarming

grasp
[grǽsp, grɑ́ːsp]
㊎ [grɑ́ːsp]

v. 붙잡다, 움켜잡다
n. 움켜잡기

Don't put dangerous things like scissors within children's **grasp**.

아이들의 **손이 미치는** 곳에 가위 같은 위험한 물건을 놓지 마세요.

㊇ v. seize, grap, snatch
㊌ a. grasping 붙잡는

gratitude
[grǽtətùːd]
㊎ [grǽtətjùːd]

n. 감사

I just wanted to express my **gratitude** for your care and support and unconditional love.

당신의 관심과 지원 그리고 무조건적인 사랑에 대해 **감사**드립니다.

㊂ n. ingratitude

legislation
[lèdʒisléiʃən]

n. 법률, 입법, 법률 제정

Perhaps when the **legislation** is actually passed, we will find out more about the details of how it will work.

아마도 그 **법안**이 실제로 통과되면, 우리는 그것이 어떻게 작용할 것인지에 대한 세부사항에 대해 좀 더 알게 될 것이다.

lessen
[lésn]
v. 적게 하다, 작게 하다

Taking a hot tub will **lessen** the tension before you sleep.

뜨거운 물에 목욕하는 것은 자기 전에 긴장을 완화할 것이다.

🈩 v. decrease, diminish

mellow
[mélou]
a. 익은, 달콤한, 원숙한, 침착한

The radio actor's voice is very relaxed and **mellow**.

그 성우의 목소리는 아주 편안하고 차분하다.

🈩 a. ripe, delicate

pedestrian
[pədéstriən]
n. 보행자
a. 도보의

The careless **pedestrian** acknowledged (to us) that he was to blame for the accident.

그 부주의한 보행자는 (우리에게) 그 사고의 책임이 자신에게 있다고 인정했다.

prejudice
[prédʒudis]
n. 편견, 침해
v. 편견을 갖게 하다

Many employees with a high school diploma still encounter deep-seated **prejudice** in the work place.

아직도 많은 고졸 사원들이 직장에서 뿌리 깊은 편견에 부딪히고 있다.

🈩 n. bias, preconception

reception
[risépʃən]
n. 환영, 응접, 평판

We recommend the Omega curtain for the **reception** area.

응접실용으로 오메가 커튼을 추천합니다.

sacrifice
[sǽkrəfàis]
n. 산 제물을 바침, 희생
v. 희생으로 바치다, 희생하다

He achieved success at great personal **sacrifice**.

그는 엄청난 개인적 희생을 치르고 성공을 거두었다.

scorch

[skɔ́ːrtʃ]

v. 태우다, 그슬리다
n. 탄 자국

There's a big **scorch** mark on his uniform.

그의 유니폼에 커다랗게 다리미에 탄 자국이 났다.

유 v. burn, sear

파 a. scorched 탄, 그을린

solitary

[sάlətèri]

a. 혼자의, 외로운

When I live alone, I can't stand the **solitary** atmosphere.

혼자 살다보니, 외로운 분위기를 못 참겠다.

유 a. isolated, alone

streamline

[stríːmlàin]

n. 유선형
a. 유선형의
v. 능률적으로 하다

The new boss wants to cut their workforce by 5 percent and **streamline** production.

새로 부임한 사장은 인력의 5%를 감원하고, 생산을 능률화시키려 한다.

sufficient

[səfíʃənt]

a. 충분한

You do not have **sufficient** rights to enter the premises.

권한이 충분하지 않아서 그 건물에 들어갈 수 없습니다.

유 a. enough, adequate, ample

supervise

[súːpərvàiz]
영 [sjúːpərvàiz]

v. 감독하다

Rao had **supervised** the company's storage warehouses for ten years.

라오는 10년 동안 회사의 보관 창고들을 감독했었다.

유 v. oversee, superintend

violate

[vάiəlèit]

v. 위배하다,
   ~의 신성을 더럽히다

The court's ruling that the company had **violated** the law was appealed.

그 회사가 법을 어겼다는 법원의 판결에 항소가 제기되었다.

유 v. break, infringe, disobey

alien

[éiljən, -liən]

a. 외국의, 이질적인, 우주의

n. 외국인, 외계인

The Immigrant Services Agency will send you an **alien** residence card within one week.

이민국에서 1주 이내로 외국인 체류증을 발급해 드리겠습니다.

® a. foreign, strange, extrinsic

---

amend

[əménd]

v. 고치다, 수정하다

You may want to **amend** it, depending on what is needed.

무엇이 필요한가에 따라서, 그것을 고치고 싶을지도 모릅니다.

® v. fix, repair, alter

---

beforehand

[bifɔ́:rhæ̀nd, bə-]

a. adv. 미리(부터의), 벌써(부터의)

Effective immediately, working outside must be approved by supervisors **beforehand**.

내일부터 외근은 반드시 상사의 사전 승인을 받도록 하십시오.

® adv. before, earlier

---

collaborate

[kəlǽbərèit]

v. 공동으로 일하다

Data-sharing network allows you to **collaborate** over the Internet in real-time.

데이터 공유 네트워크는 인터넷상에서 실시간으로 공동 작업을 할 수 있도록 합니다.

® v. cooperate phr. work together

---

comply

[kəmplái]

v. 응하다, 따르다

Failure to **comply** with all of the above can be a big disadvantage for promotion.

상기의 모든 내용을 이행하지 않을 시는 승진에 있어 큰 불이익을 당할 수 있다.

® v. obey, follow

customs
[kʌ́stəmz]
n. 관세, 세관

Passengers transferring to flights to the U.S. are not required to clear Canadian **customs**.

미국행 비행기로 갈아타시는 승객께서는 캐나다 세관이 필요 없습니다.

deduct
[didʌ́kt]
v. 빼다, 공제하다

I'll **deduct** coupons after I ring up the regular price.

정가를 찍은 후에 쿠폰 가격을 빼 드리겠습니다.

유 v. substract   반 v. add

파 n. deduction 빼기

deficient
[difíʃənt]
a. 부족한, 결함 있는
n. 결함이 있는 것(사람)

Our knowledge of biological and geological conditions of the prehistoric ages is still extraordinarily **deficient**.

고대 시대의 생물 및 지질학적 조건에 관한 우리의 지식은 아직도 턱없이 부족하다.

exceptional
[iksépʃənl]
a. 예외적인, 드문, 비범한, 뛰어난

Enjoy our **exceptional** customer service on the plane.

기내에서 최상의 고객 서비스를 즐기십시오.

유 a. extraordinary, abnormal, uncommon

파 adv. exceptionally 예외적으로

expel
[ikspél]
v. 내쫓다, 쫓아내다

People that complained about him were **expelled** from the organization.

그에 대해 불평하던 사람들은 그 단체에서 추방되었다.

유 v. deport, exile, banish

파 n. expellee 추방된 사람

faction
[fǽkʃən]
n. 당파, 경쟁

We had to unite the competing **factions** into a cohesive whole.

우리는 다투고 있는 당파를 하나의 통합된 집단으로 결속해야 했다.

파 v. factionalize 파벌화하다

fake
[féik]
v. 위조하다, 날조하다, 속이다
n. 모조품 a. 가짜의

A group of people who planted **fake** luxury watches on others were caught.
가짜 명품 시계를 팔아넘긴 일당이 잡혔다.
ⓤ n. imitation, forgery, dummy

forbid
[fərbíd, fɔːr-]
v. 금하다, 허락하지 않다

The law **forbids** stores to sell tobacco to minors.
상점이 미성년자에게 담배를 파는 것은 법으로 금지되어 있다.
ⓤ v. prohibit, ban, disallow

gauge
[géidʒ]
n. 계량 기준, 표준 치수, 계량기

The **gauge** showed that pressure of water is normal.
계량기에서 수압이 정상으로 나타났다.
ⓤ n. meter, measuring instrument

insider
[insáidər]
n. 내부 사람, 회원, 내막에 밝은 사람

Industry **insiders** expect 32 inch LCD TV to make up for more than half of the total output.
업계 전문가들은 32인치 LCD TV의 비중이 전체 생산량의 절반을 넘어설 것으로 예상하고 있다.

international flight
[intərnǽʃənl fláit]
n. 국제선

It has no **international flights**, and very few domestic flights.
국제선은 없고, 국내선만 겨우 몇 대 있습니다.
ⓑ n. domestic flight 국내선

intersection
[intərsékʃən]
n. 교차, 횡단, 교차로

An official worked through the night to install the signpost at the **intersection**.
교차로에 표지판을 설치하기 위해 한 공무원이 밤샘 작업을 했다.

irritate

[írətèit]

v. 짜증나게 하다, 화나게 하다

Excessive washing and scrubbing also can **irritate** skin.

심하게 닦거나 문지르는 것 역시 피부에 **염증을 일으킬** 수 있습니다.

ⓤ v. annoy　ⓥ v. placate

legislature

[lédʒislèitʃər]

n. 입법부, 의회

He was a member of the state **legislature**, which is not a local politician.

그는 주 **의회**의 일원이었고, 지역 정치인은 아니다.

ⓤ n. parliament, congress, senate

optimum

[áptəməm]
ⓥ [ɔ́ptəməm]

n. 최적 조건
a. 최적의, 가장 알맞은

The surgery was conducted under **optimum** conditions.

그 수술은 **최적의** 조건하에서 시행되었다.

ⓤ a. best, ideal　ⓥ a. worst

prolong

[prəlɔ́ːŋ, -láŋ]
ⓥ [prəlɔ́ŋ]

v. 늘이다, 연장하다

They **prolonged** periods of practice by a few days.

그들은 연습 기간을 며칠 더 **연장했다**.

ⓤ v. extend　ⓥ v. shorten

regional

[ríːdʒənl]

a. 지역의, 지방의

Midwestern cuisine is a **regional** cuisine of the American Midwest.

중서부 요리는 미국 중서부의 **지방** 음식이다.

ⓤ a. territorial, local

relaxation

[riːlækséiʃən]

n. 풀림, 이완

Yoga or meditation is a very powerful method of **relaxation**.

요가나 명상은 **긴장을 완화**하는 매우 강력한 방법입니다.

restrict

[ristríkt]

v. 제한하다

Congress is considering measures to **restrict** the sale of cigarettes.

의회는 담배 판매를 제한하는 조치를 고려하고 있다.

위 v. limit, regulate

---

spectacle

[spéktəkl]

n. 광경, 장관, (pl.) 안경

The carnival parade is a magnificent **spectacle**.

카니발 행렬은 기막힌 장관이다.

위 n. sight, vision, scene

파 a. spectacled 안경을 쓴

---

theft

[θéft]

n. 훔침, 도둑질

The woman accused of **theft** got six months.

절도 혐의가 있는 그 여자는 6개월 형을 받았다.

위 n. robbery, burglary, larceny

---

toll-free

[tóulfrí:]

a. 무료 장거리 전화의, 전화 요금 무료로

The number, 3-1-2, is **toll-free** from any phone in the city.

번호 3-1-2는 그 도시 어느 전화에서도 무료입니다.

---

tuck

[tʌk]

v. 밀어 넣다, 걷어 올리다, 덮다
n. 접어 넣은 단

She **tucked** up her long skirt and waded into the pond.

그녀는 긴 치마를 추켜올리고 연못으로 걸어 들어갔다.

위 v. push, insert

---

vicious

[víʃəs]

a. 나쁜, 악덕의, 잔인한

Scientists say that wild animals are not naturally cruel or **vicious**.

과학자들은 야생 동물이 선천적으로 잔혹하거나 잔인하지 않다고 말한다.

위 a. brutal, savage, malicious

allege

[əlédʒ]

v. 강력히 주장하다, 증언하다

The murder suspect **allege** that the police forced him to make false confessions.

그 살인 용의자는 경찰이 강제로 거짓 자백을 하게 만들었다고 **주장했다**.

affluent

[ǽflu(ː)ənt], 영 [əflúː-]

a. 풍부한, 부유한

She was born into an **affluent** home.

그녀는 **부유한** 집에서 태어났다.

유 a. wealthy, rich, prosperous

clatter

[klǽtər]

n. 달가닥달가닥하는 소리
v. 달가닥[쨍그렁]하는 소리를 내다

She dropped the spoon and it **clattered** on the floor.

그녀가 수저를 떨어뜨리자 **쨍그랑 소리를 내며 바닥에 떨어졌다**.

유 n. rattle, racket

cluster

[klʌ́stər]

n. 송이, 집단, 무리

The sheep are in a **cluster**.

그 양들은 **떼** 지어 있었다.

유 n. bunch, clump, gathering

clutch

[klʌtʃ]

v. 붙잡다, 움켜쥐다
n. (꽉) 붙잡음

A drowning man will **clutch** at a straw.

물에 빠진 사람은 지푸라기라도 **잡는다**.

유 v. seize, catch, grasp

contemplate

[kántəmplèit, -tem-]
영 [kɔ́n]

v. 생각하다, 관찰하다
심사숙고하다

Have you ever **contemplated** living abroad?

해외에서 사는 것을 고려해 본 적이 있나요?

㊂ v. gaze, think, deliberate, reflect

entrust

[entrʌ́st, en-]

v. 위탁하다, 위임하다

Can you **entrust** the country to these people?

이런 사람들에게 나라를 맡겨 둘 수 있습니까?

㊂ v. delegate, commit, consign

hospitable

[háspitəbl] 영 [hɔ́spit-]

a. 대접이 좋은,
친절한, 쾌적한

His wife is **a hospitable** woman.

그의 아내는 매우 친절한 사람이다.

㊂ a. obliging, accommodating, charitable

indulge

[indʌ́ldʒ]

v. 빠지다,
마음대로 하게 하다,
만족시키다

Don't you want to escape from the city and **indulge** in a holiday?

도시를 벗어나서 휴가를 즐기고 싶지 않으세요?

㊂ v. spoil, gratify, humor, please, satisfy
㊂ v. torture, annoy, trouble

kindle

[kíndl]

v. 불붙이다, 태우다

It was Michael Jackson who **kindled** his interest in music.

음악에 대한 그의 관심에 불을 붙여 준 사람은 마이클 잭슨이었다.

㊂ v. ignite, fire, light, inflame, excite, arouse

luminous

[lú:mənəs]

a. 빛을 내는, 명쾌한

It was a **luminous** point in my memory.

그것은 나의 기억에 뚜렷이 남아 있는 하나의 일이었다.

㊂ a. shining, radiant, brilliant, bright, clear

noticeable

[nóutisəbəl]

a. 두드러진, 주목할 만한

This threat will have a **noticeable** effect on the crowd.

이 위협은 군중에게 **뚜렷한** 효과가 있을 것이다.

㊌ a. observable, perceptible

nourish

[nə́:riʃ, nʌ́r-]

v. 기르다, 자양분을 주다, (감정, 생각 등을) 키우다

Don't forget to **nourish** the skin sufficiently to keep it glowing.

윤택한 피부를 위해서는 충분한 영양을 **공급해 주는** 것을 잊지 마세요.

㊌ v. sustain, support, feed, cherish, foster

occupation

[ákjəpéiʃən]

n. 점령, 직업, 일, 종사

Do I have to state my name, age, and **occupation** below?

아래에 제 이름, 나이, **직업**을 기입해야 하나요?

㊌ n. business, calling, employment, vocation, profession, job, capture, takeover

peculiar

[pikjuːljər]

a. 독특한, 특수한

There was something **peculiar** about her.

그녀는 어딘지 **독특한** 데가 있었다.

㊌ a. particular, characteristic, unusual, uncommon

㊀ a. ordinary, common

perch

[pə́:rtʃ]

n. 횃대, 앉는 장소, 높은 장소

v. 앉다

A little bird **perched** on a twig.

작은 새가 잔가지에 **앉았다**.

㊌ n. roost, stool, rest, settle

quota

[kwóutə]

n. (수출입, 생산 등의) 할당(량), 기준, 책임량

She was 12 votes short of the **quota**.

그녀는 **최소 득표수**에 12표가 모자랐다.

㊌ n. share, proportion, portion

ragged
[rǽgid]
a. 엉성한, 조잡한, (작품 등이) 난잡한, 불완전한

His performance was still very **ragged**.
그의 솜씨는 아직도 아주 엉성했다.
㊂ a. tattered, worn, shaggy, rough, jagged, faulty

respectively
[rispéktivli]
adv. 저마다, 제각각

They are also **respectively** successful in their own fields.
그들은 각자 자신의 분야에서 성공했다.
㊃ a. respective 저마다의, 각자의

sanitary
[sǽnətèri]
a. 위생적인, 위생의

Cholera thrives in poor **sanitary** conditions.
콜레라는 좋지 못한 위생 조건에서 발생한다.
㊂ a. hygienic, clean, germ-free, antiseptic, sterile, unpolluted, healthy

scarcely
[skέərsli]
adv. 간신히, 거의~ 아닌, 아마 ~아닌

She had altered so much I **scarcely** recognized him.
그녀는 너무 많이 변해서 내가 거의 알아볼 수가 없었다.
㊂ adv. hardly, barely

serene
[sirí:n]
a. 고요한

She looked as calm and **serene** as she always did.
그녀는 항상 그랬던 것처럼 침착하고 차분해 보였다.
㊂ a. calm, tranquil, peaceful, placid, still, quiet, undisturbed

slant
[slǽnt]
a. 비스듬한
n. 경사

The building will be collapsed soon, if **slant** pillar is not fixed.
비스듬한 기둥이 수리되지 않으면, 그 건물은 곧 붕괴될 것이다.
㊂ n. slope, tilt, leaning, inclination

stumble

[stʌmbl]

v. 발부리가 걸리다, 비틀거리며 걷다

We were **stumbling** around in the dark looking for a lantern.

우리는 손전등을 찾기 위해 어둠 속에서 이리저리 비틀거렸다.

㊡ v. totter, slip, lurch

symmetry

[símətri]

n. 대칭, 균형

This piece of sculpture has perfect bilateral **symmetry**.

이 조각품은 완벽한 좌우대칭을 이룬다.

㊡ n. balance

tendency

[téndənsi]

n. 경향, 성향

Solids have a greater **tendency** to cohere than liquids.

고체는 액체보다 응집력이 강한 성향이 있다.

㊡ n. inclination, propensity

utterly

[ʌ́tərli]

adv. 완전히, 순전히, 아주, 전혀

When she was depressed, she felt **utterly** divorced from reality

그녀는 우울할 때면 현실과 완전히 단절된 것 같은 기분이 들었다.

wholesome

[hóulsəm]

a. 건전한, 건강에 좋은

It's delicious, and full of **wholesome** grains

그것은 맛있고, 건강한 곡물들로 가득 차 있다.

㊡ a. moral, ethical, helpful, beneficial, nutritious, nourishing, healthful, good

yarn

[jáːrn]

n. 직물 짜는 실, 방적사

She made a sweater from balls of **yarn**.

그녀는 털실꾸러미로 스웨터를 짰다.

㊡ n. thread, fiber, cotton, wool

Part
04

Day 53~Day 65

최상위 어휘 익히기

900점 목표 단계

Day 53

adjourn

[ədʒə́:rn]

v. 연기하다, 휴회하다, 회의를 연기하다

The trial was **adjourned** several times due to legal arguments.

재판은 법적 논쟁 때문에 여러 차례 일시 중지되었다.

ⓤ v. delay, postpone, suspend

---

applaud

[əplɔ́:d]

v. 박수치다, ~에게 박수치다

The pianist gave an exceptional performance; everyone **applauded** loudly.

피아니스트는 아주 탁월한 연주를 보여주었고 모든 사람들은 큰 박수를 보냈다.

ⓤ v. clap, acclaim, cheer

---

bankruptcy

[bǽŋkrʌptsi]

n. 파산, 도산

Prior to filing for **bankruptcy**, you should consult with the bankruptcy attorney.

파산을 신청하기에 앞서, 파산 전문 변호사와 상담을 해야 합니다.

ⓤ n. liquidation, insolvency

---

boost

[bú:st]

n. 밀어 올림, 증대
v. 밀어 올리다, 증가하다

To help **boost** a dwindling natural treasure, five pairs of captive owls were released.

감소하고 있는 천연 기념물의 수를 늘리기 위해서, 잡혀 있던 5쌍의 올빼미들이 풀려 났다.

ⓟ n. boosterism 열렬한 지지

---

cellular

[séljulər]

a. 세포의, 세포질의, 성기게 짠, 통화 존 식의

Many of traffic accidents occur while using the SMS with **cellular** phones these days.

요즘 많은 교통사고가 휴대전화로 문자 메시지를 이용하다가 발생한다.

(복합어) cellular phone 휴대 전화

chef
[ʃéf]
n. 요리사, 주방장

The **chef** received a pay increase after winning the competition with the greatest score.

그 요리사는 최고점으로 대회에서 우승한 후 급여가 인상되었다.

condominium
[kàndəmíniəm]
영 [kɔ́n-]
n. 공동 주권, 공동 통치국, 콘도, 분양 아파트

Condominium sales market experienced a fall in prices.

분양 아파트 판매 시장은 하향세를 겪고 있다.

contractor
[kántræktər]
영 [kəntrǽktər]
n. 계약자

Billing services for the hotel chain are handled by a private **contractor**.

이 호텔 체인의 요금 청구 서비스는 민간 계약업체가 담당하고 있다.

deficit
[défəsit]
영 [défəsit, difísit]
n. 부족(액), 적자

If the **deficit** spending continues, the inflation will be followed.

적자 지출이 계속되면, 인플레이션이 일어납니다.

유 n. shortage, deficiency
반 n. surplus

discrepancy
[diskrépənsi]
n. 모순, 불일치, 어긋남

The **discrepancy** is due to the employment of different applications.

수치가 다르게 나온 것은 다른 응용 프로그램을 채택했기 때문이다.

유 n. contradiction, disparity

dwindle
[dwíndl]
v. 점차 감소하다, 감소하다

The number of subscribers **dwindled** to half of its previous volume.

구독자가 이전 규모의 반으로 줄었다.

유 v. diminish, subside

fuss

[fʌs]

n. 몸달아 설침,
야단법석

Everybody has been making a **fuss** about the fact he is leaving.

모두들 그가 떠난다는 사실에 대해서 야단법석을 떨고 있습니다.

㈌ n. storm, outcry, ado

㈍ a. fussy 야단법석 하는

impart

[impáːrt]

v. 전하다, 나누어 주다,
전하다, 알리다

The education programs **impart** a broader knowledge of English literature.

교육 프로그램은 영문학 지식에 관해 보다 폭넓은 이해를 제공한다.

㈌ v. bestow, give, tell

mileage

[máilidʒ]

n. 총 마일 수,
주행 거리, 연비

Considering your vehicle's **mileage** at your last visit, the following service is now recommended.

지난 번 방문하셨을 때 고객님의 자동차 주행 거리를 고려해서 다음의 서비스를 받으시도록 권해 드립니다.

outlet

[áutlèt, -lit]

n. 출구, 직판점,
할인 매장

Visit your nearest **outlet** today for trying our new flavor of ice cream.

오늘 집근처의 할인 매장으로 가셔서 우리 회사의 새로운 맛 아이스크림을 드셔 보십시오.

㈎ n. intake

patronage

[péitrənidʒ, pǽt-]
㈐ [pǽtrənidʒ]

n. 보호, 단골, 애용

We are grateful to you for your **patronage** of our products.

당사의 제품을 애용해 주신 데 대해 감사드립니다.

peril

[pérəl]

n. 위험, (pl.) 위험한 것

He says scientific technology is a balance between promise of the past and **peril** of the future.

과학 기술은 과거의 약속과 미래의 위험 사이에 균형을 이루고 있다고 그는 말합니다.

㈌ n. danger, risk, hazard

premonition

[prìːmǝníʃǝn, prém-]

n. 징후, 전조, 예감

He had a **premonition** that he would never see her again.

그는 그녀를 다시는 만나지 못할 것이라는 **예감**이 들었다.

preside

[prizáid]

v. 의장이 되다,
사회를 보다,
주재하다

This Health and Welfare Minister has **presided** over systemic failure.

이 보건 복지부 장관은 시스템상의 실패를 **주도해 왔습니다**.

파 n. president 사장, 회장, 대통령

rebate

[ríːbeit, ribéit] 영 [ribéit]

v. 환불하다, 리베이트를
주다, 무디게 하다
n. 환불, 리베이트

Rebate information will be provided when you buy our clothes.

우리 옷을 구입할 때 **환불** 정보가 제공될 것입니다.

유 n. discount

recipient

[risípiǝnt]

n. 수납자, 수령인, 용기
a. 수령하는, 받아들이는

He arranges payment to the overseas **recipient**.

그는 해외에 있는 **수취인**이 지급을 받을 수 있도록 조치한다.

rental

[réntl]

n. 임대료, 임차료
a. 임대의, 임대할 수 있는

The **rental** cars are located within the airport's new parking garage.

임대 차량은 공항의 새 주차장 내에 놓여져 있습니다.

resume

[rizúːm]

v. 다시 시작하다,
다시 차지하다

Full service will **resume** on 30 January.

모든 서비스는 1월 30일부터 **재개됩니다**.

유 v. restart   반 v. discontinue

runway
[ránwèi]
n. 주로, 활주로

The jet has lifted off the **runway** and is now airborne.

제트 여객기는 **활주로**를 이륙하여 현재 비행 중이다.

specification
[spèsəfikéiʃən]
n. 상술, 명세, 명세서, (pl.) 설계서

Specifications will be changed to fit into the international standards by next month.

설계서가 다음 달까지 국제 기준에 맞게 개선될 것이다.

strategic
[strətí:dʒik]
a. 전략의, 전략적인

That agreement must begin with a renewed **strategic** partnership with Mexico.

그 협정은 멕시코와 갱신된 **전략적** 제휴 관계로 시작해야만 한다.

⊕ a. tactical

symptom
[símptəm]
n. 증상, 징후

Juvenile crime is a **symptom** of the failure of public education.

공교육 실패의 **징후**가 청소년 범죄로 나타난다.

⊕ n. manifestation, indication

token
[tóukən]
n. 표, 기념품, (지하철·버스 요금 등의) 대용 화폐, 서적 상품권

My parents gave me a book **token** for my birthday.

부모님은 생일 선물로 도서 **상품권**을 주셨다.

wane
[wéin]
v. 작아지다, 이지러지다
n. 이지러짐

He was a popular TV star, but now he is on the **wane**.

그는 인기 있는 TV 스타였으나, 현재는 **하락세**에 있다.

⊕ v. decline, diminish, fade
⊖ v. wax

Day **54**

Daily TOEIC Voca

anonymous
[ənánəməs]
a. 익명의, 작자 불명의

The relevant factors were provided by an **anonymous** source.
관련된 사항들은 익명의 제보자에 의해 제공되었다.
유 a. unknown, unidentified, unnamed

assert
[əsə́ːrt]
v. 단언하다, 주장하다

The lawyer **asserted** that his client is innocent.
변호사는 자신의 의뢰인은 결백하다고 주장했다.
유 v. declare, state, announce

authentic
[ɔːθéntik]
a. 진정한, 진짜의

She judged this drawing to be **authentic**, not imitation.
그녀는 그 그림이 모조품이 아니라 진품이라고 감정했다.
유 a. genuine, trustworthy
반 a. fake, inauthentic

ballot
[bǽlət]
n. 투표용지, 투표

The issue will be decided at the **ballot** box.
그 문제는 투표장에서 결정될 것이다.
유 n. vote, poll

ban
[bǽn]
n. 금지
v. 금지하다

More and more outlets like theaters and fitness clubs **ban** camera phones on their premises.
실내에서의 카메라폰 사용을 금하고 있는 극장이나 헬스클럽 같은 대중 시설이 점점 늘고 있습니다.
유 v. prohibit, forbid

brisk

[brísk]

a. 활발한, (공기·날씨 등이) 상쾌한
v. 활기를 띠게 하다

Temperatures will be a **brisk** 15 to 20 degrees during the evening.

저녁의 기온은 15도에서 20도로 쾌적함을 느낄 수 있겠습니다.

㊤ a. lively, energetic

comparable

[kámpərəbl]
[kɔ́mpərəbl]

a. ~와 비교되는

The last few decades have been polluted more than any **comparable** period in the past several hundred years.

지난 수백 년 동안에 비해 지난 수십 년 사이에 지구가 더욱 오염되었습니다.

㊤ a. same ㊦ a. incomparable

consecutive

[kənsékjutiv]

a. 연속적인, 계속되는

At the time, winners were retired after seven **consecutive** victories.

그 당시, 우승자는 7연승 후에 은퇴했다.

㊤ a. successive

crucial

[krúːʃəl]

a. 결정적인, 중대한

It is **crucial** for the drivers to concentrate on the condition of the streets.

운전자는 도로 상황에 집중하는 것이 매우 중요하다.

㊤ a. important, critical, decisive, essential
㊦ a. noncrucial

depot

[díːpou, déː-]

n. 창고, 역, 상품 유통 거점

A list of authorized service **depots** will be delivered with the product.

지정 서비스 점의 명단은 제품과 함께 배달될 것입니다.

㊤ n. repository, warehouse

fabricate

[fǽbrikèit]

v. 만들다, 제작하다, (전설·거짓말 등을) 꾸며내다

The suspect's alibi to the police was **fabricated**.

경찰에게 말한 피의자의 알리바이는 조작된 것이었다.

㊤ v. manufacture

frustrate
[frʌ́streit]
v. 좌절시키다, 꺾다

I'm so **frustrated** with this customer management program.

이 고객 관리 프로그램 때문에 **지쳤어요**.

🖌 v. thwart
파 a. frustrated 좌절한

---

heir
[ɛ́ər]
n. 상속인, 후계자

The company owner's brother is his **heir**.

회사 사장의 동생이 그의 **후임자**이다.

🖌 n. inheritor, legatee

---

irrelevant
[irélǝvǝnt]
a. 대중이 틀린, 무관계한, 소송의 쟁점과 관계없는

That is completely **irrelevant** to the case.

그것은 완전히 그 경우와는 **무관하다**.

🖌 a. immaterial, extraneous, unrelated
반 a. relevant

---

masterpiece
[mǽstǝrpìːs, mɑ́ːs-]
영 [mɑ́ːstǝpìːs]
n. 걸작

In most crafts the creation of a **masterpiece** still requires art and mystery.

대부분의 공예에 있어서 **걸작**의 창조는 여전히 특수 기술이 요구된다.

---

menace
[ménis]
n. 협박, 위협
v. 위협하다, 협박하다

The South Korean mission in Moscow did not provide further details of the **menace**.

모스코바 주재 한국 대사관은 **위협**에 대한 구체적인 내용을 공개하지 않았습니다.

🖌 n. threat, intimidation

---

merge
[mǝ́ːrdʒ]
v. 합병하다

If we **merge** with the No. 2 industry Pontec firm, we'll be able to expand our client base.

만일 우리 회사가 업계 2위인 폰텍 사와 **합병이 된다**면, 우리의 고객 저변을 더욱 넓힐 수 있을 텐데요.

🖌 v. combine, amalgamate 파 n. merger 합병

nasty

[nǽsti]
영 [náːsti]

a. 더러운, 불쾌한, 거친
n. 싫은 것

Due to **nasty** weather, I am not allowed to leave the house.

악천후로 인해 나는 외출이 허락되지 않았다.

유 a. difficult, hard, disgusting
반 a. nice, pleasant

postage

[póustidʒ]

n. 우편 요금

The stamp may still be valid for **postage**.

이 우표는 여전히 우편 요금으로 효력이 있을 것이다.

prescribe

[priskráib]

v. 규정하다, 처방하다

He **prescribed** music and recreational therapy.

그는 음악과 레크리에이션 요법을 처방했다.

유 v. stipulate
파 a. prescribed 규정된

realtor

[ríːəltər, -tɔ́ːr]
영 [ríəltər, ríːl-]

n. 부동산업자,
   공인부동산 중개업자

Our **realtor** says there aren't many villas available in that subdivision.

부동산 중개인은 그 지역에는 나와 있는 빌라가 많지 않다고 합니다.

reluctant

[rilʌ́ktənt]

a. 마음 내키지 않는

With the economy in bad shape, people are **reluctant** to buy luxuries.

경제가 좋지 않다 보니 사람들이 사치품 구입을 꺼린다.

유 a. unwilling, hesitant, loath

somewhat

[sʌ́mhwʌt]
영 [sʌ́mwàːt]

adv. 얼마간, 다소

It is **somewhat** like putting the fox in charge of the hen house.

그것은 어느 정도 여우에게 닭장을 책임지라고 하는 것과 같다.

유 adv. rather

staircase

[stɛ́ərkèis]

n. 계단, 층계

An escalator is a moving **staircase** in a department store, underground railway, etc.

에스컬레이터는 백화점, 지하철 등에 있는 이동식 **계단**이다.

stance

[stǽns]
혱 [stǽns, stáːns]

n. 발의 위치, 태도, 입장

The representatives have adopted an unpopular **stance** on the deficit.

대표들은 적자 문제에 대해 대중적이지 못한 **태도**를 취했다.

㈜ v. attitude, position

strive

[stráiv]

v. 노력하다, 힘쓰다

We are **striving** to meet the needs of our customers.

우리는 고객의 요구를 충족시키기 위해 **노력하고** 있다.

㈜ v. try, struggle, toil

subsidize

[sʌ́bsədàiz]

v. 보조금을 지급하다

The government has **subsidized** remodeling projects for any apartment complex built more than 25 years ago.

정부는 25년 이상된 아파트 단지의 리모델링 사업에 대해 **보조금을 지급해 왔다**.

surplus

[sə́ːrplʌs, -pləs]
혱 [sə́ːpləs]

n. 나머지, 과잉
a. 과잉의, 나머지의

These goods are **surplus** to requirements.

이 물품들은 필요 **이상**으로 남는다.

tedious

[tíːdiəs, -dʒəs]
혱 [tíːdiəs]

a. 지루한

This can be a rather **tedious** work, and can take a great deal of time.

이것은 다소 **지루한** 작업이고, 많은 시간이 걸릴 수 있다.

㈜ a. uninteresting, boring, dull

Day 55

abstract

[æbstrǽkt, ´-]
⑱ [ǽbstrækt]
a. 추상적인 n. 추상
v. 추상하다

The paintings do not follow the traditional rules of **abstract** art.

그 그림들은 **추상** 예술의 전통적 법칙을 따르지 않는다.

반 a. concrete, practical

accord

[əkɔ́:rd]
v. 일치하다,
   조화시키다, 허용하다
n. 일치, 합의

They came to an **accord** that profits would be shared equally.

그들은 이익을 균등하게 나누기로 **합의**했다.

유 n. sympathy, agreement 반 n. disagreement
파 n. accordance 일치

anticipate

[æntísəpèit]
v. 예기하다, 기대하다

Both companies **anticipate** hiring the additional employees in March.

두 회사 모두 3월에 추가 직원을 채용할 것으로 **예상합니다.**

유 v. want, forestall, expect

assemble

[əsémbl]
v. 모으다, 조립하다,
   모이다

The furniture is easy to **assemble** — all you need is a screwdriver.

그 가구는 **조립하기** 쉽다 — 당신은 드라이버만 있으면 된다.

반 v. disassemble
파 a. assembled 모인

automate

[ɔ́:təmèit]
v. 자동화하다,
   자동화로 제조하다

Remote controlled is much different from fully **automated**.

원격 제어는 완전 **자동화**와는 많이 다르다.

파 a. automated 자동화된 n. automation 자동화

deteriorate

[ditíəriərèit]

v. 나쁘게 하다, 나빠지다

In September, unemployment conditions for young adults **deteriorated** to a 8.3 percent.

9월에 들어와 청년 실업률이 8.3퍼센트로 악화되었다.

㊌ v. worsen, degenerate

㊃ v. recuperate

disorder

[disɔ́:rdər]

n. 무질서, 소란
v. 어지럽히다

The major cities are calm, but continuing **disorder** has been reported elsewhere.

주요 도시들은 잠잠하지만, 다른 곳에서는 계속적인 소요가 보도되고 있다.

㊌ n. confusion

durable

[dúərəbl]
㊐ [djúərəbl]

a. 영속성 있는, 튼튼한
n. (pl.) 내구(소비)재

Wood is the easiest surface to paint and is **durable** enough to use for many years.

나무는 페인트를 칠하기 가장 쉬운 표면이며, 몇 년을 사용해도 충분할 정도로 내구성이 있다.

economical

[èkənámikəl, ì:k-]
㊐ [ekənɔ́mikəl]

a. 경제적인,
   절약이 되는

It's more **economical** to buy ingredients on the open market.

음식 재료를 공개 시장에서 구입하면 보다 경제적이다.

㊌ a. saving, thrifty

endeavor/-our

[indévər, en-]

n. 노력 v. 노력하다

Please make every **endeavor** to arrive on time.

정시에 맞춰 도착할 수 있도록 모든 노력을 다 해 주십시오.

㊌ n. effort v. strive, try

envision

[invíʒən, en-]

v. 마음에 그리다,
   상상하다, 구상하다,
   계획하다

Confidence is the result of how you **envision** yourself.

자신감은 자신의 미래를 어떻게 설계해야 하는지에 대한 결과물이다.

㊌ v. visualize, contemplate

generate
[dʒénərèit]
v. 일으키다, 발생시키다, 산출하다

If we start to **generate** some sales, we might begin to advertise in a newspaper.
판매가 되기 시작하면 신문 광고도 시작할 것입니다.
㊎ v. produce, create, engender

humidity
[hju:mídəti]
n. 습기, 습도

High **humidity** in winter makes air feel warmer, so we can save the heating costs.
겨울에 습도가 높으면 공기가 더 따뜻하게 느껴지므로 난방비를 절약할 수 있습니다.
㊎ n. dampness, moisture

incidental
[ìnsədéntl]
a. 부수하여 일어나는, 불시의, 임시의

The budget did not include **incidental** costs, such as paper cups and copier paper.
그 예산에 종이컵 및 복사용지와 같은 잡비는 포함되지 않는다.
㊎ a. secondary, subsequent, peripheral

innumerable
[inú:mərəbl]
영[injú:mərəbl]
a. 셀 수 없이 많은

This implies that you have spent an **innumerable** amount of time and effort.
이것은 당신이 엄청나게 많은 시간과 노력을 소비했다는 것을 의미합니다.
㊎ a. incalculable, countless

luncheon
[lʌ́ntʃən]
n. 점심, 오찬 모임
v. 점심을 먹다

The **luncheon** at the Hilton Hotel, originally scheduled for Wednesday, will be postponed until next week.
원래 수요일에 예정된 힐튼 호텔에서의 오찬 약속은 다음 주로 연기될 것이다.
㊎ n. lunch

nominate
[nɑ́mənèit]
영[nɔ́mənèit]
v. 지명하다, 임명하다

Peter Brown, along with three other workers, was **nominated** for the Outstanding Employee Award.
피터 브라운은 다른 직원 세 명과 함께 최우수 사원상 후보로 지명되었다.
㊎ v. propose, appoint

ominous

[ámənəs]
영 [ɔ́mənəs]
a. 불길한, 나쁜 징조의

Her novel contained **ominous** undertones of what was to come.

그녀의 소설에는 다가올 일에 대한 **불길한** 예감이 담겨 있었다.

유 a. alarming, unpropitious, sinister

proposal

[prəpóuzəl]
n. 신청, 제안, 결혼 신청

The lawmaker presented a **proposal** that all workers should be given free health inspection.

그 국회의원은 모든 노동자가 무료로 건강 검진을 받을 수 있도록 하는 **안건**을 제출했다.

유 n. recommendation, suggestion

refrain

[rifréin]
v. 그만두다, 삼가다

Please **refrain** from using the storage for private purposes.

개인적인 목적으로 저장소를 사용하는 것을 **삼가시오**.

반 v. act, consume

refute

[rifjúːt]
v. 논박하다, 반박하다, 잘못을 밝히다

He **refuted** all suggestions that he was planning to transfer to the international division.

그는 자기가 해외 영업 부서로 옮기려고 계획 중이라는 모든 제언들을 **반박했다**.

relocate

[rìːloukeit]
v. 다시 배치하다, 이전시키다, 강제 소개시키다

Those department interested in **relocating** should submit applications to Director Jones by April 13th.

이주를 희망하는 부서는 4월 13일까지 존스 총무에게 신청서를 제출해 주시기 바랍니다.

seminar

[sémənàːr]
n. 연구, 세미나

Come see for yourself at the first **seminar** in the series being held Saturday, December 15.

12월 15일 토요일에 열리는 첫 번째 **세미나**에 오셔서 직접 확인해 보십시오.

sullen

[sʌ́lən]

a. 부루퉁한, 음침한

When the group opposed to his plan, he became **sullen**.

그 단체가 자기 계획에 반대를 하자, 그는 심기가 불편해졌다.

㉤ a. cloudy, ill-natured

surge

[sə́ːrdʒ]

v. 밀려오다, 쇄도하다
n. 큰 파도, 급상승, 증가

A sudden **surge** of agricultural imports can threaten the local farmers.

농산물 수입의 갑작스런 증가는 국내 농가를 위협할 수 있다.

testimony

[tέstəmòuni]

n. 증언, 고백

According to an eyewitness **testimony**, the suspect wore a black cap.

목격자의 증언에 의하면, 용의자는 검은색 모자를 쓰고 있었다.

㉤ n. statement, declaration

valid

[vǽlid]

a. 근거가 확실한, 유효한

Make sure the item is **valid** in this section.

이 구획에서의 항목이 유효한지 확인하십시오.

㉤ a. legal, logical, sound
㉱ a. invalid

voucher

[váutʃər]

n. 보증인, 증거 서류, 상품권, 할인권

The first 100 people to purchase will receive family restaurant discount **vouchers**.

구입자 중 선착순 100분에는 패밀리 레스토랑 할인 쿠폰을 증정합니다.

warranty

[wɔ́ːrənti, wɑ́r-]
⑱ [wɔ́rənti]

n. 근거, 정당한 이유, 보증서, 서약

A service plan is a separate policy from the manufacturer's **warranty**.

서비스 제도는 품질 보증과는 별도의 정책이다.

㉤ n. guarantee

Day 56

accommodate
[əkámədèit]
v. 숙박시키다, 수용하다, 편의를 도모하다

The youth hostel can **accommodate** all the students of this school.

그 유스호스텔은 이 학교의 모든 학생을 **수용할** 수 있다.

🔊 v. house, lodge

advocate
[ǽdvəkèit]
v. 옹호하다
n. 창도자

Playing a card game is also **advocated** as a way of enhancing mental prowess.

카드 게임 하는 것은 또한 지적인 능력을 향상시키는 방법으로도 **옹호되고** 있다.

🔊 v. support, recommend

ailing
[éiliŋ]
a. 병든, 앓고 있는

The Government should take some drastic measures to revitalize the **ailing** economy.

정부는 **침체된** 경제에 활력을 불어넣기 위해 과감한 조치를 취해야 한다.

🔊 a. ill, sick

alumnus
[əlʌ́mnəs]
n. (pl.) -ni 남자 졸업생, 동창생, 교우

For those who are here at **Alumni** Hall for your mid-term exam, please make sure that you have an OMR (Opitical Mark Reader) Card.

중간고사를 보기 위해 이곳 **동창**회관에 모인 학생 여러분, OMR 카드를 가지고 있는지 확인해 주십시오.

amazement
[əméizmənt]
n. 놀람, 경탄

The staff members watched in **amazement** as the service provider official fixed the problem in a matter of minutes.

직원들은 서비스 업체 직원이 문제를 몇 분 만에 해결하자 **놀란 눈**으로 지켜보았다.

amenity
[əménəti, əmí:-]

n. 기분 좋음,
(pl.) 쾌적한 오락시설,
화장실

The complaints included signs, **amenities**, flight availability, and scarcity of parking space.

불만사항으로는 표지판, **편의시설**, 항공편 운항 횟수, 주차 공간 부족 등이 지적되었습니다.

유 n. facility, convenience 반 n. disagreeableness

antibiotic
[æ̀ntibaiátik, -tai-]
영 [æ̀ntibaiɔ́tik]

n. 항생제

Antibiotics are also given to treat the infection.

항생제는 또한 감염을 치료하기 위해 주어진다.

assorted
[əsɔ́:rtid]

a. 분류된, 여러 구색을
갖춘, 다채로운

The meat will be served with salad or **assorted** vegetables.

고기는 샐러드나 **다양한** 야채와 함께 제공될 것입니다.

유 a. different, heterogeneous, diverse

bleak
[blí:k]

a. 황량한, 차가운,
궁색한

With future profits looking **bleak**, voluntary contributions slowed or completely ceased.

미래의 수익원이 **매우 불확실한** 상황에서 자발적인 기부는 감소하거나 완전히 중단됐다.

유 a. cold, hopeless, inhospitable

collateral
[kəlǽtərəl]
영 [kɔlǽtərəl]

a. 서로 나란한
n. 담보물

Unless you've got **collateral**, no financial institution will give you a loan.

담보가 없으면, 어떤 금융기관도 대출을 안 해줄 겁니다.

유 a. parallel

commotion
[kəmóuʃən]

n. 동요, 소요, 소란

The bill caused a tremendous **commotion** in the political world.

그 법안은 정계에 커다란 **파란**을 일으켰다.

유 n. agitation, riot

controversy

[kántrəvə̀ːrsi]
⑧ [kɔ́ntrəvə̀ːsi, kəntróvə-]
n. 논란, 논쟁

Hundreds of people get on the Internet to get tickets to the concert, lured by the **controversy**.

수백 명의 사람들이 **논란**에 이끌려 콘서트 티켓을 사기 위해 인터넷에 접속하고 있습니다.

㊌ n. arguement, quarrel, altercation

counterfeit

[káuntərfìt]
a. 위조의 v. 위조하다

If you are caught selling the **counterfeit** DVD's, your store can be shut down and you can be removed as a seller.

만약에 **위조** DVD들을 팔다가 잡히면, 당신 상점은 문을 닫아야 하고, 당신은 상인을 그만해야 할 것입니다.

curb

[kə́ːrb]
n. 재갈, 구속
v. 억제하다

The government is trying to **curb** the immigrants from third-world countries.

정부는 제 3국으로부터의 이민을 **억제하려** 하고 있다.

㊌ n. restraint

deem

[díːm]
v. 여기다, 간주하다, 생각하다

Don't set your philosophy by what other people **deem** important.

당신의 인생관을 다른 사람들이 중요하다고 **생각하는** 것들에 두지 마세요.

㊌ v. consider

defect

[díːfekt, difékt]
n. 결점, 결손, 부족
v. 탈퇴하다, 변절하다

It is hard for your company to avoid the blame for the **defect**.

귀사가 **결함**에 대한 책임을 면하기는 어렵습니다.

㊌ n. fault, flaw

elevate

[éləvèit]
v. 올리다, 승진시키다

The status of women workers should be **elevated** higher in the work place.

직장에서 여성 근로자의 지위를 더 **높여야** 된다.

㊌ v. lift, raise, promote

geographical

[dʒìːəgrǽfikəl]
㊊ [dʒìəgrǽfikəl]

a. 지리학의, 지리적인

From a **geographical** standpoint, we are entitled to the entire island.

지리적 관점에서 볼 때, 우리는 섬 전체에 대해 권리가 있다.

immune

[imjúːn]

a. 면한, 면역의, 면제된

Children are **immune** to viruses and bacteria after they receive the proper vaccine.

적절한 예방 접종을 받으면, 아이들은 바이러스와 박테리아에 **면역이 생기게 된**다.

㊒ a. unaffected, exempt

improvise

[ímprəvàiz]

v. 즉석에서 하다

In his jazz performance, the musician often **improvises** his own melodies.

그의 재즈 공연에서 그 음악가는 종종 자신의 멜로디를 **즉석에서 만든다**.

invalid

[ínvəlid]
㊊ [ínvəlid, ínvəlìːd]

a. 병약한, 타당하지 않은
n. 병자 v. 병약하게 하다

Liaisons and support teams stopped responding because the invitation is **invalid**.

도움 요청이 **잘못되었기** 때문에 연락 사무소와 지원팀에서 응답할 수 없습니다.

㊒ n. patient a. ill, sick ㉯ a. valid

lawsuit

[lɔ́ːsùːt] ㊊ [lɔ́ːsjùːt]

n. 소송, 고소

When they were refused service, they promptly filed a **lawsuit**.

그들이 서비스를 거절당했을 때, 그들은 즉시 **소송**을 냈다.

lure

[lúər] ㊊ [ljúər]

n. 유혹물
v. 유혹하다, 불러들이다

We have been seeking ways to **lure** foreign capital.

우리는 외국자본을 **유치하는** 방안을 모색해 왔다.

㊒ n. temptation, attraction

profile

[próufail]

n. 옆얼굴, 태도, 자세
v. ~의 윤곽을 그리다,
개요를 쓰다

He put on a calm front in the presence of high-**profile** people.

그는 중요한 위치의 사람과 있을 때는 차분한 태도를 취한다.

---

renowned

[rináund]

a. 유명한, 명성 있는

She's world **renowned** as a violinist and composer.

그녀는 바이올리니스트이자 작곡가로 세계적인 명성이 있습니다.

⟨유⟩ a. known, famous, celebrated

---

sheer

[ʃíər]

a. 얇은, 비쳐 보이는,
섞인 것이 없는

Women's dresses should not be sleeveless, **sheer**, or loud color.

여성의 옷은 소매가 없거나, 속이 비치거나, 야한 색은 허용되지 않습니다.

⟨유⟩ a. complete, thin, pure, utter

---

volatile

[válətl, -til]

a. 휘발성의, 변덕스러운,
불안정한

The stock market is likely to remain **volatile** in the near future.

주식 시장은 당분간 급격한 변동을 계속할 것으로 보인다.

⟨유⟩ a. variable, unsettled, unstable

---

vow

[váu]

n. 맹세
v. 맹세하다

Not long after that, I **vowed** never to make that same mistake again.

그 일이 있은 지 오래지 않아, 나는 같은 실수를 절대 반복하지 않겠다고 맹세했다.

⟨유⟩ n. oath, pledge

---

wholesale

[hóulsèil]

a. 도매의, 전면적인
n. 도매, 대량 판매

A **wholesale** change of education policies in schools runs the risk of doing more harm than good.

교육 정책을 대대적으로 바꾸는 것은 득보다 해가 될 것입니다.

Day 57

asthma

[ǽzmə, ǽs-]
영 [ǽsmə]

n. 천식

People with lung conditions such as **asthma** should consider postponing outdoor exercise when a flu is going around.

천식 같은 폐 질환을 앓고 있는 사람들은 감기가 유행일 때에는 야외로 나갈 생각을 잠시 보류해야 할 것이다.

bleach

[blíːtʃ]

v. 표백하다
n. 표백제

This haircoloring doesn't contain peroxide or ammonia, which **bleach** the hair.

이 염색약에는 머리를 **표백하는** 과산화수소나 암모니아가 들어 있지 않다.

ⓊY v. whiten

census

[sénsəs]

n. 인구 조사, 국세 조사
v. ~의 인구를 조사하다

A **census** of school children was taken during the 1970s.

취학 아동에 대한 **인구 조사**는 1970년대에 행해졌다.

chestnut

[tʃésnʌt, -nət]

n. 밤, 밤나무
a. 밤색의

The third park is an ecological forest filled with a variety of trees such as **chestnut**, and persimmon.

세 번째 공원인 생태 숲은 **밤나무**, 감나무 등과 같은 다양한 수목으로 가득 차 있다.

collide

[kəláid]

v. 충돌하다, 부딪치다

Two cars ran off the tracks, overturned, and **collided** against a median strip.

차량 두 편이 궤도에서 이탈해 전복하면서 중앙 분리대에 **부딪쳤다**.

ⓊY v. crash

comprehensive

[kàmprihénsiv]
영 [kɔ́mprihénsiv]

a. 이해력이 있는,
포괄적인, 종합적인

We offer a highly competitive salary and a **comprehensive** benefits package.

저희는 꽤 높은 급여와 **종합적인** 복지 혜택을 제공합니다.

유 a. large, extensive
반 a. noncomprehensive, limited

confess

[kənfés]

v. 자백하다, 인정하다,
고백하다

He reversed himself several times to finally admit the crime to which he had already **confessed**.

그는 여러 번을 번복하다가 마침내 이미 **자백했던** 범행 사실을 인정했다.

contingency

[kəntíndʒənsi]

n. 우연성, 우발 사건,
부수 사고, 임시 비용

However, such **contingencies** never occurred in practice.

하지만, 이 같은 **우발성**은 연습할 때에는 결코 일어나지 않았다.

유 n. accident

correspondence

[kɔ̀:rəspándəns, kàr-]
영 [kɔ̀rəspɔ́ndəns]

n. 일치, 상응, 통신,
왕복 문서

I haven't had time to read the **correspondence**.

우편물을 읽을 시간이 없었습니다.

유 n. communication, contact   반 n. asymmetry

cosmetic

[kazmétik]
영 [kɔzmétik]

a. 화장용의
n. 화장품

Now, time to go to the **cosmetic** shops!

이제, **화장품** 가게로 갈 시간입니다!

courier

[kə́:riər, kú-]
영 [kúrriə(r)]

n. 안내원, 가이드, 급사,
특사

Daily **courier** services are provided by five major companies.

일일 **속달** 서비스는 다섯 곳의 주요 회사에 의해 제공됩니다.

유 n. guide, conductor

coverage

[kʌ́vəridʒ]

n. 보도, 보상,
유효 청취 범위

My policy gives **coverage** against disease and accident.

내 보험으로 질병과 사고에 대해 **보상**이 된다.

delinquent

[dilíŋkwənt]

a. 직무 태만의, 비행자의,
체납의
n. 태만자

We are sorry to inform you that your loan rate is **delinquent**.

귀하의 대출 이자가 **미불되어 있음**을 알려드리게 되어 유감스럽게 생각합니다.

⊕ a. due, guilty, negligent

deprivation

[dèprivéiʃən]

n. 박탈, 파면, 손실,
궁핍

There are reasons for the exercise **deprivation**.

운동 **부족**에는 나름의 이유가 있습니다.

⊕ n. lack, destitution

devastate

[dévəstèit]

v. 황폐화시키다

Nuclear weapons are said to be **devastating** enough to wipe out the whole world.

핵무기는 전 세계를 **괴멸시킬** 만큼의 파괴력을 가졌다고 한다.

dispatch

[dispǽtʃ]

v. 급파하다, 재빨리 해치우다
n. 급파, 발송

Please advise me of the **dispatch** of the goods.

제게 상품 **발송 사실**을 통지해 주십시오.

domain

[douméin, də-]

n. 영토, 영역, (컴퓨터)
도메인

You must have **Domain** Administrator rights to install new software.

새 소프트웨어를 설치하려면 **도메인** 관리자 권한을 가지고 있어야 합니다.

entrepreneur

[à:ŋtrəprəná:r]
영 [ɔ̀ntrəprəná:(r)]

n. 기업가, 중개업자

There's no special know-how for running your own business, or being an **entrepreneur**.

자영업을 하거나 창업자가 되는 데 특별한 노하우는 없습니다.

hinder

[híndər]

v. 방해하다
a. 후방의

Some thinks he opposes taxes in general, because they **hinder** economic growth.

일부 사람들은 그가 일반적으로 세금에 반대한다고 생각한다. 왜냐하면 세금은 경제 성장을 방해하기 때문이다.

㊌ v. prevent a. posterior

ordinance

[ɔ́:rdənəns]

n. 법령, 조례

Some cities issued an **ordinance** that all dogs (should) be muzzled.

일부 도시는 모든 개에게 입마개를 씌워야 한다는 법령을 발표했다.

plea

[plí:]

n. 탄원, 청원

Many employees made a **plea** for their heavy work loads and bad working environment.

많은 종업원들은 그들의 과중한 업무량과 열악한 근무 환경에 대하여 탄원했다.

㊌ n. appeal, petition

prevail

[privéil]

v. 우세하다, 이기다,
   보급되다

Throughout the years Aloe would **prevail** as a natural healing treatment.

수 년에 걸쳐 알로에는 자연 치유 치료제로 보급되고 있다.

㊙ a. prevailing 우세한

render

[réndər]

v. ～을 …하게 하다,
   주다, 해주다

Monthly statements is to be **rendered** together with a remittance in settlement.

월말 청구서는 결재 송금액과 함께 제출해 주십시오.

retail
[rí:teil]

n. 소매
a. 소매의

The **retail** sector adds half of what manufacturing kicks into our economy.

소매 부문은 제조업이 경제에 기여하는 분량의 절반을 보탠다.

speculation
[spèkjuléiʃən]

n. 사색, 투기, 추측

There's been a lot of **speculation** on your part.

당신의 부분에 대해선 갖가지 추측이 난무했습니다.

㈜ n. assumption, guess, presumption

sponsor
[spánsər]
영 [spɔ́nsər]

n. 보증인, 후원자
v. 후원하다

The company **sponsors** many other sporting events and teams, mostly motorsports.

그 회사는 여러 다른 스포츠 행사와 팀, 대개 모터 스포츠를 후원한다.

㈜ n. donor, patron, promoter   ㈝ v. boycott

statistical
[stətístikəl]

a. 통계적인,
   통계에 근거한

You can break down the **statistical** data with this program.

이 프로그램으로 통계 자료를 분석할 수 있다.

subject
[sábdʒikt]

n. 주제, 학과
a. 영향[지배]을 받는
v. 복종시키다

Laying off employees are **subject** to stringent bureaucratic constraints.

감원은 각종 엄격한 관료적 제약을 받는다.

㈜ n. topic, issue, matter

waive
[wéiv]

v. 포기하다, 보류하다,
   적용하지 않다,
   고려하지 않다

Paying taxes can be **waived** in cases of economic hardship.

경제적으로 어려운 경우에는 세금을 면제 받을 수 있다.

㈜ v. defer

blossom

[blásəm]
영 [blɔ́səm]

n. 꽃
v. 꽃 피다

The month of April sees the whole of campus turning pink with cherry **blossoms**.

4월이 되면 캠퍼스 전체가 벚꽃으로 인해 분홍으로 변하는 것을 볼 수 있습니다.

유 n. flower, bloom

chronic

[kránik]
영 [krɔ́nik]

a. 장기간에 걸친
n. 만성병 환자

This herb can ease **chronic** headaches and nervous breakdown.

이 허브는 만성 두통이나 신경 쇠약에 좋다.

유 a. long, usual, degenerative
반 a. acute

clap

[klǽp]

n. 파열음
v. 치다, 박수갈채하다

The audience **clapped** after the performance.

청중들은 공연이 끝난 후 박수갈채를 보냈다.

유 v. applaud, cheer, acclaim

conglomerate

[kənglámərət, kəŋ-]
영 [-glo-]

n. 대기업, 복합기업

Most magazines are owned by one of the large media **conglomerates**.

대부분의 잡지사들은 거대한 미디어 재벌 중의 하나가 소유하고 있다.

유 a. combined

controversial

[kàntrəvə́ːrʃəl]
영 [kɔ̀ntrəvə́ːʃəl]

a. 논쟁의,
논의의 여지가 있는

Global warming is not a **controversial** issue, it's a fact.

지구 온난화는 논란이 되고 있는 문제가 아니라, 사실이다.

유 a. questionable, debatable
반 a. uncontroversial

detach

[ditǽtʃ]

v. 떼다, 분리하다

This will effectively **detach** the database from the transaction manager.

이것은 트랜잭션 매니저로부터 데이터베이스를 효과적으로 **분리할** 것입니다.

㋤ v. remove

dilute

[dailúːt, di-]

v. 묽게 하다, 묽어지다, 강도를 약하게 하다
a. 묽게 한, 희석한

The bank issued more stock and **diluted** the shareholders' equity.

그 은행은 증권을 더 발행하여 주주들의 지분을 **줄였다.**

㋬ a. undiluted, condense

emission

[imíʃən]

n. 발산, 방출, 배출

The true costs of Draconian **emission** controls would be astronomical.

배기가스 **방출**에 대한 가혹한 통제의 진정한 대가는 천문학적 규모가 될 것이다.

endangered

[indéindʒərd, en-]

a. 위험에 처한, 멸종될 위기에 이른

Here are some effective ways to revive the **endangered** species.

멸종 위기에 처한 동식물들을 되살리는 몇 가지 효과적인 방법들이 여기 있습니다.

㋤ a. vulnerable

equivalent

[ikwívələnt]

a. 동등한, 상당하는
n. 동등물

He and his family receive the **equivalent** of $200.

그와 그의 가족은 200달러 **상당을** 받는다.

㋤ a. comparable, corresponding
　 n. counterpart, parallel

exquisite

[ikskwízit, ékskwizit]

a. 아주 아름다운, 절묘한, 정교한

The collector paid over $10,000 for the **exquisite** Oriental rug.

그 수집가는 **멋진** 동양산 융단을 사는 데 만 달러를 지불했다.

㋤ a. delicate

extinction

[ikstíŋkʃən]

n. 소화, 멸종

Dama Gazelle that are near **extinction** are often protected in wild life sanctuaries or zoos.

멸종 위기의 가젤은 주로 야생동물 보호지역이나 동물원에서 보호를 받는다.

fiscal

[fískəl]

a. 국고의, 재정상의, 회계의

It is estimated that when the new **fiscal** year begins July 1, the deficit will be $5.6 billion.

새 **회계** 연도가 7월 1일에 시작될 때, 적자는 560억 달러가 될 것으로 추산된다.

㊠ a. financial

fulfill/fulfil

[fulfíl]

v. 다하다, 이행하다

Now you should **fulfill** all conditions, your homework, to build new factories in time.

이제 당신은 새 공장들을 예정대로 지을 모든 조건과 과제를 **충족시켜야** 한다.

㊣ n. fulfillment 이행

mend

[ménd]

v. 수선하다, 고치다, 고쳐지다

You'll need to turn off the water to **mend** the pipe.

파이프를 **고치려면** 물을 잠궈야 할 것입니다.

㊠ v. repair, fix ㊣ n. mending 고치는 일, 수선

merchandise

[mə́:rtʃəndàiz, -dàis]

n. 상품
v. 매매하다, 거래하다

The clerk let her return the **merchandise** and got a receipt.

점원은 **물건**을 반품시키고 영수증을 받았다.

㊠ v. buy, sell, purchase n. products, goods

observance

[əbzə́:rvəns]

n. 의식, 준수

But his **observance** of the law is not evidence of a good character.

하지만 그의 법 **준수**는 좋은 성격을 나타내는 증거는 아니다.

㊧ n. non-observance

overtake
[ðuvərtéik]
v. 따라잡다, 추월하다

The Jamaican runner **overtook** the American runner to win the 100-meter race.

자메이카 선수는 미국 선수를 앞지르고 100미터 육상 경기에서 우승했다.

㈜ v. compete, contend

permanent
[pə́ːrmənənt]
a. 영속하는, 영구적인

The museum has an extensive **permanent** collection which is free to visit.

그 박물관은 광범위하고 영구적인 전시품들을 소장하고 있는 곳으로 무료 입장이 가능하다.

㈜ a. lasting, constant ㈫ a. temporary

preferred
[prifə́ːrd]
a. 선취권 있는, 우선의, 발탁된, 승진한

Excellent leadership and multi-language skills are **preferred**.

뛰어난 리더쉽과 다양한 외국어 능력이 있는 분을 환영합니다(선호합니다).

㈜ a. desirable, loved

prestige
[prestíːʒ, -tíːdʒ]
n. 위신, 명성
a. 세평이 좋은

His **prestige** as an artist is known throughout the country.

예술가로서 그의 명성은 전국에 걸쳐 알려져 있다.

㈜ n. reputation, fame ㈟ a. prestigeful 명성이 있는

prosperity
[prɑspérəti]
㈜ [prɔspérəti]
n. 번영, (pl.) 호황기

These are the keys to productivity and rising **prosperity** in the 21st century.

이런 요소가 생산성 및 21세기 번영 실현의 열쇠다.

㈜ n. affluence

ratio
[réiʃou, -ʃiòu]
㈜ [réiʃiòu]
n. 비, 비율

The nation is expected to become an aged society in 2022 when this **ratio** reaches 15 percent.

이 비율이 15퍼센트를 넘는 2022년부터는 "고령사회" 가 될 것으로 보인다.

㈜ n. proportion, rate

reimburse

[rìːimbə́ːrs]

v. 변상하다, 갚다,
상환하다

We bought the supplies on the under-standing that we would be **reimbursed**.

우리는 변제를 받는다는 조건으로 공급품을 구입했다.

(유) v. indemnify, repay

sensation

[senséiʃən]

n. 감각, 느낌, 감동,
센세이션

These works created a **sensation** among the artists and critics.

이 작품들은 예술가들과 비평가들에게 큰 감동을 주었다.

(유) n. feeling, sense, impression

spacious

[spéiʃəs]

a. 넓은, 광활한

We have a Lido deck with a restaurant, comfortable lounges, and **spacious** cabins.

갑판에 설치된 식당, 편안한 라운지, 널찍한 선실을 갖추고 있습니다.

stability

[stəbíləti]

n. 안정

Some ink jet prints are now considered to have excellent **stability**.

일부 잉크젯 프린터들은 현재 높은 안정성을 가지고 있다고 여겨지고 있다.

(반) n. instability, unstableness

unprecedented

[ʌnprésədèntid]
(영) [ʌnprésədèntid]

a. 전례가 없는

The digestive functions of modern peo-ple are deteriorating at an **unprece-dented** rate.

현대인의 소화 기능은 전례 없이 빠른 속도로 나빠지고 있다.

(유) a. new, unexampled, extraordinary

unwavering

[ʌnwéivəriŋ]

a. 동요하지 않는,
확고한

Much of the campaign's success was due to the **unwavering** support of the people around them.

캠페인이 성공하기까지는 그들 주변의 전폭적인 지원이 가장 큰 힘이 되었다.

(유) a. steady, resolute

breakthrough
[bréikθrùː]
n. 돌파, 큰 발전, 약진, 타개

I am sure that people will feel that it is a significant **breakthrough**.
나는 사람들이 그것을 획기적인 **돌파구**라고 느낄 것이라고 확신한다.

---

coherent
[kouhíərənt, -hér-]
a. 시종일관한

World each different country needs to pursue a **coherent** economic policy.
각 국가는 **일관성이 있는** 경제 정책을 추구할 필요가 있다.

유 a. rational, seamless
반 a. incoherent

---

compatible
[kəmpǽtəbl]
a. 호환성의, 양립할 수 있는

The following network adapters are **compatible** with the chosen transport type.
다음 네트워크 어댑터는 선택한 전송 종류와 **호환됩**니다.

유 a. harmonious, congenial
반 a. incompatible

---

compensation
[kàmpənséiʃən]
영 [kɔ̀mpənséiʃən, -pen-]
n. 배상, 보상

I am asking for immediate **compensation** for the lost suitcase.
분실한 여행 가방에 대한 **보상**을 즉시 해 주실 것을 요청합니다.

유 n. refund, rebate, award

---

complement
n. [kámpləmənt]
영 [kɔ́m-]
n. 보완하는 것, 보어
v. 보완하다, 보충하다

Spicy Thai curry sauce **complements** the rich flavor of duck legs.
매운 태국 카레 소스는 풍부하게 양념이 된 오리 다리와 **잘 어울린다**.

concurrent

[kənkə́:rənt] 图 [-kʌ́r-]

a. 동시 발생의, 수반하는, 공동으로 작용하는

n. 병발 사정

You can purchase a group product license by **concurrent** connection or by seat.

동시 연결 또는 사용자 단위로 제품 라이센스를 구입할 수 있습니다.

⑪ a. synchronous, synchronic

---

console

[kɑ́nsoul]

n. 콘솔, 소용돌이꼴, 콘솔형 캐비닛, 조작 탁자

We created the following folder using the Management **Console**.

관리 콘솔을 사용하여 다음 폴더를 만들었습니다.

---

corrosion

[kəróuʒən]

n. 부식

There was a lot of **corrosion** on metal parts of the machine.

기계의 금속 부분은 많이 부식됐다.

---

deciduous

[disídʒuəs]

a. 탈락성의, 낙엽성의, 덧없는

It is a **deciduous** tree, reaching a height of 20~30m.

그것은 낙엽성 수목으로 높이가 20~30m에 이른다.

---

deplete

[diplí:t]

v. 격감시키다, 고갈시키다, 방혈하다

Once our sales items are **depleted**, there will be no more available at these prices.

세일 품목들이 다 팔리고 나면 이 가격으로는 제품을 구입하실 수 없습니다.

⑪ v. consume, exhaust

---

diminish

[dimíniʃ]

v. 줄이다, 감소하다

The manager's reputation for prudence has **diminished**.

신중하기로 유명한 그 관리자의 평판이 떨어졌습니다.

⑪ v. decrease, decline, shrink

directory
[diréktəri, dai-]

a. 지휘의
n. 주소 성명록

Look in your telephone **directory** or look up the Internet for different agencies.

다른 대리점을 찾기 위해 당신 전화**번호부**를 찾아보든지 아니면 인터넷을 찾아보십시오.

ecology
[ikálədʒi] 영 [ikɔ́l-]

n. 생태학, 생태, 자연 환경, 환경 보전

I would like to take a trip through the travel agency which specializes in **ecology** tours.

나는 **생태** 관광을 전문으로 하는 여행사를 통해 여행을 가고 싶습니다.

eminent
[émənənt]

a. 높은, 저명한, 뛰어난

Even the most **eminent** expert in a given field can be wrong.

주어진 영역에서 가장 **뛰어난** 전문가라 할지라도 틀릴 수 있다.

유 a. high, superior, prominent

feasible
[fíːzəbl]

a. 실행할 수 있는, 가능한

It will take quite some time before this hand-made handbag becomes more **feasible** to buy.

이 수제품 핸드백의 구입이 **가능해지기** 전까지 조금 시간이 걸릴 것이다.

유 a. practicable, possible   반 a. unfeasible

frantic
[frǽntik]

a. 광란의, 미친 사람 같은

There was a **frantic** scramble for the best products.

최상의 물건을 잡기 위하여 **광적인** 쟁탈전이 있었다.

유 a. wild, agitated, frenzied

inflict
[inflíkt]

v. 주다, 과하다

Inducing vomiting can **inflict** severe esophagus damage if done improperly.

토하게 하는 것이 적절하지 않게 행해졌을 경우에는 심각한 식도 손상을 **입을** 수 있다.

파 a. inflictive 보태는, 과하는   n. infliction 가함, 형벌

infringement

[infríndʒmənt]

n. 위반, 위배, 침해, 위반 행위

The commercial value of your work is taken away by copyright **infringement**.

당신 작품의 상업적 가치는 특허권 침해에 의해 빼앗겼다.

lax

[læks]

a. 느슨한, 헐거운, 엄격하지 못한, 단정치 않은

The law is rather **lax** on this point.

그 법은 이 점에서는 꽤 느슨하다.

유 a. sloppy, shoddy, careless, slack
반 a. tense

mortgage

[mɔ́ːrgidʒ]

n. 저당
v. 저당 잡히다

He offered a **mortgage** on house property as security.

그는 집을 담보로 잡고 돈을 빌려 주겠다고 제의했다.

negotiable

[nigóuʃiəbl, -ʃəbl]

a. 교섭할 수 있는, 양도할 수 있는, 유통성 있는

Fill out an application for employment, but tell the interviewer that your salary is **negotiable**.

취업 지원서를 작성하십시오. 하지만 면접관에게 당신의 급료는 협의가 가능하다는 것을 말하십시오.

유 a. flexible, passable

paste

[péist]

n. 풀, 밀가루 반죽
v. 풀칠하다, (복사하여) 붙이다

If the link does not work, copy and **paste** it into your browser and press enter.

만일 링크가 작동하지 않을 시에는, 이 링크를 복사하여 귀하의 브라우저에 옮긴 다음 엔터를 누르십시오.

plumber

[plʌ́mər]

n. 배관공, 비밀 정보의 누설을 방지하는 사람

Our expert **plumbers** are well trained and totally competent.

저희 회사의 전문 배관공들은 잘 단련되어 있고, 아주 유능합니다.

procure

[proukjúər, prə-]
英 [prəkjúə(r)]

v. 획득하다

She was unable to **procure** a concert ticket for us.

그녀는 우리들에게 콘서트 티켓을 **구해줄** 수 없었다.

㈜ v. get, obtain

punctual

[pʌ́ŋktʃuəl]

a. 시간을 잘 지키는

He is **punctual** to a proverb.

그가 시간을 잘 지킨다는 것을 모르는 사람은 없다.

㈜ a. timely, prompt
㈜ n. punctuality 시간 엄수

requirement

[rikwáiərmənt]

n. 요구, 필요물

Newcomers were told that a profound bow was a daily **requirement** of the company.

신입사원들은 회사에서 매일 요구하는 사항 중 하나가 공손한 인사라고 들었다.

㈜ n. necessity, demand

utilize

[júːtəlàiz]

v. 이용하다

Video game music has been **utilized** in many ways.

비디오 게임 음악은 다양한 방식으로 활용되고 있다.

㈜ phr. make use of

verify

[vérəfài]

v. 증명하다, 확인하다

Please **verify** that your computers date and time are accurate.

당신 컴퓨터들의 날짜와 시간이 정확한지 확인하십시오.

㈜ v. confirm

compile
[kəmpáil]
v. 편집하다, 수집하다

This report was **compiled** from statistics given by each country.

이 보고서는 각국이 제시한 통계를 집계해 작성된 것입니다.

㈜ phr. make up, put together

conspicuous
[kənspíkjuəs]
a. 눈에 띄는, 뚜렷한

Mary's red hair always made her **conspicuous** in her office.

메리의 빨간색 머리는 항상 그녀를 직장에서 눈에 띄게 했다.

㈜ a. outstanding, obvious, evident

demoralize
[dimɔ́ːrəlàiz, -má̀r-]
㊀ [dimɔ́rəlàiz]
v. ~의 풍속을 문란시키다, ~의 사기를 꺾다

Retail acquisitions are frequently troubled by overstocked goods, poor store locations, and **demoralized** staff.

소매업체 인수는 많은 재고들과, 후미진 점포 위치, 의욕을 상실한 직원들 때문에 어려움이 따르는 경우가 많다.

㈜ v. corrupt, bewilder, dishearten

detain
[ditéin]
v. 못 가게 붙들다, 감금하다

The residents were **detained** while seeking talks with officials.

주민들이 관리들과의 면담을 요구하다가 감금되었습니다.

㈜ v. arrest, confine, imprison

disclose
[disklóuz]
v. 드러내다, 노출시키다

The journalist did not **disclose** the source of his information.

그 언론인은 정보의 출처를 밝히지 않았다.

㈜ v. reveal
㊫ v. hide

dispense

[dispéns]

v. 분배하다, 베풀다

The Red Cross **dispensed** food and clothing to the poor.

적십자에서 빈민에게 식량과 의복을 나누어 주었다.

㊀ v. distribute, allocate

㋡ n. dispenser 약사, 자동판매기

disruption

[disrʌ́pʃən]

n. 붕괴, 분열, 혼란

Major **disruptions** of traffic are feared due to the strike of the subway union.

지하철 노조의 파업으로 교통 대란이 우려된다.

㊀ n. disturbance

dose

[dóus]

n. 1회분(량), 복용량

The doctor prescribed a minimal **dose** of an anti-depressant.

의사는 소량의 신경 안정제 복용량을 처방했다.

㊀ n. portion

endorse

[indɔ́ːrs, en-]

v. (어음·증권 등에) 배서하다, 뒷받침하다

Please **endorse** your name on the check.

수표에 이서해 주십시오.

㊀ v. sign, validate

evaluation

[ivæljuéiʃən]

n. 평가, 사정

An **evaluation** of the product will be undertaken next Monday.

그 상품에 대한 평가는 다음 주 월요일에 시작할 예정입니다.

㊀ n. valuation

fortify

[fɔ́ːrtəfài]

v. 요새화하다, 강화하다

Our formulated ingredients and **fortifying** nutrients make your skin healthier and glowing.

저희 처방에 함유된 성분과 강화된 영양분이 당신의 피부를 더욱 건강하고 빛나게 합니다.

㊀ v. strengthen ㋬ v. weaken, disarm

imbalance

[imbǽləns]

n. 불균형, 불안정

Over the years the **imbalances** in the fund finally snowballed.

수 년에 걸쳐 자금상의 **불균형**은 마침내 눈덩이처럼 불어났습니다.

반 n. balance

파 a. imbalanced 불균형의

incentive

[inséntiv]

n. 격려, 자극, 장려금
a. 자극적인

YT's new **incentive** program started Monday and runs through Friday.

YT 사의 새로운 **장려금** 프로그램은 월요일에 시작되었고, 금요일까지 계속된다.

유 n. a. motive

반 a. disincentive

initiate

[iníʃièit]

v. 시작하다, 가입시키다
a. 시작된
n. 신입자, 입회자

The construction was **initiated** with a three-year target date for completion.

그 건설은 3년 후를 완공의 목표일로 하고 **시작되**었다.

유 v. begin, start, launch

liquidate

[líkwidèit]

v. 청산하다, 갚다,
현금으로 바꾸다,
정리하다

These electronics will be **liquidated** at prices below their regular retail market value.

이 전자제품들은 일반 시중 소매가보다 저렴하게 **처분**될 것입니다.

유 v. annihilate

litigation

[lìtəgéiʃən]

n. 소송, 기소

He is particularly known for his achievements in patent **litigation**.

그는 특히 특허 **소송**에서 승소한 것으로 유명하다.

유 n. lawsuit

municipal

[mjunísəpəl]

a. 자치 도시의, 시의
n. 지방채,
자치 도시의 주민

On Saturday, October 26th, there will be a dinner at the Longville **Municipal** Airport.

10월 26일 토요일에는 롱빌 **시** 공항에서 저녁식사가 있을 것이다.

유 a. domestic, civic

poll

[póul]

n. 투표, 여론 조사
v. 투표하다

In a recent **poll**, three workers out of ten described their jobs somewhat dissatisfying.

최근의 한 여론 조사에서, 10명의 근로자 중 3명은 자신들의 직업에 어느 정도는 불만족하고 있는 것으로 나타났다.

presume

[prizú:m]
영 [prizjú:m]

v. 가정하다,
감히 ~하다

July is **presumed** to have had greater income surplus due to weather effects.

7월은 날씨 영향으로 인해 소득 흑자가 커진 것으로 보인다.

유 v. assume

proficient

[prəfíʃənt]

a. 익숙한, 능숙한
n. 숙달한 사람, 대가

He became **proficient** at playing all styles of guitar, including jazz.

그는 재즈를 포함하여 모든 종류의 기타를 연주하는 데 능숙해졌다.

유 a. skilled

prohibit

[prouhíbit, prə-]

v. 금하다, 금지하다

The museum is open to visitors, but photography is **prohibited**.

박물관은 방문자들에게 공개되고 있지만, 사진 촬영은 금지된다.

유 v. forbid, ban, prevent

provoke

[prəvóuk]

v. 화나게 하다,
불러일으키다,
자극하여 시키다

His words were calculated to **provoke** his opponents.

그의 말은 자기의 반대파들을 자극하도록 계산된 것이었다.

유 v. goad, prod, sting

recruit

[rikrú:t]

n. 신병, 신입 회원
v. (신입 회원 · 사원 등을) 모집하다

The boss has the final say in hiring new **recruits**.

신입 사원들을 뽑는 데는 사장님에게 최종적인 결정권이 있다.

유 n. trainee, apprentice

reinforce

[rìːinfɔ́ːrs]

v. 강화하다,
~의 힘을 북돋우다

Using this product will help you to **reinforce** the learning effect.

이 제품을 사용하면 학습 효과를 높이는 데 도움이 될 것입니다.

⊕ v. strengthen, support, uphold

robust

[roubʌ́st, róubʌst]

a. 강건한, 확고한, 튼튼한

The market will maintain the **robust** growth trend even if profits are deteriorating.

수익이 줄어들고 있더라도 시장은 견고한 성장세를 유지할 것이다.

⊕ a. strong, healthy, vigorous

savor/savour

[séivər]

n. 맛, 풍미
v. 맛이 있다, 맛보다

Savor the glass of wine at dinner time, because it is good for the heart and full of antioxidants.

저녁 시간에 포도주 한 잔을 맛보십시오. 왜냐하면 심장에 좋고 항산화 물질이 가득하기 때문입니다.

⊕ n. taste, flavor ㈜ a. savory 맛 좋은, 향긋한

sincere

[sinsíər]

a. 성실한, 참된, 진실의

You should have made a **sincere** apology a long, long time ago.

당신은 아주 오래 전에 진심어린 사과를 했어야 했다.

⊕ a. serious, genuine, unfeigned
㈜ adv. sincerely 마음으로부터

thrifty

[θrífti]

a. 검약하는, 아끼는

Flea markets have money bargains for **thrifty** shoppers.

벼룩시장에는 검소한 구매자들을 위한 저렴한 제품들이 많이 있다.

⊕ a. economical
㈜ n. thrift 절약

utility bill

[juːtíləti bíl]

n. 공과금

You can pay your public **utility bills** using this automatic machine.

공공요금은 이 자동 기계를 이용해서 내실 수 있습니다.

Day **61**

annex
[ənéks, ǽneks]
영 [ənéks]

v. 부가하다, 합병하다
n. 부가물

The new **annex** also has a restaurant and a play area for young children.

새 **별관**엔 또한 음식점과 어린아이들의 놀이 공간이 있다.

유 v. obtain, add, attach
파 n. annexation 부가

---

auction
[ɔ́ːkʃən]

n. 경매
v. 경매에서 팔다

You can sell your works from your own website or at an **auction**.

당신은 당신 작품들을 본인의 웹사이트나 혹은 **경매**에서 팔 수 있습니다.

---

bibliography
[bìbliágrəfi]
[bìbliɔ́grəfi]

n. 문헌학, 관계 서적 목록, 저서 목록

There's an extensive **bibliography** at the end of the paper.

광범위한 참고 **문헌 목록**이 논문 말미에 들어 있어요.

---

commence
[kəméns]

v. 개시하다, 시작하다, 시작되다

The special course **commences** in December and ends in April.

특별 강좌는 12월에 **시작되어** 4월에 끝납니다.

유 v. open, begin, start
파 n. commencement 개시

---

condolence
[kəndóuləns]

n. 애도, 애도의 말

He was receiving the **condolences** of his family and friends.

그는 가족과 친구들로부터 **위로의 말**을 듣고 있었다.

유 n. commiseration, pity, solace

conjunction

[kəndʒʌ́ŋkʃən]

n. 결합, 연결, 접속사

Don't take this medicine in **conjunction** with any pain medications or caffeine.

이 약은 어떤 진통제나 카페인과도 **같이 복용**하지 마십 시오.

contingent

[kəntíndʒənt]

a. 부수하는, 불확정의, 혹 있을지도 모르는

The time of his arrival is **contingent** on the traffic conditions.

그의 도착 시각은 교통 상황에 **달려 있다**.

⑨ a. possible, uncertain

culminate

[kʌ́lmənèit]

v. 최고점에 달하다, 종료되다, 마무리되다

The end of his charity event **culminated** in a moving and powerful speech.

그가 이끌었던 자선 행사의 끝은 감동적이며 강력한 연 설로 **절정에 이르렀다**.

⑨ v. conclude, climax

㈜ n. culmination 결말, 절정

dormitory

[dɔ́:rmətɔ̀:ri] ⑱ [-tri]

n. 기숙사

In that **dormitory** an unlocked door is an open invitation to commit a theft.

그 **기숙사**에서 문을 잠그지 않는 것은 물건을 훔쳐가라 는 것과 마찬가지다.

enact

[inǽkt, en-]

v. 제정하다

The new regulation has been **enacted** for preservation of natural resources.

천연 자원 보존을 위해 새로운 규정이 **제정되었다**.

⑨ v. establish

exploit

[iksplɔ́it]

v. 개척하다, 개발하다, 착취하다
n. 공훈, 공적

His **exploits** as a beer salesman are legendary.

맥주 판매자로서 그가 세운 **공**은 정말 대단하다.

⑨ v. abuse, use, misuse   n. feat, achievement

infrastructure

[ínfrəstrʌ̀ktʃər]

n. 하부 조직,
기본적 시설, 기반

This allows us to provide **infrastructure** like electricity and telecommunications networks at low cost.

이 덕분에 전기와 원격통신 부문과 같은 기반 시설을 낮은 가격에 공급받을 수 있거든요.

intimate

[íntəmət]

a. 친밀한

This challenge could result in the two becoming more **intimate** than ever, or not.

이 도전은 그 둘을 그 어느 때보다도 더 친밀하게 하는 결과를 가져올 수 있었다.

㈜ a. familiar

keynote

[kíːnòut]

n. 기본음, 기조 연설
v. 기조 연설을 하다

Douglas Steere will be the **keynote** speaker at the seminar.

더글라스 스티어 씨는 그 세미나에서 기조 연설을 할 것이다.

legitimate

[lidʒítəmət]

a. 합법적인, 적출의

It's a **legitimate** question, and we hope we've been able to provide a few answers.

그것은 정당한 질문이고, 우리가 몇 가지 대답을 제공해 줄 수 있었기를 희망합니다.

㈜ a. lawful, legal, licit

meantime

[míːntàim]

n. 그동안
adv. 그동안에

In the **meantime**, there could be a problem in the exhaust somewhere.

그 사이에 지친 어딘가에서 문제가 생길 것이 예상됩니다.

㈜ n. interval, interim

petty

[péti]

a. 작은, 마음이 좁은,
열등한

The teacher is taken up with **petty** administration than with teaching his students.

그 교사는 수업보다는 자질구레한 행정 업무에 시간을 빼앗기고 있다.

㈜ a. minor, small-minded

prospective

[prəspéktiv]

a. 예상된, 기대되는

We couldn't derive the **prospective** benefits from the United States.

우리는 미국으로부터 예기된 이익을 거둘 수 없었다.

㊌ a. expected, anticipated

㊅ a. retrospective

reference

[réfərəns]

n. 참조, 문의, 언급, 관련

Determine which to buy based on your personal **references**.

당신 개인적인 관련 사항들을 바탕으로 어떤 것을 구입할지 결정하십시오.

㊌ n. mention, quote, citation

rigorous

[rígərəs]

a. 엄한, 엄격한

That test is not **rigorous** enough, so we don't have to accept it.

그 테스트는 충분히 엄격하지 않아서 그것을 받아들일 필요가 없습니다.

㊌ a. strict, severe, stern

sensor

[sénsɔːr, -sər]

n. 감지기, 감지 장치

Various **sensors** on land, sea and in space noted the explosion.

지상과 바다 및 우주에 배치된 여러 가지 탐지 장치에 폭발이 감지되었다.

shortcut

[ʃɔ́ːrtkʌ̀t]

n. 지름길, 손쉬운 방법
a. 손쉬운, 간단한

Computer users can customize any of 12 buttons as **shortcuts** for menus or other commands.

컴퓨터 사용자들은 메뉴나 다른 명령어들을 12개의 바로가기 키로 설정해 놓을 수 있다.

㊋ n. shortcut key 단축키

slack

[slǽk]

a. 늘어진, 되는대로의
n. 느슨함, 늘어짐

There is some **slack** in the retail sector.

소매 부분이 약간 침체되었다.

㊌ a. negligent, lax, standing

standstill

[sténdstìl]

n. 정지, 답보

The opening ceremony rehearsal in the downtown area this afternoon brought traffic to a **standstill**.

오늘 오후 도심에서 있었던 개회식 리허설로 교통이 마비되었다.

유 n. halt

subscribe

[səbskráib]

v. 기부할 것을 약속하다, 예약 구독하다

We are pleased you have decided to **subscribe** for a magazine for another year.

1년 간 잡지 **구독 계약**을 연장해 주셔서 대단히 감사합니다.

파 n. subscriber 기부자

trespass

[tréspəs, -pæs]
영 [-pəs]

v. 침입하다
n. 불법 침해

He was accused of **trespassing** the private land without the consent of the land owner.

그는 사유지를 주인의 동의 없이 **불법 침입한** 죄로 기소되었다.

파 n. trespasser 불법 침입자

unanimous

[juːnǽnəməs]

a. 합의의, 만장일치의

Josh Burkman wins via **unanimous** decision; 29-28, 30-27, 29-27.

조쉬 버크만은 29-28, 30-27, 29-27의 **만장일치**로 이겼다.

유 a. undiversified, accordant, concerted

usher

[ʌ́ʃər]

n. 안내인
v. 안내하다

If you are hard of hearing, ask the **usher** for a special hearing device for the play.

당신이 귀가 어두우면, **안내인**에게 연극을 보기 위해 특별한 청각 장치를 요구하십시오.

virtual

[və́ːrtʃuəl]

a. 사실상의, 가상의, [컴퓨터] 가상기억의

Several motivations lead people to contribute to **virtual** communities.

여러 동기들이 사람들로 하여금 **가상** 사회에 공헌하도록 했다.

유 a. essential, realistic, practical

asset
[ǽset]
n. 자산, 재산

The company has 630 acres of prime property as a non-performing **asset**.

그 회사는 무수익 자산으로 630 에이커의 도심의 땅을 갖고 있다.

유 n. property
반 n. liability

barter
[bá:rtər]
v. 물물 교환하다, 교환하다
n. 물물 교환

The currency had almost no value and trade was by **barter**.

통화는 거의 가치가 없었고, 무역은 물물교환에 의해 이루어졌다.

blemish
[blémiʃ]
n. 흠, 여드름
v. 손상하다, 흠집을 내다

The doctor cured a **blemish** right in the middle of her face.

의사는 그녀의 얼굴 한가운데에 있는 뾰루지를 치료했다.

유 n. defect, scar, blotch

clout
[kláut]
n. 때림, 권력, 강타, 과녁, 압정

The organization has considerable political **clout** in New York.

그 단체는 뉴욕에서 상당한 정치적 권력을 갖고 있다.

cordially
[kɔ́:rdʒəli]
영 [kɔ́:diəli]
adv. 진심으로, 정성껏

You are **cordially** invited to my wedding.

제 결혼식에 당신을 진심으로 초대합니다.

유 adv. heartily, sincerely

cozy

[kóuzi]

a. 아늑한, 편안한

The waitress showed us to a **cozy** table in the corner.

그 웨이트리스는 우리를 구석에 있는 아늑한 자리로 안내했다.

⊕ a. close, friendly, comfortable, snug

dignitary

[dígnətèri]

⑧ [dígnətəri]

n. 고위 인사, 고관
a. 존엄한, 명예 있는

He often gave dinners in the company of **dignitaries**.

그는 종종 그 회사의 고위 인사들에게 저녁식사를 대접했었다.

embargo

[imbá:rgou, em-]

n. 출항 금지
v. 출항 금지를 명하다

Some people actually want to put an **embargo** on European cattle.

일부 사람들은 사실 유럽산 가축에 대한 입출항 금지령을 원한다.

⊕ n. ban, restriction, restraint

ethical

[éθikəl]

a. 도덕상의, 윤리적인

Online shopping has been the fastest to pick up on consumers' demand for **ethical** consumption.

인터넷 쇼핑은 윤리적인 소비에 대한 소비자의 욕구를 재빨리 충족시켜 왔습니다.

⊕ a. moral, upright ⊕ adv. ethically 윤리적으로

exaggerate

[igzǽdʒərèit]

v. 과장하다

In truth, most of the advertisements were greatly **exaggerated** or fabricated.

사실, 광고의 대부분은 크게 과장되어 있거나 조작되어 있었다.

⊕ v. overstate, dramatize, embellish
⊖ v. understate

fringe

[fríndʒ]

n. 술, 술 장식, 언저리, 주변

The boss decreased the hours of work and increased salaries and **fringe** benefits.

사장은 업무 시간은 줄이고, 봉급과 특별 수당은 늘렸다.

⊕ n. edge, border

hygiene

[háidʒiːn]

n. 위생,
컴퓨터 바이러스 예방

The company has produced personal **hygiene** products since the 1980s.

그 회사는 1980년대 이후로 개인 **위생** 제품을 생산하고 있다.

⊕ n. sanitation, cleanliness

monetary

[mɑ́nətèri, mʌ́n-]
영 [mʌ́nitəri]

a. 화폐의, 재정상의

Monetary policy indeed plays a very important role in maintaining the right conditions for growth.

통화 정책은 실로 성장하기 위한 좋은 조건을 유지하는 데 매우 중요한 역할을 하고 있습니다.

⊕ a. financial, fiscal

outlay

[áutlèi]

n. 지출, 경비, 지출액
v. 소비하다

Children's education costs account for nearly one-third of our monthly **outlays**.

교육비가 월 **지출**의 거의 1/3을 차지한다.

⊕ n. income

perplex

[pərpléks]

v. 난처하게 하다,
당황케 하다

Although **perplexed**, she didn't doubt its validity.

난처했음에도 불구하고, 그녀는 그것의 타당성을 의심하지 않았다.

⊕ v. bewilder, puzzle, confuse
파 a. perplexed 난처한

portfolio

[pɔːrtfóuliòu]

n. 서류첩, 서류첩 속의
서류, 포트폴리오,
유가 증권

I am interested in diversifying my **portfolio**.

나는 보유 **주식**의 종류를 다양화할 생각이 있다.

portray

[pɔːrtréi]

v. 그리다, 묘사하다

In the film she is a more elegant character than **portrayed** in the book.

영화에서 그녀는 책에서 **묘사된** 것보다 더 우아하게 나온다.

⊕ v. sketch, depict, describe
파 n. portrayal 그리기, 묘화

predecessor

[prédəsèsər, príːdə-]
[príːdisèsər]

n. 전임자, 조상

The gallery was the **predecessor** to her current business located in New York.

그 화랑은 뉴욕에 소재한 현대 갤러리의 **전신**이 되었다.

⑨ n. ancestor, forebear

---

prosecute

[prásikjùːt]
[prɔ́sikjùːt]

v. 기소하다, 수행하다

He was not **prosecuted** because of lack of evidence.

그는 증거 부족으로 **기소되지** 않았다.

⑪ v. defend, sue, indict

---

redeemable

[ridíːməbl]

a. 되찾을 수 있는, 상환할 수 있는

We adopted an innovative prebooking **redeemable** system.

우리는 혁신적인 '예약 **할인** 제도'를 실시하고 있다.

⑨ a. convertible, recoverable

---

scoop

[skúːp]

n. 국자, 특종기사
v. 푸다, 뜨다, 특종기사를 내다

The paper had a **scoop** on the gossip mills.

신문은 이번 염문들을 **특종**으로 보도했다.

⑨ n. ladle, spoon, dipper

---

second-hand

[sékənd hæénd]

n. 중고의
adv. 중고로

My car I bought **second-hand** is acting up.

중고로 산 내 차가 작동이 안 되고 말썽을 부린다.

---

straightforward

[strèitfɔ́ːrwərd]

a. 똑바른, 간단한, 수월한
adv. 똑바로

Finding a solution to the problem, such as dirt removal, is quite **straightforward**.

그 문제의 해결책을 찾는 것은 먼지를 제거하는 것처럼 아주 **간단하다**.

⑨ a. direct, straight, simple

stringent

[stríndʒənt]

a. 엄중한, 강제적인,
   자금이 핍박한,
   설득력이 있는

This district has adopted more **stringent** environmental laws.

이 지방은 좀 더 **엄중한** 환경 법규를 도입했다.

㊛ a. demanding, strict, rigorous

sturdy

[stə́ːrdi]

a. 억센, 힘센

Make sure the appearance is **sturdy** and clean before you start to find it.

그것을 찾기 전에 겉모양이 **튼튼하고** 깨끗해야 한다는 것을 확실하게 하십시오.

㊛ a. stout, robust, firm

substantially

[səbstǽnʃəli]

adv. 실질상, 충분히

The sales in CDMA market picked up **substantially**.

CDMA 시장에서의 판매량이 **상당히** 증가했다.

㊛ adv. considerably

swell

[swél]

v. 부풀다, 부풀게 하다,
   증가시키다
n. 팽창, 증대

The humidity has **swollen** the wallpaper, cracking the floor tiles and the wall.

습기 때문에 벽지가 **부풀어 올랐고**, 바닥 타일과 벽에는 금이 가 있습니다.

㊛ v. expand, grow ㊫ v. shrink

turnover

[tə́ːrnòuvər]

n. 전복, 전도, 접은 물건,
   봉투의 뚜껑, 거래액

Daily **turnover** has been as much as $1 billion, the largest level since last March.

일일 **회전률**이 무려 10억 달러에 달하며 작년 3월 이후 최대치를 기록했다.

witty

[wíti]

a. 재치 있는, 익살맞은

The marketing industry makes a draft of **witty** commercial film.

마케팅 업계는 **위트가 있는** 광고 영상의 초안을 만들어 내고 있습니다.

㊛ a. humorous, clever ㊫ a. dull, boring

Day 63

appraisal

[əpréizəl]

n. 값 매김, 평가, 견적액, 업적 평가

We have developed a new personnel **appraisal** system for Human Resource Competence.

우리는 새로운 능력주의 인사**평가** 제도를 개발했습니다.

윤 n. estimate, evaluation

boycott

[bɔ́ikat]
영 [bɔ́ikɔt, -kət]

v. 보이콧하다, 배척하다
n. 보이콧, 불매 운동

A **boycott** on all imports started in Saudi Arabia on Feb.

모든 수입품에 대한 **불매 운동**이 2월에 사우디아라비아에서 시작되었다.

반 v. patronize

cholesterol

[kəléstərðul, -rɔ́:l]
영 [kəléstərɔ́l]

n. 콜레스테롤

Too much **cholesterol** can block the blood vessels and cause every kind of illness.

콜레스테롤 수치가 높으면 혈관이 막혀서 모든 종류의 병이 생길 수도 있다.

commensurate

[kəménsərət, -ʃə-]

a. 같은 정도의, 액수가 알맞은, 공통된 단위를 가진

We offer a competitive salary **commensurate** with qualifications and experience.

우리는 능력과 경력에 **상응해서** 경쟁력 있는 급료를 제공합니다.

윤 a. proportionate, coterminous, coextensive

correlate

[kɔ́:rəlèit, kár-]
영 [kɔ́rəlèit]

v. 서로 관련시키다
a. 서로 관련 있는

Try to **correlate** your knowledge of law with that of economy.

당신의 법률 지식을 경제 지식과 서로 **관련시키**도록 노력하시오.

윤 a. related

dismiss

[dismís]

v. 해산시키다, 해고하다

The company can **dismiss** its employees for being absent without leave.

회사는 무단 결근에 대해 종업원을 해고할 수 있다.

⊕ phr. brush aside   v. banish, fire, sock

⊖ v. hire

embody

[imbádi, em-]
⑬ [imbɔ́di]

v. 구현하다, 구체화하다

His design principles **embodied** the "Medieval Renaissance".

그의 디자인 원칙들은 중세 르네상스를 구현시켰다.

⊕ v. represent, actualize

encompass

[inkámpəs, en-]

v. 둘러싸다, 포위하다, 완전히 처리하다

The group members' frequent-flier plans will also **encompass** the new subscribers.

회원사들의 상용 고객 우대제도도 신규 가입자를 포괄하게 된다.

⊕ v. surround, enclose

evacuate

[ivǽkjuèit]

v. 비우다, 철수시키다

About 50 people is now being **evacuated** from the area, and it appears that all are unharmed.

50여 명의 사람들을 사고 지점에서 대피시키고 있으며 부상자는 없는 것으로 보입니다.

⊕ v. evict, clear, eject

fruitful

[frú:tfəl]

a. 열매를 많이 맺는, 풍작을 가져오는, 유익한

It is too early to say whether this attempt will be **fruitful**.

이번 시도가 유익했다고 말하기는 아직 이릅니다.

⊕ a. rich, fat, productive

⊖ a. unfruitful, fruitless

invoice

[ínvɔis]

n. 송장
v. 송장을 만들어 보내다

Receipts will always be presented with the copies of all the **invoices** if requested.

요청하실 경우 영수증은 항상 모든 송장의 사본들과 함께 보내질 것입니다.

ledger
[lédʒər]

n. 원부, 숙박부, 대장

Every business should keep a **ledger** contained the details of income and expenses.

모든 회사는 수입과 지출의 세부 사항을 담고 있는 대장을 보유해야 한다.

liable
[láiəbl]

a. 책임져야 할,
~할 것 같은

The cardholder will not be **liable** for any unauthorized use of the lost credit card.

카드 소유자는 분실된 신용 카드의 어떠한 불법적 사용에 대해 책임이 없습니다.

㈌ a. likely, responsible, susceptible

lucrative
[lúːkrətiv]

a. 유리한, 돈이 벌리는,
무상으로 얻은

There are many **lucrative** opportunities in the field of cutting-edge science and technology.

첨단 과학 기술 분야에서 높은 수익을 올릴 수 있는 기회는 많습니다.

㈌ a. profitable, advantageous

manipulation
[mənìpjuléiʃən]

v. 교묘하게 다루다,
조종하다,
교묘하게 조작하다

This would mean the reference or data was **manipulated**.

그것은 참고 자료나 데이터가 조작되었음을 의미한다.

pitfall
[pítfɔ̀ːl]

n. 함정,
뜻하지 않은 위험

We changed our plans suddenly, discovered a big **pitfall**.

큰 함정을 발견해서 우리는 갑자기 계획을 변경했다.

㈌ n. trap, hazard

probationary
[proubéiʃənèri]
㈎ [prəbéiʃənàri]

a. 시험적인, 가채용의,
집행 유예의

He joined the project team on a **probationary** basis.

그는 수습으로 그 프로젝트 팀에 참여했다.

prophet

[práfit]
영 [prɔ́fit]

n. 예언자

He was a sixteen-century **prophet** who foretold how the world would end.

그는 세상이 어떤 식으로 끝이 날지를 예언한 16세기 예언자였다.

파 a. prophetic 예언자의

radically

[rǽdikəli]

adv. 원래는, 철저히, 급진적으로

Prices and exchange rate are going up **radically**.

물가와 환율이 급격하게 올라가고 있습니다.

유 adv. drastically, fundamentally

rapport

[ræpɔ́ːr, rə-]

n. 관계, 접촉

Our division chief has a good **rapport** with his subordinates.

우리 부장님은 부하 직원들과 좋은 관계를 맺고 계신다.

reef

[ríːf]

n. 암초

Dr. Smith has been investigating how the rising ocean temperatures might be damaging **reefs**.

스미스 박사는 해수 온도 상승이 어떤 식으로 암초를 파괴하고 있는지 조사해 왔다.

rugged

[rʌ́gid]

a. 울퉁불퉁한, 주름진, 거친

Thank you for your bulk purchase of our **rugged** outerwear.

당사의 깔깔이 겉옷을 대량 구매해 주셔서 감사합니다.

유 a. difficult, hard, rough
반 a. delicate

skyrocket

[skáiràkit]
영 [skáirɔ̀kit]

n. 유성 불꽃, 봉화
v. 급등하다, 급등시키다

A recent survey indicates that share prices continue to **skyrocket**.

최근의 조사에 의하면 주가가 계속 치솟고 있다.

slash

[slǽʃ]

v. 깊이 베다, 인하하다, 삭제하다

Our prices have been **slashed**, with some refrigerators going for 50 dollars off.

가격을 대폭 할인하여, 50달러를 할인 판매하는 냉장고들도 있습니다.

㈜ v. slit

slowdown

[slóudàun]

n. 감속, 태업, 경기 후퇴

Due to the economic **slowdown**, a hiring freeze is in effect until further notice.

경기 부진 때문에, 차후 공고가 있을 때까지 사원 채용 계획은 사실상 없다.

streak

[strí:k]

n. 줄, 줄무늬, 경향
v. 줄무늬를 넣다, 질주하다

Although the content is thick and sticky, it eventually absorbs without leaving behind white **streaks**.

내용물은 진하고 끈적끈적한 형태로 되어 있지만, 궁극에는 피부에 흰색 선들을 남기지 않고 모두 흡수됩니다.

㈜ n. band, stripe

susceptible

[səséptəbl]

a. 여지가 있는, 민감한

Those most **susceptible** to disease are often the elderly with chronic diseases.

질병에 가장 쉽게 감염되는 사람들은 만성질환을 가지고 있는 노약자들이다.

㈜ a. temptable, impressible, open
㈜ a. unsusceptible

traverse

[trǽvəːrs, trəvə́ːrs]

v. 가로지르다, 방해하다

It took 3 hours and ten minutes to **traverse** the 55 mile distance.

55마일 거리를 횡단하는 데에는 3시간 10분이 걸린다.

Day **64**

apparatus
[æpərǽtəs, -réi-]
⑧ [æpəréitəs]
n. 기구, 기계, 장치

Keep all the fire fighting equipments and security **apparatuses** in good working condition and repair.
모든 소방 기구 및 안전 장치를 작동 가능한 상태로 유지하고 손질해 둔다.

ascertain
[æsərtéin]
v. 확인하다, 규명하다

Its merits cannot be **ascertained** unless we have a few experiences.
경험해 보지 않고서는 그 가치를 확인할 수 없다.
⑧ v. verify, check

audit
[ɔ́ːdit]
n. 회계 감사, 결산, 심사
v. 감사하다, 청강하다

The finances of the company are **audited** every year.
회사의 재정은 매년 회계감사를 받는다.

breakage
[bréikidʒ]
n. 파손, 파손 부분, 파손 예상액

If there is a **breakage**, you can prosecute a claim for damages within 3 days.
만약 파손된 부분이 있으면 3일 내에 손해 배상을 요구할 수 있다.

brittle
[brítl]
a. 부서지기 쉬운
v. 쉽게 부서지다

The roots are fibrous and branches are **brittle**.
뿌리는 강인하고, 나뭇가지는 부러지기 쉽다.
⑧ a. breakable, untempered, fragile

cram
[kræm]
v. 밀어 넣다, 채워 넣다,
포식하다
n. 벼락공부

Don't try to **cram** everything the night before the exams.

시험 전날 모든 것을 벼락치기 하려고 하지 마세요.

유 n. stuff v. push

파 a. crammed ~로 꽉 들어찬

debut
[déibju:]
영 [déibju:, debjú:]
n. 데뷔, 첫 등장
v. ~로 데뷔하다

The new product makes its **debut** this week.

그 신상품은 이번 주에 첫 선을 보인다.

유 n. launch

deviate
[dí:vièit]
v. 빗나가다, 일탈하다,
빗나가게 하다,
일탈시키다

Top models feel secure enough to **deviate** from conventional behavior without losing their popularity.

최상위 모델들은 관습적인 행동에서 벗어나더라도 그들의 인기를 잃지 않을 만큼 안전하다고 느낀다.

유 v. divert

diversified
[divə́:rsəfàid, dai-]
a. 변화가 많은,
여러 가지의

To go global and ensure steady growth, management should be **diversified**.

세계화를 꾀하고 안정적인 성장을 확보하기 위해서, 경영의 다각화가 필요하다.

유 a. varied, wide-ranging 반 a. undiversified

downturn
[dáuntə̀:rn]
n. 하강, 하향, 침체,
불활발

The steady economic **downturn** is being felt very hard in Asia.

지속되는 경기 하강이 아시아에서는 더욱 심각하게 느껴집니다.

유 n. decline 반 n. upturn

dubious
[dú:biəs]
영 [djú:biəs]
a. 수상쩍은, 모호한

She gave a **dubious** excuse for being late.

그녀는 지각한 것에 대해 미덥지 않은 변명을 늘어놓았다.

유 a. uncertain, unsure, questionable, suspect

elicit

[ilísit]

v. 도출하다,
   이끌어 내다,
   유도해 내다

Her letter of demanding a refund **elicited** a quick response from the company.

그 회사는 그녀가 보낸 환불 요구 편지에 바로 답장을 해 주었다.

㈜ v. derive, evoke

excursion

[ikskə́:rʒən, -ʃən]
⟨영⟩ [ikskə́:ʃən]

n. 소풍, 짧은 여행

Some schools are cancelling school **excursions** to go abroad.

일부 학교들은 해외로 가는 수학여행을 취소하고 있습니다.

㈜ n. travel, jaunt, ramble

grim

[grím]

a. 엄한, 엄격한, 무서운,
   불길한

The weather information is **grim** for backyard chefs everywhere.

이 날씨 정보는 마당에서 파티를 즐기는 모든 이들에게는 끔찍하게 들릴 것이다.

㈜ a. severe, stern, cruel, formidable

harness

[há:rnis]

n. 마구, 직무, 장치
v. 마구를 채우다,
   이용하다

The newest **harness**, the Windowchord, will be used starting next Wednesday.

최신 장비인 '윈도코드'는 다음 주 수요일부터 사용될 예정입니다.

heritage

[héritidʒ]

n. 세습 재산, 유산

The gardens of the palaces are a **heritage** of the Kings of Hanover.

그 성의 정원들은 하노버 왕조의 유산이다.

㈜ n. inheritance, legacy

inhale

[inhéil]

v. 들이쉬다,
   숨을 들이쉬다
n. 흡입

Then relax, bend yourself forward again and **inhale**.

그런 다음 힘을 뺀 채 다시 몸을 앞으로 구부리고 숨을 들이마십시오.

㈜ phr. breathe in
㈜ v. exhale

irrigation

[ìrəgéiʃən]

n. 관개, 물을 끌어들임

Due to an inadequate **irrigation** system, many farmers had a poor rice crop this year.

관개 시설 부족 때문에, 올해 벼농사가 흉작이었다.

mandate

[mǽndeit, -dit]

n. 명령, 임무
v. 명령하다, 권한을 주다

The office's **mandate** was to repair the cars.

그 영업소의 임무는 차를 고치는 것이었다.

유 n. command, order

probe

[próub]

n. 탐침, 철저한 조사
v. 엄밀히 조사하다, 규명하다

The grant will be used to purchase expensive lab equipments and light **probes**.

보조금은 값비싼 실험 도구와 광학 측정기를 구입하는 데 사용될 예정이다.

protocol

[próutəkɔ̀:l, -kàl, -kɔ̀l]
영 [próutəkɔ̀l]

n. 의전, 조약안, 프로토콜

Service Advertising **Protocol** makes the process of adding and removing services.

서비스 알림 프로토콜은 서비스의 추가 및 삭제의 과정을 처리합니다.

receivable

[risí:vəbl]

a. 믿을 만한, 받아야 할, 받을 수 있는
n. (pl.) 수취 계정[어음]

I will put the Accounts **Receivable** file on your desk this afternoon.

오늘 오후까지 당신 책상 위에 수취 계정 파일을 가져다 두겠습니다.

반 a. payable

resignation

[rèzignéiʃən]

n. 사직, 체념

Following the **resignation** of the president, the company changed the management policy.

사장의 사직 후 회사는 경영 방침을 바꾸었다.

유 n. abdication

restrain
[ristréin]
v. 억제하다, 구속하다

The government is taking steps to **restrain** inflation.

정부는 인플레이션을 억제하기 위한 조치를 취하고 있다.

shred
[ʃréd]
n. 조각
v. 조각조각으로 찢다, 갈가리 찢어지다

He tore the material into **shreds** because he didn't want me to receive it.

그는 내가 자료를 얻는 것을 원하지 않았기 때문에 그것을 갈기갈기 찢었다.

유 n. particle, bit, piece

파 a. shredded 잘게 조각난, 술 취한

simulate
[símjulèit]
v. 흉내내다, 모의실험을 하다

Toy ambulances were used as miniature models to **simulate** emergency transport vehicles for victims.

장난감 응급차들은 희생자들을 위한 비상 운송 수단을 모의 훈련하기 위한 소형 모델로 이용되었다.

유 v. recreate, reconstruct, feign, pretend

specimen
[spésəmən]
n. 견본, 표본

To date, 28 of the 30 **specimens** you submitted to our laboratory for analysis have been examined.

귀하가 우리 연구소에 분석을 의뢰한 30종의 표본 가운데 오늘 현재 28종에 대한 검사가 실시되었습니다.

유 n. sample, example, model

tangible
[tǽndʒəbl]
a. 만져서 알 수 있는, 명백한
n. 실체적인 것, 유형 자산

The **tangibles** in this experiment include the rotten milk and the blown canned goods.

이 실험에서 유형물에는 썩은 우유와 상한 통조림 식품이 있다.

유 a. definite, positive

Day 65

affiliate

[əfílièit]

n. 지점, 계열사
v. (더 큰 회사, 기관 등과) 제휴하다, 가입하다

The association is **affiliated** with the local university.

그 단체는 지역 대학과 제휴하고 있다.

ⓤ n. branch   v. associate, subsidiary

affirm

[əfə́ːrm]

v. 단언하다, 긍정하다, 확인하다

Do you **affirm** it to be a fact?

그것이 사실임을 장담하십니까?

ⓑ v. deny
ⓤ v. assert, declare

commemorative

[kəmémərèitiv, -rə-]
ⓥ [-rə-]

n. 기념품, 기념 우표[화폐]
a. 기념의

The post office has issued **commemorative** stamps to celebrate the event.

우체국은 그 행사를 기념하기 위해 기념 우표를 발행했다.

ⓤ a. memorial

discriminate

[diskrímənèit]

v. 차별하다, 구별하다, 식별하다

Does society still **discriminate** against women?

사회는 아직도 여자에게 불리하게 차별하나요?

ⓤ v. distinguish, differentiate

flutter

[flʌ́tər]

v. 펄럭이다, (심장이) 두근거리다
n. 동요

The leaves **fluttered** in the wind.

나뭇잎이 바람에 팔랑거렸다.

ⓤ v. flap   n. agitation

highbrow

[háibràu]

n. 지식인
a. 지식인의[에 알맞은], 지식인인 체하는

He has very **highbrow** tastes in music.

그는 음악에 매우 고상한 취향을 갖고 있다.

⑨ a. intellectual

hinge

[hindʒ]

v. 결정되다
n. 관절, 요점

Everything will **hinge** on the terms.

모든 것은 조건 여하에 따라 결정될 것이다.

⑨ n. axis, joint v. depend, rely

illegible

[ilédʒəbəl]

a. 읽기 어려운, 판독하기 어려운

Please don't write in an **illegible** scrawl.

제발 읽기 어려운 글씨로 휘갈겨 쓰지 마세요.

⑨ a. unreadable, indecipherable, undecipherable
⑪ a. legible

indemnity

[indémnəti]

n. 배상(금), 보상(금), 면책

Did you claim **indemnity** for your injury?

당신은 당신의 부상에 대해 배상을 요구했나요?

⑨ n. compensation, reparation

indignant

[indígnənt]

a. 분개한, 화난

I was **indignant** that the concert was canceled.

그 콘서트가 취소되어서 나는 분개했다.

⑨ a. angry, furious, irritated, exasperated

inference

[ínfərəns]

n. 추론, 추정

If he is guilty then, by **inference**, so is his wife.

그가 유죄라면, 추론컨대 그의 아내도 마찬가지이다.

⑨ n. deduction

juvenile

[dʒúːvənəl, -nàil]

a. 소년[소녀]의, 젊은, 유치한

This movie is a contributing factor to **juvenile** delinquency.

이 영화는 **청소년** 비행을 부추기는 한 요인이다.

ⓤ a. young, youthful, childish

lament

[ləmént]

v. 슬퍼하다, 후회하다
n. 한탄, 애도

He **lamented** the death of his close friend.

그는 친한 친구의 죽음을 **슬퍼했다**.

ⓤ v. mourn, weep, grieve, sorrow

picturesque

[pìktʃərésk]

a. 그림같이 아름다운, 생생한

Have you ever seen such a **picturesque** view as this?

이만큼 **아름다운** 경치를 본 적이 있나요?

ⓤ a. artistic, scenic, attractive, vivid, descriptive

primitive

[prímətiv]

a. 원시(시대)의, 소박한, 근본의

The facilities were very **primitive**.

그 시설은 대단히 **원시적**이었다.

ⓤ a. prehistoric, ancient, original, early, simple, crude, old-fashioned

reconcile

[rékənsàil]

v. 만족하다, 화해시키다, 조정하다, 조화시키다

They have been **reconciled** with each other.

그들은 서로 **화해했다**.

ⓤ v. conciliate, settle, mediate, harmonize

shrewd

[ʃruːd]

a. 예민한, 빈틈없는

He may seem naive, but actually quite **shrewd**.

그는 순진해 보이지만 실은 상당히 **빈틈없는** 사람이다.

ⓤ a. astute, sharp, clever, smart, alert

shrill

[ʃril]

a. 날카로운

A **shrill** cry woke me out of sleep.

날카로운 고함 소리가 날 잠에서 깨웠다.

⊕ a. piercing

---

spontaneous

[spɪntéiniəs]

a. 자발적인

His reactions are **spontaneous** and instinctive rather than calculated.

그의 반응은 계산되었다기보다는 **자연스럽고** 본능적인 것이었다.

⊕ a. voluntary, unforced, unplanned, instinctive, impulsive, unforced, natural

---

subsidy

[sʌ́bsidi]

n. 보조금, 장려금, 보상금

The Local government **subsidy** has been drastically slashed.

지방 정부의 **보조금**이 대폭 삭감되었다.

⊕ n. aid, assistance

---

suffice

[səfáis, -fáiz]

v. 만족시키다, 충분하다

His salary will not **suffice** for a family of five.

그의 월급은 다섯 식구가 살기에는 **충분하지** 않다.

⊕ phr. be enough, be sufficient

---

tramp

[træmp]

v. 쾅쾅거리며 걷다, 터벅터벅 걷다

I heard heavy footsteps **tramping** overhead.

위에서 **우당탕거리는** 발소리를 들었다.

⊕ v. trudge, stump, toil, plod

---

trivial

[tríviəl]

a. 하찮은

The fight started with a **trivial** mis-understanding.

다툼은 **사소한** 오해에서 시작되었다.

⊕ unimportant, small, minor, worthless

---

tumor/-our

[tjúːmər]

n. 종양

Chemotherapy uses drugs to kill **tumor** cells.

화학 요법은 **종양**세포를 죽이는 데 약을 사용한다.

逐 n. growth, cancer

vein

[véin]

n. 정맥, 기질

The nurse injected some drug into his **vein**.

간호사가 어떤 약을 그의 **정맥**에 주사했다.

逐 n. blood vessel

verdict

[vɔ́ːrdikt]

n. 결정, 판단, 평결

The **verdict** was overruled by the Supreme Court.

그 **평결**은 대법원에서 기각되었다.

逐 n. decision, judgment, adjudication, conclusion

vex

[véks]

v. 성가시게 하다, 짜증나게 하다

It is a **vexed** and difficult problem.

그것은 매우 **곤란하고** 어려운 문제이다.

逐 v. anger, annoy, irritate

wade

[wéid]

v. 걸어서 건너다, (물, 진흙 등을) 헤치며 걷다

He removed his shoes and **waded** into the water.

그는 신발을 벗고 물속으로 **철벅철벅 걸어 들어갔다**.

逐 v. paddle, cross, ford

wring

[riŋ]

v. 짜다, 비틀다

The factory **wrings** out the force of labor.

그 공장은 노동력을 **착취한다**.

Bonus
Pages

혼동하기 쉬운 어휘

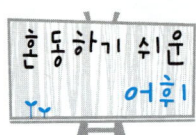
active	ⓐ 활동적인	banish	ⓥ 추방하다
actual	ⓐ 실제의	vanish	ⓥ 사라지다
adapt	ⓥ 적합[적응]시키다	beard	ⓝ 턱수염
adopt	ⓥ 차용[채택]하다	mustache	ⓝ 콧수염
affect	ⓥ 영향을 주다	beside	prep. ~옆에
affect	ⓝ 결과, 효과 ⓥ ~을 초래하다	besides	adv. ~ 이외에도, 게다가
afford	ⓐ ~할 여유가 있는	blush	ⓥ (얼굴을) 붉히다
effort	ⓝ 노력	brush	ⓝ 솔, 붓
alive	ⓐ 살아있는 (서술적)	carbon dioxide	ⓝ 이산화탄소
live	ⓐ 생생한 (한정적) 생동하는	carbon monoxide	ⓝ 일산화탄소
altar	ⓝ 제단	carton	ⓝ 종이 판지
alter	ⓥ 변경하다, 개조하다	cartoon	ⓝ 만화
analysis	ⓝ 분석	carve	ⓥ 조각하다
analyze	ⓥ 분석하다	curve	ⓝ 곡선
angel	ⓝ 천사	cite	ⓥ 인용하다
angle	ⓝ 각도	site	ⓝ 장소
bald	ⓐ 대머리의, 단조로운	command	ⓥ 명령하다
bold	ⓐ 대담한, 용감한	commend	ⓥ 추천하다

comparable	ⓐ 비교할 만한	dependent	ⓐ 의지하고 있는
comparative	ⓐ 비교의	dependant	ⓝ 의지하고 있는 사람
complement	ⓝ 보충(물), 보완하는 것	desert	ⓝ 사막 ⓥ 버리다
compliment	ⓝ 칭찬, 찬사	dessert	ⓝ 디저트
conscience	ⓝ 양심	desirable	ⓐ 바람직한
conscientious	ⓐ 양심적인	desirous	ⓐ 원하는
conscious	ⓐ 의식 [자각]하고 있는	economic	ⓐ 경제의, 경제학의
		economical	ⓐ 경제적인, 절약하는
consciousness	ⓝ 자각, 의식	emigrant	ⓐ (나가는) 이민의
considerable	ⓐ 상당한	immigrant	ⓐ (들어오는) 이민의
considerate	ⓐ 사려 깊은, 분별력 있는	evolution	ⓝ 진화, 전개
		revolution	ⓝ 혁명
contend	ⓥ 논쟁하다	explode	ⓥ 폭발하다
content	ⓥ 만족시키다	explore	ⓥ 탐험하다
continuous	ⓐ 계속적인	favorable	ⓐ 호의적인, 유리한
continual	ⓐ 반복되는	favorite	ⓐ 가장 좋아하는
crash	ⓥ 충돌하다	flash	ⓝ 섬광
crush	ⓥ 눌러 부수다	flesh	ⓝ 살
credible	ⓐ 믿을 만한	flatter	ⓥ 아첨하다
creditable	ⓐ 명예로운	flutter	ⓥ 펄럭이다
daily	ⓐ 매일의	flight	ⓝ 비행
dairy	ⓝ 낙농업	fright	ⓝ 공포, 놀람
decease	ⓝ 사망	poke	ⓥ 찌르다
disease	ⓝ 질병	pork	ⓝ 돼지고기

general	ⓐ 일반적인	judicial	ⓐ 사법의
generous	ⓐ 관대한	judicious	ⓐ 사리 밝은
glove	ⓝ 장갑	laser	ⓝ 레이저
grove	ⓝ 작은 숲	razor	ⓝ 면도칼
glow	ⓥ 빛을 발하다	literate	ⓐ 글을 읽고 쓸 줄 아는
grow	ⓥ 성장하다	literary	ⓐ 문학의
hair	ⓝ 머리카락	loose	ⓐ 헐렁한, 느슨한
hare	ⓝ 산토끼	lose	ⓥ 잃다
healthy	ⓐ 건강한	loyal	ⓐ 충실한
healthful	ⓐ 건강에 좋은	royal	ⓐ 왕의
historic	ⓐ 유서 깊은	luxurious	ⓐ 호화로운
historical	ⓐ 역사상의	luxuriant	ⓐ 풍성한
human	ⓐ 인간의	marble	ⓝ 대리석
humane	ⓐ 인도적인, 인정이 있는	marvel	ⓥ 놀라다
imaginable	ⓐ 상상할 수 있는	medical	ⓐ 의학의
imaginary	ⓐ 상상의	medicinal	ⓐ 약의
industrial	ⓐ 산업의	memorable	ⓐ 중요한
industrious	ⓐ 부지런한	memorial	ⓐ 기념의
ingenious	ⓐ 정교한, 교묘한	momentary	ⓐ 순간적인
ingenuous	ⓐ 솔직한, 천진난만한	momentous	ⓐ 중대한
jealous	ⓐ 샘이 많은	objective	ⓝ 목적, 목표 ⓐ 객관적인, 실재의
zealous	ⓐ 열심인	objectivity	ⓝ 객관성

pedestrian	ⓝ 보행자	sensible	ⓐ 지각 있는
pediatrician	ⓝ 소아과 의사	sensitive	ⓐ 민감한
pray	ⓥ 기도하다	soar	ⓥ 치솟다
prey	ⓝ 미끼	sore	ⓐ 쓰린
	ⓥ ~를 잡아먹다		
practical	ⓐ 실질적인	stationary	ⓐ 움직이지 않는
practicable	ⓐ 실행 가능한	stationery	ⓝ 문방구
precede	ⓥ 앞서다	suffice	ⓥ 충분(하게)하다
proceed	ⓥ 나아가다	surface	ⓝ 표면
principal	ⓝ 교장	superior	ⓐ 우월한
	ⓐ 주요한	inferior	ⓐ 열등한
principle	ⓝ 원칙		
pulse	ⓝ 맥박	sweat	ⓝ 땀
purse	ⓝ 지갑	sweet	ⓐ 달콤한
ragged	ⓐ 누더기의	vacation	ⓝ 휴가
rugged	ⓐ 울퉁불퉁한	vocation	ⓝ 직업
regrettable	ⓐ 유감스런	vegetarian	ⓝ 채식주의자
regretful	ⓐ 유감으로 생각하는	veterinarian	ⓝ 수의사
release	ⓥ 해방하다	variable	ⓐ 변덕스런
relieve	ⓥ 경감하다	various	ⓐ 다양한
respectable	ⓐ 존경받을 만한		
respectful	ⓐ 공손한		
respective	ⓐ 각자의		

Bonus
Pages

Index

B

F

G

H

Q

R

Y

Z